世界文學
經典名作

聖經的故事

SIBLE STORY

司馬芸 主編

關於本書

《聖經》是猶太教和基督宗教（包括天主教和基督教）的經典，包括《舊約全書》和《新約全書》兩大部分。《舊約全書》原爲猶太教的經典。基督宗教繼承了該經典，並繼續發展出自己的經典《新約全書》。

《舊約全書》和《新約全書》中所說的「約」，指的是上帝與人所立的盟約，藉著約上帝彰顯慈愛和憐憫，爲要使人得著恩典和福氣。猶太人認爲他們是上帝的選民，上帝曾與其祖先亞伯拉罕、雅各等人立約，最後又在他們的民族英雄摩西帶領下，在西奈山和上帝立約，領受當遵守的十誡。上帝應許以色列人（以色列人和猶太人只是不同的稱呼，都是指上帝的選民）要把迦南賜給他們爲產業，但他們卻屢次違背上帝，不斷犯罪，因此他們遭受到外族的壓迫和蹂躪，甚至亡國。猶太人相信只要堅守上帝的約，不再犯罪，上帝就會拯救他們讓以色列復興。

基督宗教承續猶太教這種「約」的概念，認爲整部《聖經》記載的是攸關全人類的「救贖史」，上帝不只拯救猶太人，而是要拯救因人類始祖亞當和夏娃犯罪而沈淪的全體人類。上帝派祂的獨生愛子──無罪的耶穌降世爲人，爲沈淪的人類獻出自己的寶血，替人類贖罪。藉著耶穌基督做中間橋樑，上帝恢復和人類的關係，與人類訂立了新的盟約──新約。《新約》告訴我們，不分民族、種族、性別、老少、地位、貧富，任何人只要信仰耶穌基督，罪過就能得到赦免，可以享受與上帝和好的平安，並且活出不再一樣的人生。

全世界有宗教信仰的人口估計超過二十五億人，其中基督教信徒達十五億之多。《聖經》是譯本最多、流傳最廣、影響最大、最受重視的基督教經典。兩千多年來，它不僅引導基督徒的精神生活，而且一直廣泛地影響著世俗社會。在世界文學史上，從來沒有一部名著能和《聖經》相提並論。它是世界上刊印量最大、流傳最廣、讀者最多、影響最深遠的一部著作，尤其對西方各國的文明發展影響更是難以估計，可以說是西方國家的民俗、道德、法律以及哲學、宗教、藝術的根基。

目錄

舊約篇

新約篇

舊約篇

D. Maclise, R.A. T. Landseer

1 上帝創世

太初之際，宇宙一片黑暗，無天地、江河、日月、星辰之分，水與地混雜，水面上空虛混沌，只有上帝的靈在水面上運行。上帝開始了創造天地的工作。

上帝說：「要有光！」光便立即出現。上帝覺得光很美好，便把光和暗隔開，稱光爲白晝，稱暗爲夜晚，這樣便有了晝夜之分。夜幕退去、清晨來臨，世界迎來了第一天。

上帝說：「要有蒼穹把水上下分開！」於是便有了蒼穹。上帝稱之爲「天空」，它把水分爲天空上的和天空下的兩部分，世界又過了一晝夜，這是第二天。

第三天，上帝說：「天空下的水要匯聚起來，以使陸地露出來！」事情果然按上帝之言實現了。上帝稱匯聚之水爲海洋，稱大地爲陸洲。

上帝又說：「地要長出不同種類的青草、結籽的蔬菜和結果實有核的果樹！」於是大地一片鬱鬱葱葱，各種花草果木爭芳鬥艷，充滿生機。

第四天，上帝說：「天空中要有光體，所以分晝夜、作記號，確定節令和年、月、日，並能在天空發光，普照大地！」這樣上帝便創造了日月、星辰布滿天空，分晝夜照亮天空，並有了節氣周而復始的改變。

第五天，上帝說：「水中要有生物游弋，空中要有雀鳥飛翔！」於是上帝創造了形形色色不同類別的水生生物和各類飛鳥。上帝看到這些生物那麼美好，便爲它們祝福：「水生生物要多多繁殖，遍布海洋，飛鳥在地上生生不息。」

第六天，上帝說：「地上要生長各類動物、牲畜、昆蟲和野獸！」就這樣上帝創造出種類繁多的各種陸地動物。上帝又說要按自己的形像造人，「讓他們管理全地、海裡的魚，空中的鳥，地上的牲畜、野獸和爬蟲。」於是上帝按照祂的形象造男造女，並祝福他們：「要生養眾多，遍布全地，治理這地，管理海裡的魚、空中的鳥和地上的活物。」又說：「我將一切結籽的菜蔬和帶核的果子都賜予你們作食物；而將青草賜予地上走獸、爬蟲，空中的飛鳥爲食物。」

就這樣，上帝花了六天時間創造了天地和萬物。上帝看到所造之物均十全十美。到第七天上帝便停止一切工作安息了，並把這一天定爲「聖日」。

2 伊甸樂園

上帝在創造天地之日，大地尙無草木菜蔬，因爲耶和華上帝沒降雨，也無人耕作。但有霧氣籠罩，滋潤全地。耶和華上帝按自己的形象用地上的泥土造人，用生氣吹入人的鼻孔，使他成爲有靈的活人。上帝給他起名「亞當」。

上帝爲亞當在東方的伊甸園建立一座美麗的花園，園中果樹成蔭、百花盛開、碩大的果南貫香甜可口。此外上帝還在園子正中栽了一棵生命樹和一棵分辨善惡的樹。有一條蜿蜒曲折清澈晶瑩的河流由伊甸流出，滋潤樂園，然後分爲四條支流，流向遠方。

第一條支流爲比遜河，環繞著盛產純金、珍珠和紅瑪瑙的哈腓拉；第二條爲基訓河，環繞古實全地；第三條爲希底結河，穿

過亞述東部；第四條爲伯拉河。

耶和華上帝讓亞當看管此園，又說：「園子中所有的果子你都可以吃，但唯有分辨善惡樹的果子萬萬不能吃，因爲吃了你就必死無疑。」

上帝又用泥土造了各種飛禽走獸，帶到亞當面前，讓亞當逐一取名。

上帝說：「人單獨生活不好，我要爲他造一個伴侶幫助他。」

於是，耶和華上帝使亞當沉睡，然後取出他的一根肋骨，造了一個女人。當上帝把她帶到亞當面前時，亞當不禁歡呼雀躍地說：「啊！這是我的骨中骨，肉中肉！——這就叫做『女人』，因爲她是從男人身上取出的。」

因此男人要離開父母，和妻子結合爲一體。當時亞當夫婦天眞無邪，雖然兩人皆赤身裸體，但並不以此爲恥。他們或手拉手地漫步在花叢林間，沉浸在鳥語花香中；或靜靜地排躺在汩汩的河邊，盡情地沐浴著陽光雨露。園中萬物生意盎然，自然界和諧美妙，蟲魚鳥獸無不聽命於亞當夫婦。他們無憂無慮地在伊甸園享受著上帝賜予的這一極樂世界。

3 偷吃禁果、始祖犯罪

上帝的所有造物中，唯有蛇最狡猾。牠要破壞上帝的工程，於是引誘女人說：「上帝果眞不許你們吃園中所有的果子嗎？」女人答道：「不，園內所有的果子我們都能吃，唯有園子正中的那一棵樹上的果子上帝禁止我們吃，也不准我們摸，因爲摸了、吃了就會死。」蛇說：「其實你們吃了也絕不會死，上帝是怕你們吃後變得心明眼亮，與祂一樣能分辨善惡。」在蛇的誘惑下，女人動心了。她看到那樹上的果子是那麼賞心悅目，不僅能大飽口福，還能增長智慧，於是情不自禁地摘下吃了，接著又摘下一個送給亞當吃。亞當此時將上帝的禁令完全置於腦後，接過女人遞來的果子便大嚼起來。他們吃後，果然變得心明眼亮。當他們看到自己赤身露體，不禁深感羞恥，於是趕快找些無花果樹樹葉，編成裙子，穿上遮體。

傍晚時分，涼風淒淒，上帝來到伊甸園。亞當夫婦聽到上帝的聲音一反常態，迅速躲到樹叢中，想避開上帝。上帝呼喚亞當：「亞當，你在哪裡？」亞當見躲不過去，便戰戰兢兢地從樹叢中出來說：「我聽見您在園中的腳步聲便害怕，因爲我赤身露體，不敢見您。」上帝說：「誰對你說你是赤身露體的？難道你偷吃了禁果？」亞當推諉說：「是您賜給我作伴的那個女人摘了那樹上的果子給我吃的，我就吃了。」

耶和華又追問女人：「你做了什麼事？」女人辯解說：「是蛇誘惑我，我才吃的。」

上帝於是首先懲罰蛇，對祂說：「因爲你做了這惡事，必須受到比一切畜牲和獸類更嚴厲的詛咒，你終身吃塵土，要用肚子爬行，我要使你和女人彼此爲仇敵，你們的後代也將成世仇。他們要打傷你們的頭，你們要傷他們的腳跟。」

接著，上帝又對女人說：「我要加重你懷孕的苦楚，增加你分娩時的陣痛，你將依戀於你的丈夫，受他的轄制。」

最後，上帝轉向亞當說：「你既然聽從妻子的話，吃了我不准你吃的果子，土地要因你違命而受詛咒，你必須終身勞碌方能從地裡得到食物，地要爲你生長荊棘和蒺藜，但你還要吃地上的菜蔬，你必汗流滿面才得糊口，你自塵土而來，終必歸於塵土。」

此後，亞當給女人起名爲「夏娃」，即人類的母親之意。

耶和華上帝見人已與祂一樣，懂得羞恥，便用獸皮做衣服給他們穿上。

上帝說：「現在人已與我一樣知善惡，怎麼能再讓他們去摘取生命樹上的果子長生不死呢？」於是上帝將亞當夫婦趕出伊甸園，去耕種上帝製造他們所使用的原料——土地。

趕走了亞當、夏娃之後，上帝便派天使基路伯日夜守著伊甸園東邊，又用一把能四面旋轉、不斷發出火焰的劍放在通往生命樹的路上，封鎖並防止人接近那棵生命樹。

4 該隱殺弟受詛咒

亞當和夏娃被趕出伊甸園後日子艱辛。此後他們生下一子名該隱。不久又生一子，名亞伯。兩子長大後，該隱種地，亞伯放牧。

到了收穫季節，該隱把地上的產物作爲祭品獻給耶和華，亞伯也把頭生的羔羊和羊油獻上。耶和華卻唯獨鍾愛亞伯並接受他所獻的祭物，而不喜愛該隱及其祭品，於是該隱怒火中燒，連臉色都變了。

耶和華對該隱說：「你爲什麼發怒？爲什麼連臉色都變了？如果你行得正、做得好，我自然會喜愛你。如果你要任意妄爲，那罪就在你門前，吞滅你，但你一定得制伏它。」對上帝的這一警告該隱卻置若罔聞，決心將亞伯置於死地。

一天，該隱約亞伯外出散步，行至田間之時，該隱凶相畢露，把亞伯擊倒在地，隨即拔出刀子將他殺了。

耶和華對發生的一切瞭如指掌。

祂把該隱叫來，問他：「你弟弟亞伯現在在何處？」

該隱說：「我又不是他的看守，我怎麼知道他在哪裡？」

耶和華說：「你怎麼能做出這種事？你弟弟的血已從地裡向我哭訴。你殺他時，大地張口吞吸了他的血，從此你在大地上將受詛咒；你雖然終年辛勤耕耘，田地卻不會爲你出產。你將四處漂泊，到處流浪。」

該隱說：「您對我的懲罰太重，我受不了。如今您要把我趕出這裡，不能再見您的面，又讓我四處流浪，遇見我的人必定會殺我。」

耶和華答應保護他，說道：「凡是殺該隱者必遭七倍的報應。」耶和華並在該隱的頭上作了記號，警告遇見他的人不得傷害他。

於是，該隱便移居伊甸園東邊的挪得。

不久該隱與其妻生以諾。他在該地建立一座城，稱以諾城。該隱和以諾的後代中出了幾位游牧的、吹奏樂器的、製銅鐵的祖師。

5 挪亞方舟

隨著人類的繁衍，世風日益敗壞，人們以行邪爲樂。上帝看到罪孽深重的人們，痛心疾首，後悔造人。耶和華上帝說：「我要將我所造的人、飛禽走獸、各種昆蟲，統統從地上滅除，因爲我後悔造了牠們。」

當時唯有挪亞是獨一無二的正直人，他聽從上帝的話，爲上帝所喜愛。挪亞有三個兒子閃、含和雅弗。

上帝對挪亞說：「人類現在惡貫滿盈，他們的末日到了，我要把他們跟大地一起毀滅。你要用歌斐木造一艘方舟，內外漆上松脂，裡面要有艙房，舟身長一百三十三公尺、寬二十二公尺、高十三公尺。船頂要有高四十四厘米的窗戶。門開在船的側面，船艙分上、中、下三層。」

上帝接著對挪亞說：「我要用洪水淹沒全球，消滅陸上一切有生命之物，但我要與你立約，你同你的妻子、兒子及媳婦都要進入方舟。各種動物，不論是飛禽走獸，還是爬蟲、飛鳥，都要按類、每種雌雄一對，將牠們領入方舟，保存其生命。你還要儲備各類食品，作爲你和牠們的糧食。」挪亞按上帝的意志積極準備。

挪亞把上帝要用洪水漫世一事遍告鄉親鄰里，勸他們棄惡從善，皈依上帝，建造方舟，共度難關，但遭到世人的譏諷，無人聽從。挪亞及其全家頂住各種嘲諷，嚴格按上帝的要求建造方舟，終於花了一百二十年的時間將此舟建成。

6 洪水滅世

方舟建成時，挪亞已經六百歲了。耶和華上帝再次吩咐挪亞趕快將留種的各種活物帶進方舟，因爲七天之後將連降暴雨四十天。挪亞一家趕緊照辦，將動物按類安置在舟內一間間的小艙內。一切就緒後，挪亞領著全家一妻三兒和三位兒媳婦登舟封船。

七天後，即二月十七日，忽然雷雨大作，滂沱大雨傾盆而下，地面的泉源都往外湧出，很快便淹沒大地。大雨急驟地下著，水勢也不斷上漲，淹沒了平原又淹沒了高山。

大雨不停地下了四十天後，水面比高山之頂還高出七公尺，地上的一切生物都被淹死了，人、畜、爬蟲和飛禽走獸蕩然無存。唯有挪亞方舟中的人及一切活物都安然無恙。方舟隨著水勢而升高，安穩地飄浮在水面上。

四十天後，雨停了，但洪水並沒退去，直到一百五十天後才漸漸退下。

7 鴿子報佳音、彩虹爲約記

上帝顧念挪亞及船內一切生物，讓雨止了，強勁的風吹遍大地，使水退去。七月十七日，方舟擱淺在亞拉臘山。水立繼續下降，到十月一日，群峰開始露出水面。又過了四十天，挪亞打開了方舟的窗戶，放出一隻烏鴉，牠在空中盤旋等候地面水乾後可停下，但一直沒有飛回。挪亞又放出一隻鴿子，用牠試探水退情況，由於遍地仍都是水，鴿子找不到落腳之處，只得飛回方舟。又過七天，挪亞再放出這隻鴿子，到了黃昏時分，鴿子嘴裡銜著新鮮的橄欖枝葉飛回，挪亞得知洪水已退。又過了七天，挪亞再將此鴿放出，這次鴿子一去不復返。

在挪亞六百零一歲那年的一月一日，水已全退，二月二十七日地都全乾了。上帝讓挪亞全家將方舟內一切活動都按類帶出船外，讓牠們在地上繁殖生長。

挪亞爲耶和華築了祭壇，獻上耶和華所喜愛的乾淨的牲畜和鳥雀。耶和華見到此景暗下決心，絕不再因人的邪惡去詛咒大地或毀滅一切生物，只要大地尚存，莊稼、寒暑、晝夜就永不止息。

上帝對挪亞方舟及其兒子們說：「我要與你們和你們的後裔們，以及一切方舟中的活物立約，今後凡有血肉的生物不會再洪水消滅，大地也不會再被洪水吞沒。我要以彩虹爲立約的永久記號，我把彩虹放在雲中，當我使雲蓋地時，虹就必然出現在雲中，我見到了虹就會記起與你們立的永約，再不會使水變洪流淹滅一切生靈了。」

8 迦南受詛

挪亞三子：閃、含和雅弗。閃和雅弗非常孝順，而含則對其父有些不恭。一天，挪亞在自己葡萄園中喝酒，赤身醉倒在帳篷中。含見到後，不僅不爲父親蓋衣遮體，反而將此事作爲笑柄告訴兩位兄長。閃和雅弗聽到後便立即拿了件長袍，搭在肩上給父親送去。爲了對父親表示尊敬，他們背對著父親倒退著進帳篷以便不見挪亞的裸露身體。

挪亞酒醒後得知含的作爲，便說：「詛咒將降臨到含的兒子迦南身上，迦南必給他的兄弟作奴僕。耶和華上帝是閃的上帝，迦南將作閃的奴僕。願上帝擴展雅弗的家族，使他住在閃的帳篷裡，迦南要作他的奴僕。」

此後閃、含、雅弗的子孫遍布各地，洪水後的世界各民族，都從他們之中分出。

9 變亂口音

人類最初都只有一個口音，一種語言。當他們移居東方時，在示拿地發現一大片廣闊無垠的平原，於是在那裡住了下來。他們彼此討論，學會了燒磚技術，從此人們便用磚頭代替石頭，用瀝青代替灰泥作爲建築材料。有了這些材料，他們就建一座雄偉的城市和一座高聳入雲的通天塔，這樣不僅能揚名，還能使他們定居於此，不必分散到世界各地。於是他們分工合作，有的製磚，有的運輸，有的砌牆，同心協力地建造通天塔和城市。

耶和華上帝降臨人間，見人們在建城市和塔，便十分擔憂。祂說：「他們是同一民族，講同一語言，既然現在他們就開始要做這種事，以後他們就會無所不能，爲所欲爲。好吧！我只得變亂他們的口音，使他們互相言語不同，無法溝通。」

於是，耶和華上帝來到示拿地，變亂了正在造城樓和通天塔的人們的口音，工地上頓時一片混亂，人們互相不知對方所云，城和塔的工程再也無法進行下去，只得中止。人們語言不通，人心自然變得渙散，紛爭由此而起。操不同語言的人們就分散到世界各地。此後這座塔被稱爲「巴別」，就是「變亂」之意，即耶和華在此變亂了人類的語言，使人們分散到世界各地。

10 認妻作妹、暫居埃及

閃的後代中有族長他拉一家，住迦勒底的吾珥。他有三子：亞伯蘭、拿鶴和哈蘭。長子亞伯蘭娶妻撒萊，膝下無出。哈蘭早逝，留下一子羅得。後來他拉帶著亞伯蘭、撒萊和羅得遷住離吾珥五百公里的哈蘭城，二百零五歲時死於該城。

亞伯蘭七十五歲那年，耶和華上帝吩咐他離開本地、本族和父家，前往上帝所指之地，而且應允他多子多孫形成大國，賜福於他，使他名揚天下，還表示上帝將與他同在，愛他所愛，恨他所恨。

亞伯蘭便遵照上帝的吩咐，帶著妻子撒萊、侄兒羅得及家丁、牲畜等離開了哈蘭，一路游牧轉輾，終於進入了迦南地區。耶和華在此向他顯現，對他說：「我要把這片土地賜予你的後代。」亞伯蘭對上帝十分虔誠，先後在示劍地的幔利橡樹區附近和伯特利與艾之間的地區，爲上帝建了兩座祭壇。

此後，迦南發生大災荒，亞伯蘭不得不舉家逃荒去埃及。臨近埃及，亞伯蘭心中忐忑不安，他對妻子撒萊說：「你容貌秀麗，埃及人一見你必生邪念，當他們得知我是你丈夫時必定會殺死我而奪走你。倒不如我們兄妹相稱，或許他們還會厚待我。」

兩人商定後便進入埃及。果然埃及人都爲撒萊的美貌所傾倒。一些法老的大臣們在法老面前盛讚此女之美，使法老頗爲動心，於是他宣撒萊進宮。亞伯蘭有苦難言，不得不以兄長之身分將撒萊送入宮中。撒萊深受法老的寵愛，爲此，亞伯蘭從法老處得到豐厚的賜物，有了許多婢僕和成群的牛羊駱駝。

耶和華上帝因撒萊被帶進宮，降災於法老全家。宮廷中的人都得了可怕的疾病。法老查明緣故後，便將亞伯蘭召進宮中說：「你爲什麼不告訴我她是你的妻子，而騙我說她是你妹妹，讓我娶她？現在你妻子在這裡，趕快把她帶走。」

於是，法老便命令把亞伯蘭及其妻子、奴僕牛羊等都一併送離埃及。

11 叔侄分手

亞伯蘭帶著全家離開埃及後重返迦南。

由於法老的贈賜，亞伯蘭的奴僕、牛羊牲畜比先前大增。而他的侄兒羅得也擁有許多的牛羊。有限的牧場容納不了這麼大群的牛羊，雙方的牧人常爲爭奪水草發生爭執。亞伯蘭對羅得說：「我們是至親骨肉，你我之間以及我們的牧人之間都不可相爭。現在我們分手吧！你看，前面是大片的土地，任你選擇，你若選左邊我就要右邊；你若選右邊我就要左邊。

羅得向四周觀望，見約旦河谷至瑣耳的大片平原水草茂盛，頗有伊甸園和埃及的風貌，於是定這塊平原。叔侄兩人正式分手，羅得向東遷移，漸漸遷至所多瑪城附近紮營定居。

亞伯蘭則仍留迦南。在上帝的指引下，移至希伯侖城幔利橡樹區居住。

12 羅得遭難

約旦平原水草充足、牛肥馬壯，但一些國家彼此不和，示拿等四國國王要聯合攻打所多瑪、蛾摩拉等五國國王。這五國國王的聯軍在當時的西訂谷（即現的死海）會師，大戰四王聯軍。交戰結果五王失敗。所多瑪王與蛾摩拉王在逃命時掉進了布滿西訂谷的瀝青坑內，其他三王逃至山上。獲勝的四王便將所多瑪和蛾摩拉兩城財物糧食等洗劫一空。

當時正住在所多瑪的羅得不僅財物被搶光，人也被擄。消息傳到亞伯蘭處，他馬上精選三百一十八名家丁追趕四王，直追至但地，兵分幾路趁黑夜襲擊敵人，把四王聯軍打得落荒而逃。亞伯蘭帶著家丁窮追不捨，直追到大馬士左邊的何巴，救出羅得全家及其家丁，奪回全部財物。

當他們凱旋而歸，所多瑪王親自到沙微谷（後稱王谷）迎接。耶和華上帝的祭司——撒冷王麥基洗德也帶著餅和酒出來迎接，爲亞伯蘭祝福。

亞伯蘭將戰利品的十分之一獻給麥基洗德。當所多瑪王表示只要把他的人留下，戰利品則全歸亞伯蘭時，亞伯蘭立即答道：「我向天地的主，至高的耶和華上帝發誓，你的東西我分文不取，免得你說我靠你發財。我只要你供我家丁吃的就行。但我的盟友亞乃、以實各和幔利所應得的則不能缺。」

13 上帝應許亞伯蘭

亞伯蘭救出羅得，不久他在上帝所顯示的異象中，聽到上帝對他說：「不要懼怕，我是你的盾牌，要保護你，並給你極大的獎賞。」亞伯蘭說：「我的主耶和華，您給我獎賞有什麼用呢？我沒有兒子，只能由家中的奴僕大馬色人以利以謝來繼承，家僕將成爲我的後代。」上帝說：「絕不會這樣。」他把亞伯蘭領到室外叫他抬頭看天上的星星，對他說：「你的後代將會像天上的繁星一樣多。」在上帝眼中他是位義人。亞伯蘭對上帝之言深信不疑。

耶和華上帝又對亞伯蘭說：「我是耶和華，曾將你領出迦勒底的吾珥，我要把這片地賜予你，作爲你的產業。」亞伯蘭問：「我怎麼知道我一定會得此產業呢？」上帝便吩咐他取三歲的母牛、母山羊和公綿羊各一隻，把牠們一一剖成兩半，對半排列成行，另取斑鳩和乳鴿各一隻，分放在兩邊。正當亞伯蘭排列停當，突然，一隻禿鷹向這些祭品撲來，亞伯蘭趕快將其嚇走。

太陽下山了，亞伯蘭墜入夢鄉。突然一片令人恐怖的黑暗籠罩著他。只聽到耶和華上帝對他說：「你的後代將流浪他鄉，被異族奴役四百年，但我一定會懲罰奴役他們的國家，他們將會滿載大量財物離開那裡。而你本人將享受高壽，平安地走完人生，回到你列祖那裡。你死後要過四代，你的後代才會返回這裡，因爲我要等亞摩利人惡貫滿盈後再趕走他們。」

日落天黑時，突然出現一只冒煙的爐子和一把燃燒的火炬從亞伯蘭獻祭的肉中經過。當天耶和華與亞伯蘭立約說：「我已將埃及河至伯拉大河（幼發拉底河）的地方都賜給你的後代了。」

14 亞伯蘭娶妾生子

亞伯蘭和撒萊在迦南住了十年仍膝下無子。撒萊心急如焚，她向亞伯蘭建議娶她的埃及婢女夏甲為妾，替亞伯蘭傳宗接代。亞伯蘭欣然接受。不久夏甲果然懷孕。由此夏甲驕傲起來，全然不把撒萊放在眼裡。撒萊十分生氣，埋怨丈夫把夏甲寵壞了，致使夏甲看不起她。亞伯蘭不願捲入家庭糾紛，就對撒萊說：「婢女是你的，隨你自己去處置吧。」於是撒萊便開始虐待夏甲，夏甲忍受不了，就出逃了。

夏甲在通往書珥的路上走得唇焦口燥，在水泉邊喝水歇腳。耶和華派了一位使者前來問她：「撒萊的婢女夏甲，你從哪裡來？要到哪裡去？」夏甲說：「我從女主人家逃出。」使者說：「你要回到女主人那裡，服從她，我一定使你子孫滿堂。你將要生子，要給他取名以實瑪利（即上帝垂聽之意），因為耶和華上帝聽到了你所訴的苦情。你的兒子的為人將像頭野驢，常與他人為敵，他也會遭人敵視，他將住在眾兄弟的東邊。」

夏甲聽從了耶和華使者的規勸，返回主人家，處處順從撒萊，主僕倆也就相安無事了。在亞伯蘭八十六歲時，夏甲生下一子，亞伯蘭給他取名以實瑪利。

15 上帝賜名、應允賜子

亞伯蘭九十九歲時，耶和華上帝向他顯現對他說：「我要與你立約，你將作萬國之父。你的名字自現在起將不再叫亞伯蘭，而要改名為亞伯拉罕，我要使你後代數不勝數，列國從你而立，君王由你而出。」

耶和華上帝還要求亞伯拉罕的後代凡男嬰出生後八天必須割去包皮施行割禮，作為耶和華上帝與他們立約的記號。上帝接著說：「你的妻子撒萊改名撒拉（「公主」之意），我必賜福給她，替你生個兒子。她將成為萬國之母，萬族的君王由她出。」

亞伯拉罕聽後伏地暗笑，心想：「我一百歲還能當父親？撒拉九十歲還能生子？」他向上帝說：「但願您為以實瑪利祝福。」

上帝說：「不，你妻子撒拉將為你生子，你要為他取名以撒（「歡笑」之意），我一定與他和他的後代立約。至於以實瑪利，我也聽你的祈求祝福他。他將子孫繁多，成為大國。他還將是十二位族長的祖先。」

一天下午，赤日炎炎，亞伯拉罕正坐在帳篷門口納涼，抬頭見三人向他走來。他立即上前迎接並俯伏在地，請求他們入內歇息。

三人欣然同意。亞伯拉罕便忙碌張羅起來，吩咐撒拉用上等細麵做餅，又親自去牛群中挑了一頭又肥又嫩的犢牛交給僕人。他又拿出鮮奶、乳酪等一一招待。

當客人們用飯時，亞伯拉罕靜靜地站在樹旁照應。

這時其中一位對亞伯拉罕說：「明年此時，我將回來，那時你妻子撒拉必然會生一個兒子。」躲在帳篷門後的撒拉聽後竊笑，心想：「我與我的丈夫均已衰老，我月經早已停了，怎麼會有此等喜事。」

那位客人立即問：「撒拉爲何竊笑，是否心想自己老了不可能生子，但我要對你說，明年我一定回來，撒拉一定會生子。」

這位客人正是耶和華上帝。

16 罪惡之城

三位客人用完飯後起身告辭，前往所多瑪，亞伯拉罕也跟著走，熱情送他們一程路。在路上，耶和華上帝認爲應把他要做的事告訴亞伯拉罕，使他及其子孫們引以爲戒。耶和華更說：「所多瑪和蛾摩拉兩城惡貫滿盈，我已聽聞多時，現親去察看是否屬實。」其中的兩位客人（天使）便轉身前往所多瑪去了。

亞伯拉罕在耶和華上帝面前懇求祂不要滅城。上帝答應只要全城能找出五十個好人就不滅城。經亞伯拉罕一再請求，耶和華上帝最後答應，只要城中有十個好人就不滅城。

那天晚上，兩位天使來到所多瑪城門口，正遇上羅得。羅得熱情地迎接他們，俯伏在地上，請他們去他家過夜。兩天使雖再三推辭，但因羅得堅請，只得隨他回家。羅得設宴盛情招待後便請他們就寢。

正當此時，所多瑪全城婦孺老幼竟將羅得家圍住，大吵大嚷著叫羅得交出客人，聽任他們的擺布。羅得只得走出屋外，央求他們不要做這種惡事。爲保護這兩位客人，他甚至向他們提出，將他兩個尙是處女的女兒交給他們任其處置。但羅得的苦苦哀求絲毫感動不了這批作惡多端的所多瑪人，他們氣勢洶洶地要破門而入。

兩位天使見狀把羅得拉入屋內，關上門，使門外所有的人不論老幼無一不頭暈目眩，找不到屋門。兩位天使叫羅得帶著全家，包括女兒女婿，迅速離城，因爲他們今天就要滅城。羅得趕快把此消息告訴女婿，但他們不相信，以爲是在開玩笑。

天將亮了。羅得還遲遲不肯離去。天使拉著羅得夫婦及兩位女兒往外跑，逃出城外。其中一位天使對羅得說：「快逃命，不要在平原停留，趕快往山上跑，千萬不要回頭，否則有殺身之禍。」

羅得看山離得太遠，而一小鎮則近在咫尺，就請求天使不要燒那小鎮，讓他們人家暫避那裡。天使答應了。羅得全家逃至小鎮（瑣珥）時，太陽出來了，耶和華降下硫磺和火，突然間濃煙滾滾，所多瑪和蛾摩拉兩城以及整個平原都在一片火海中，羅得的妻子走在後面，聽到劈啪的火燒聲便好奇地回頭觀看，立即變成一根鹽柱。

這場大火燒死了兩城和平原所有的人、牲畜和莊稼，大地成爲一片焦土。

17 夏甲與以實瑪利被逐

耶和華上帝按他所許的諾言使撒拉晚年懷孕，並在亞伯拉罕一百歲時生下了以撒。遵照上帝的吩咐，以撒生下後八天施了割禮。撒拉有了以撒，便把夏甲及其兒子以實瑪利視爲眼中釘。她要亞伯拉罕將他們母子倆趕走，並說：「這婢女的兒子絕不能與我的兒子一同繼承產業。」

亞伯拉罕不忍心這樣做，爲此十分苦惱，因爲以實瑪利畢竟也是他的骨肉。耶和華上帝安慰他說：「你不必爲這孩子和你的婢女如此擔憂，就按撒拉的話去做，因爲以撒的後代才是你的後代。至於那婢女的兒子我也要使他成爲一國。」

第二天一大清早，亞伯拉罕強忍悲痛爲夏甲母子準備食糧。他把餅和一皮袋水搭在夏甲肩上，讓他們離家遠走。夏甲母子走到別是巴的曠野時不幸迷路，帶的水很快喝完了。眼看著以實瑪利已奄奄一息，夏甲不忍心看著兒子死去，就把他放在一棵小樹下，自己離他一箭之地，席地而坐，放聲大哭起來。

上帝聽到母子的哭聲，派使者對夏甲說：「夏甲不要怕，上帝已聽見那孩子的哭聲，站起來，抱起他，我必使他成爲大國。」

接著，上帝使夏甲的眼睛突然變得明亮，她看到了一口水井。夏甲趕快走到井邊，裝滿一皮袋水餵孩子喝。此後在耶和華的保護下，母子兩人生活在巴蘭的曠野中。以實瑪利漸漸長大，成爲一名技藝超群的弓箭手。以後其母爲他從埃及娶了位妻子。

18 亞伯拉罕獻以撒

以撒在父母的寵愛下長大了。一天耶和華上帝要考驗亞伯拉罕，對他說：「亞伯拉罕，帶著你最疼愛的獨子以撒去摩利亞，在我指定的山上，把他作牲祭獻給我。」聽到此話，亞伯拉罕猶如五雷轟頂，但他對耶和華上帝的虔信使他毫不猶豫地去照辦。

第二天一早，亞伯拉罕劈好獻祭用的柴，備了驢，帶著兩名僕人和以撒上了路。走了三天，亞伯拉罕遠遠見到上帝所指定的地方，對僕人說：「你們和驢留在此處，我和孩子前去敬拜，然後回來。」亞伯拉罕讓以撒揹著獻祭用的劈柴，自己則手持刀和火種一同前往。在路上，天眞的以撒問：「爸爸！木柴、火種都有了，獻祭的羔羊在哪裡？」亞伯拉罕答道：「好孩子，上帝自己會預備。」說話間，他們到了耶和華指定的地點。亞伯拉罕築起祭壇，把柴堆好，抓住以撒，把他捆綁起來放在祭壇的柴堆上，然後狠心舉起刀來要殺以撒。正當此時他聽到耶和華上帝的使者呼叫他：「亞伯拉罕！亞伯拉罕！千萬不要下手傷這孩子！現在我知道你敬畏上帝，因爲你沒有將你的獨子留下不給我。」

亞伯拉罕喜出望外，趕快爲以撒鬆綁，然後環顧四周，發現一頭公羊，羊的兩隻角纏在樹叢裡。亞伯拉罕把羊取來，代替以撒做了燔祭。亞伯拉罕給該地取名爲「耶和華以勒」，意思爲「耶和華必預備的」。

19 以撒娶親

以此又過了若干年，亞伯拉罕之妻撒拉去世，享年一百二十七歲。亞伯拉罕悲慟欲絕。爲安葬妻子，他向赫人提出要買以弗倉田頭的麥比拉洞。以弗倉則慷慨地表示連同田和洞一起送他。經亞伯拉罕再三推辭，最後以四百塊銀幣買下這塊田，將撒拉埋在希伯崙附近的麥比拉洞內。

亞伯拉罕在妻子去世後更顯年邁體衰。兒子以撒的婚事成爲他的一樁心病。一天，他把一名年紀大的忠誠的僕人叫來，對他說：「把你的手放在我腿下，向耶和華上帝發誓，絕不爲我兒子找迦南女子爲妻，你要去我家鄉，在本鎮中爲我兒娶一女子。」老僕問：「若那女子不肯跟我來此怎麼辦？是否將以撒帶回你的故鄉？」亞伯拉罕答道：「千萬不可！耶和華上帝帶我離開故鄉和本鎮，發誓將這片土地賜予我的後代。祂會派天使爲你開路，使你能爲以撒找一賢妻。如那女子不肯跟你回來，這誓就與你無干，但絕不能把我兒子帶到我的故鄉去。」於是老僕按主人的要求發誓了誓，並著手準備起程。他精選了十頭駱駝，備足了各種禮品，便前往米所波大米（美索不達米亞）北部亞伯拉罕之兄弟拿鶴居住的哈蘭城去。

到了該城，正值傍晚時分，城內許多婦女出城打水，老僕讓駱駝在城外井邊休息，他一人默默向上帝祈告：「耶和華上帝，求您降福給我主人。我將在井邊向一位少女要水喝，如果他說：『請喝吧，讓我也給你的駱駝喝。』那這女子便是爲以撒選定的妻子。」剛祈告完，只見美麗的少女利百加肩扛水瓶來到井邊。等她打滿一瓶水，老僕就向她討水喝，少女馬上放下水瓶說：

「老伯請喝！」等他喝完後，她又主動將瓶內的水倒在水槽中說：「讓我給你的駱駝也喝個飽。」然後她又接連打了幾次水，直到駱駝飲足。老僕默默在旁注視，想知道耶和華是否讓他完成這一使命。

飲完駱駝，老僕立即拿出一對沉甸甸的金手鐲和一個金環送給這位少女，並問少女是誰家的女兒，她家能否留宿。少女爽快地回答，她叫利百加，是拿鶴之子彼土利之女，家有充足的糧草和住宿的地方。老僕聽後更加敬畏耶和華，跪地便拜，說：「讚美我主人亞伯拉罕的上帝，祂不斷以慈愛和信實對待我主人，並一路引領我來到我主人的兄弟家。」

利百加跑回家，將所發生的一切告訴家裡人，並將金環和金手鐲拿給他們看。利百加的兄長拉班便跑向井邊，將仍站在井邊的老僕和駱駝迎往家中。拉班幫老僕卸下駱駝背上的貨物，餵牠們草料，又打水給老僕及隨行人員洗腳，然後擺好飯菜招待他們。但老僕聲言，在他說明來意前，他不會用飯。拉班說：「那就請說吧！」於是老僕滔滔不絕地介紹他主人的家境多麼富裕，主母去世後留下一子，他主人如何囑託他要爲他家小主人到家鄉選一妻子，他又如何來到這裡，在井邊向耶和華上帝祈禱，上帝使他遇到了利百加，她不僅熱情地請他喝水，還餵飽了他的駱駝，以及他如何贈送利百加手鐲與金環。

最後，他說：「讚美我主亞伯拉罕的上帝，把我直接引到我主人的親侄家中，使我能爲我的小主人找到我主人的侄孫女爲妻。現在如果你們願意慈愛誠實地對待我的主人，應允這門親事，就立即給我一個答覆。若不肯，也請告訴我，我好決定怎麼辦。」

拉班和彼土利回答道：「此事既出於耶和華上帝意旨，我們還能說什麼呢？利百加就在這裡，你們可以帶走她，按耶和華所說的，給你家小主人為妻吧！」

老僕聽後立即伏地向耶和華敬拜，然後拿出帶來的各種精美衣物和禮品送給利百加及其哥哥和母親。當夜飯畢後老僕及隨行在彼士利家歇息。第二天早上，老僕急著要回主人家。利百加的哥哥和母親再三挽留，說：「讓她與我們再多待幾天，十天後再走吧。」但老僕決心已定，說：「請不要再耽擱我們，耶和華使我們一帆風順地完成了使命，現在讓我盡早回覆主人。」他們說：「那就讓女孩來，問問她的意見。」於是他們請出利百加，問她是否願意跟老僕走。利百加毫不猶豫地回答：「我願意。」於是他們為利百加準備行裝出發。臨行前拉班為妹妹祝福：「妹妹呀！願你作千萬人的母親！願你的子孫後代占領敵人的城邑。」就這樣，利百加帶著她的奶媽、婢女跟隨亞伯拉罕的老僕，離開母親的家，向著夫家進發。

以撒自母親去世後一直悶悶不樂。一天黃昏時分，他去田間散心，只見遠處來了一支駱駝隊。等走近時才看清正是老僕為他尋親的隊伍，於是向他們跑去。坐在駱駝背上的利百加見一少年從田間向他們跑來，就問老僕此人是誰？老僕答：「正是我的小主人。」利百加趕快用面紗蒙上臉。以撒和老僕互相問候後，老僕將所發生的一切告訴了他，以撒萬分高興。不久以撒和利百加就在撒拉原來住過的帳篷內舉行隆重婚禮。婚後小倆口十分恩愛。以撒對利百加的愛使他喪母之痛得以慰藉。

亞伯拉罕把他的一切都給了以撒。當他一百七十五歲時便壽終正寢。他的兩個兒子以撒和以實瑪利將他與其妻撒拉葬在一起，都在麥比拉洞內。

20 以掃和雅各

以撒四十歲時與利百加結婚，婚後二十年利百加不孕。於是以撒向耶和華上帝祈禱，耶和華便使利百加懷孕，而且是雙胞胎。出生前，兩胎兒在母親腹內爭鬥激烈，利百加疼痛難忍，自嘆命苦，求問耶和華上帝。上帝說：「兩國由你而出，他們將互爲仇敵，其中一個比另一個強悍，大的要服侍小的。」產期到了，利百加果然產下雙胞胎。先出生的一個，渾身長毛，略帶紅色，像穿了毛皮衣，所以取名以掃（「多毛」之意）；後產的一個則緊緊抓住以掃的腳跟，故取名雅各（「抓住」的意思）。他們出生時以撒已六十歲了。

這對雙胞胎漸漸長大，以掃喜動，擅長打獵，常外出；雅各好靜，深居簡出。以撒偏愛以掃，因爲以掃常給他帶回他所喜愛的野物；利百加則偏愛雅各，因爲他幫忙做家務。

一天，雅各在家煮紅豆湯。以掃打獵歸來，筋疲力盡，飢渴難忍，對弟弟說：「我累死了，請給我喝碗紅豆湯吧！」雅各說：「把你的長子權賣給我，我便給你湯喝。」以掃說：「我都快餓死了，長子權有什麼用。」雅各要他發誓，出讓長子權。以掃果真依言發誓，於是雅各給了他一碗紅豆湯和一些餅。以掃吃完便走了。以掃竟以一碗紅豆湯的代價出賣了自己的長子權，他太看輕了長子的名分了。

以撒年事已高，老眼昏花，知道自己不久於人世。一天他把以掃叫到面前說：「兒呀！我已老邁，離死期不遠。你去打些野味，按我所喜歡的口味做來給我吃，我要在死前爲你祝福。」

這些話，給利百加聽見了。等以掃外出打獵後，她就讓雅各去羊群中挑兩頭肥嫩的羊，由她按以撒的口味燒好，然後拿出以掃放在家中最好的衣服爲雅各穿上。因爲以掃身上有毛，雅各沒有，怕被以撒識破不爲雅各祝福，利百加又用山羊羔的皮把雅各的手和脖子包上，然後叫雅各端著燒好的羊肉去給以撒吃，以便騙取以撒的祝福。

雅各端著羊肉來到父親面前說：「爸，我是你的長子以掃，現已按你的吩咐打來了野味並做好了，請坐起來吃吧，然後好爲我祝福。」以撒十分奇怪，問：「我兒，你怎麼這麼快就打到了？」雅各回答：「耶和華上帝讓我碰上好運。」以撒仍深感懷疑，便說：「兒呀！過來，讓我摸摸你，你眞的是以掃嗎？」雅各走過去，讓以撒摸了摸他包上羊皮的手。以撒說：「奇怪，分明是雅各的聲音，怎麼雙手是以掃的。」以撒眼瞎也分辨不清是誰，於是準備祝福。祝福前仍不放心，問一次：「你眞是我兒以掃嗎？」雅各斬釘截鐵地回答：「當然是啦！」於是以撒便接過了雅各遞上的肉，還喝了酒。吃畢，他說：「我兒，過來親我！」雅各上前親他，以撒一聞到他身著的以掃衣服的氣味，便確信是以掃了，於是便祝福他說：「我兒身上發出的香氣，猶如耶和華賜福之田地的香氣。願上帝賜你天生的甘露、地上的沃土、豐登的五穀，還有美酒！願萬民侍奉你，萬國跪拜你！作你兄弟的主人，你母親的後代要向你下拜！願詛咒你的受詛咒，祝福你的得祝福！」

以撒祝福完畢不久，以掃打獵歸來，他將野味燒好後，端給父親並說：「爸爸，請坐起來，吃我爲你打來的野味，爲我祝福。」以撒驚奇地問：「你是誰？」以掃說：「我是你的長子以掃。」以撒聽後全身顫抖，說：「那剛才是誰給我吃的野味？你進來前我已吃了，並爲他祝福了，他將永遠蒙福。」以掃聽說嚎啕大哭說：「難怪他名叫雅各（「欺騙」之意）。他已欺騙了我兩次，上次騙取了我的長子權，這次又奪走了我的福分！爸爸，難道你就沒留下些祝福給我？」以撒說：「我已經立他為你的主人，兄弟都要作他的僕人，又賜予他五穀新酒，我現在還能給你些什麼呢？」以掃痛哭不止，再三哀求父親為他祝福。以撒無可奈何，只能說：「你所居之地必為沃土，也享受得到天上的甘露。你必倚靠刀劍度日，又必侍奉你的兄弟。到你強盛的時候，你必擺脫他的枷鎖。」

從此之後，以掃對雅各恨之入骨，決心在父親去世後殺掉雅各。有人把以掃的計畫告訴利百加，利百加害怕雅各遭害，便叫雅各逃往哈蘭，去找她哥哥拉班，等日後以掃消氣後再回來。於是利百加就對以撒說，她不願意雅各也像以掃那樣娶赫人女子為妻。以撒便把雅各叫來，為他祝福，叫他前往哈蘭，從其母舅拉班的女兒中挑選一人為妻，並再三叮囑他不要娶迦南女子為妻。雅各帶著父親的祝福，告別了父母，隻身一人離家遠行。

21 雅各在母舅家

雅各向著哈蘭進發，路上爬山涉水，歷盡千辛萬苦。一天走到一地，見天色已晚，便隨手搬了一塊石頭作枕頭，躺下便睡。睡夢中他見到一架梯子通著天，天使們在梯子上，上上下下，來往不絕。上帝站在梯子頂端對他說：「我是耶和華，你祖父亞伯拉罕的上帝，你父親以撒的上帝，我要將你現在躺臥之地賜予你及你的子孫。他們將多如塵沙，向四方擴張，地上的萬族也必因你及你的子孫而得福。我將與你同住，無論何時何地我將保護你，並把你領回這裡。我絕不會離棄你，直到實現我的諾言。」雅各一覺醒來，十分害怕，說：「我竟不知道耶和華上帝在此，這地方太可畏了，它不僅是上帝的殿，還是天的門戶。」

第二天清晨，雅各起身把所枕的石頭立爲柱子，又在上面澆上油，獻給上帝。然後他將該地取名爲伯特利，即意爲「上帝之殿」。雅各向上帝許願：如上帝與他同在，一路保護他，賜予他衣物和食品，並保證他平安地回到父親家，他一定以耶和華爲自己的上帝，他那立爲柱子的石頭必成爲供人敬拜的上帝之殿，凡上帝所賜給他的，他都會取出十分之一奉獻上帝。

雅各繼續向前走，終於來到哈蘭附近。他見到田野上有口井，井口蓋著一塊大石頭，井邊躺著三群羊，有幾位牧羊人坐著休息。雅各問他們來自何方？他們答從哈蘭來。雅各又問他們是否認識拿鶴的孫子拉班？牧人齊聲回答：「認識。」他們指著向他們走過來的一群說：「瞧！拉班的女兒拉結趕著羊群來啦！」雅各說：「日頭還高，還不到關羊圈時，爲什麼不先讓羊喝水，然後再去放牧呢？」牧羊人答道：「按我們這裡的規矩，要等羊群集齊後方能移開石頭井蓋，待羊喝完後，再把大石蓋上。」雅各看到拉結和羊群來到井邊，他趕快上前一人將沉重的大石井蓋移開，讓舅舅家的羊群先飲水，然後走到拉結身旁親了她。由於激動，他淚如泉湧，並告訴拉結說：「我是你表哥，你姑媽利百加的兒子。」拉結跑回家，把這一消息告訴其父拉班。拉班得知外甥雅各來了，喜出望外，跑著出去迎接他，兩人緊緊擁抱、親吻。拉班把雅各迎到家中，雅各把家中所發生的一切和盤托出。拉班聽後，高興地說：「你眞是我的至親骨肉！」

雅各在拉班家中住了一個月，幫著舅舅放羊，幹各種雜活。拉班覺得長此下去不妥，就對雅各說：「你我雖是至親，但也不能讓你白白爲我幹活。告訴我，你要什麼報酬？」拉班有兩個女兒。大女兒利亞眼大無神，貌不驚人；小女兒拉結美麗可愛，楚楚動人。雅各深愛拉結，便對拉班說：「如果你把拉結嫁給我，我就爲你幹活七年。」拉班滿口答應說：「那太好了，把她嫁給你勝過嫁給別人，你就住在我這裡。」

轉眼七年過去了。雅各要拉班兌現諾言，把拉結嫁給他。拉班便大擺婚宴，把當地人都請來慶祝。雅各喜形於色，不禁多喝了幾杯，終因酒力不勝，在新婚之夜倒頭便睡。第二天清晨醒來一看，新娘竟是利亞。雅各怒氣沖沖地去責問拉班，爲什麼欺騙他？拉班說：「按當地習慣，妹妹不能先於姐姐結婚。如果你再給我作七年工，等婚宴七天後，我就讓拉結也嫁給你。」雅各爲了得到拉結，只好同意拉班的條件。七天後，拉班果然把拉結也嫁給了雅各。從此之後雅各便有兩位妻子，但他只寵愛拉結，對利亞十分冷落。耶和華上帝見到利亞失寵，便使利亞懷孕生子。利亞接連生了四個兒子，他們是流便、西緬、利未和猶大。

拉結見姐姐生子十分嫉妒，對雅各說：「你快給我孩子，不然我要死了。」雅各十分生氣，說：「是上帝不讓你生育，我有什麼辦法。」拉結把自己的貼身婢女辟拉給雅各作妾，以使辟拉生的孩子歸在她的名下。辟拉果然爲雅各先後生了兩子，拉結十分高興，給他們取名爲但和拿弗他利。

利亞見拉結將自己的婢女給雅各作妾生兒子，於是也把自己的婢女悉帕給雅各爲妾，悉帕也爲雅各先後生兩子，取加迦得和亞設。

一天，利亞的兒子流便在田野裡採到一些風茄，拿回去給母親。拉結知道後也想要些。利亞十分惱怒地說：「你奪走了我的丈夫還不夠，難道還想奪走我兒子的風茄？」爲得到風茄，拉結表示當晚讓雅各去利亞處就寢。

當夜，雅各回家，利亞出去迎接他，對他說：「今晚你要與我同寢，這是我用我兒子的風茄爲代價換來的權利。」在這之後，利亞又爲雅各生了兩子：以薩迦和西布倫，另外又生一女，名叫底拿。

拉結爲了能生育不斷祈求上帝，上帝垂聽了她的禱告，使她懷孕生子，取名約瑟。

拉結生了約瑟後，雅各已整整爲拉班家幹了十四個年頭了，他十分思念家鄉，便對拉班說，他想帶著妻兒回家，這也算他爲拉班多年盡心工作的報酬。拉班深知他由一個小戶人家變成今天殷實富翁全仗上帝垂青雅各，而賜福於他家，故他再三挽留雅各，說：「你要多少錢儘管說吧！」

雅各說：「上帝隨我的腳步賜福於你，如今你成了富翁，而我何時才能興家立業呢？你若同意我的建議，我可以留下繼續爲你工作。從今天起只要把你羊群中所有黑色的綿羊以及有斑點條紋的山羊挑出來作爲我的工資就行。這樣不僅能同你的羊區分開，而且也容易知道我是否誠實。今後如你發現我的羊群中有不帶斑點的山羊或不是黑色的綿羊，那就是我偷的。」

拉班欣然同意了這一建議。當天，他便把自己羊群中有斑點、有條紋的山羊以及黑色的綿羊挑出來交給自己的兒子，讓他們把這些羊帶到離雅各有三天以上路程的地方去放牧。雅各則放牧拉班其餘的羊群。

爲了使羊能繁殖出有條紋和斑點的小羊，雅各摘了一些楊樹、杏樹和楓樹的嫩枝，剝去一部分皮，使樹枝露出白條紋，然後將它們插在羊飲水的水槽中。羊在飲水時對著有條紋的樹枝交配，便會產下有斑點或有條紋的小羊。當強壯的羊交配時，雅各就插上枝條；若瘦弱的羊交配時，他便拔下枝條。這樣繁殖出的小羊，強壯的便都歸了雅各，而瘦弱的則都屬於拉班了。雅各由此變富翁，擁有衆多的奴僕、羊群、駱駝等。

雅各的富裕使拉班很不高興，他對雅各不再熱情友好。拉班的兒子們也都對雅各風言風語，說雅各侵呑了他們父親的財產，雅各再也待不下去了。耶和華上帝便叫雅各返回故里。

於是雅各把利亞和拉結找來，把她們父親曾十多次克扣他的工資，以及如今對他態度冷漠等事一一向她們道出。他又談到耶和華上帝如何保佑他，與他同在，使他有了今天，如今上帝叫他離開這裡，返回故里。

利亞和拉結聽後對其父親也十分不滿，一致同意按上帝的吩咐，前往迦南。

雅各趁拉班外出剪羊毛之際，帶領全家及一切牲畜、財物，偷偷起程逃跑。臨行前，拉結偷走了父親家的神像。他們渡過了大河，向基列山進發。過了三天，拉班才得知這消息，便帶領族人去追。他們追了七天，在基列山追上雅各。當晚，耶和華上帝托夢給他，讓他小心，不得向雅各說好說歹。

第二天，雙方都在基列山紮營。拉班對雅各說：「你爲什麼帶著我女兒偷偷地溜走？你要是告訴我，我會高興地彈琴、擊鼓唱歌，歡送你們的。現在你連讓我與女兒及外孫們吻別的機會都沒有。我本可以傷害你，但你父親的上帝昨晚警告我，不可對你說好說歹。我知道你思家心切，歸心如箭，但爲什麼要偷走我家神像？」雅各說：「我偷偷逃走是怕你阻撓，不讓你的女兒跟我走。但你家神像我沒有拿，不信你就搜，搜出誰，誰就該死。如你認出有你的東西，你盡可拿去。」原來雅各確實不知道拉結偷了神像。

拉班便逐一進入雅各、利亞和兩個婢女的帳篷內細細搜查，一無所獲，然後又進入拉結的帳篷。拉結早把神像藏在駱駝的馱簍內，自己坐在上面，對她父親說：「我在經期，不便起立行禮，請原諒！」拉班在拉結帳篷內也是一無所獲。

此時雅各按捺不住胸中的滿腔怒火，把積壓了二十年對拉班的怨恨一古腦兒發洩出來。他說：「我到底犯了什麼法？有什麼罪？要你對我窮追不捨！你把我所有東西都搜遍了，搜出了什麼？或哪樣是你的，你拿出來，讓大家來評判。我在你家二十年，你的母羊從沒掉過一胎，我也從沒吃過你一隻公羊。被野獸撕裂的羊都是我自己賠上，無論白天黑夜被偷的羊也都一律由我賠。我白天受日曬，晚上挨寒霜，從沒睡過一個好覺。我爲你家整整做牛做馬二十年，爲了娶你兩個女兒我工作了十四年，爲了你的羊群我又替你服務六年，而你卻十次減我工資，若不是亞伯拉罕和以撒的上帝與我同在，你一定使我空身而歸。但上帝見到了我的苦情和辛勞，故昨晚責備了你。」

拉班聽後自知理虧，便說：「女兒是我的，外甥和羊群以及你面前的一切都是我的，我怎麼會傷害他們呢？來吧，我們兩人還是立一個約，作爲和解的證據。」於是雙方拿了些石頭堆成堆以作立約的證據，今後你若虐待我女兒另有新歡，我雖不知，但上帝會明察。此後我一定不會越過此石堆去害你，你也不得來害我。」

當夜，他們在山上向上帝獻祭，請衆人吃飯，然後休息。第二天清晨，拉班親吻了女兒和外孫們，爲他們祝福，最後同他們告別，帶著自己的人馬返回家園。

22 兄弟相會

雅各與拉班分別帶著兩妻、兩妾、十二個兒女以及大群牲畜、婢僕浩浩蕩蕩向迦南進發。臨近他哥哥以掃所居之地以東時，他心中難免緊張，便派使者去見以掃，把他回來之事告訴以掃，試探以掃對他的態度。使者回來向雅各報告說，以掃正帶著四百人前來迎接他。雅各聽後焦慮萬分，他把隨行人員和牲畜、分爲兩隊，以防不測。一旦以掃襲擊一隊，另一隊可以逃脫。當夜，雅各又向耶和華上帝祈禱。第二天，雅各從牲畜中挑出母山羊、綿羊各二百隻，公山羊、綿羊各二十隻，駱駝、牛、驢等各幾十隻作爲給以掃的見面禮。他把這些牲畜分爲幾群，群與群之間保持一定距離，每群由一位僕人趕著，走在他及家人的前面。他囑咐這些僕人見到以掃後，如他問起這些牲畜是誰的，就回答：「這些是你的僕人雅各的，他要送給他的主人以掃作禮物，他就在我們後頭。」雅各想用這份厚禮博取以掃的歡心，以便在兄弟相見時以掃能饒恕他。

當天雅各先把押著牲口的人打發走了，夜晚又把自己的妻妾兒女等都送過雅博河，最後只剩他一人留下殿後。當夜，他在朦朧中只見一人走過來與他摔跤，雙方一直摔到天快亮。那人見勝不過雅各，便在他大腿窩摸了一下，大腿便脫臼。那人抽身要走，雅各緊緊拉住不放說：「你不祝福我，我就不放你走！」那人問他：「你叫什麼名字？」雅各回答：「雅各。」那人說：「從此以後，你不再叫雅各，你與上帝和人搏鬥都贏了，因此你要改名以色列（即「與神搏鬥」之意）。」雅各又問來者姓名，那人說：「不必問了。」接著便爲雅各祝福。雅各慶幸自己面對面地見了上帝而仍然活著，便把該地改為毘努伊勒（意為「上帝之面」）。雅各因腿脫臼而只能跛行。以後以色列人後代都因雅各的腿窩扭傷不再吃牲畜大腿的筋。

雅各遠遠見到以掃帶領四百人來了，就把兒女妻妾分成三組，第一組由兩妾帶領其子，第二組由利亞帶領其子女，最後由拉結帶著約瑟。雅各走在最前面。當走近哥哥時，雅各俯伏在地七次。以掃跑來迎接他，兩人擁抱親吻，淚流滿面。以掃見到雅各身後一群女人和孩子，便問這些人是誰？雅各答：「他們都是上帝賜給我的。」於是兩妾及子、利亞及子女、拉結和約瑟分批上前向以掃下拜。以掃又問起最前面的牲畜是怎麼回事，雅各說是給他的見面禮。以掃說：「弟弟，我什麼都不缺，你自己留著吧。」雅各說：「不，你如喜歡我，就要收下它們。你如此恩待我，使我見到你就像見到上帝。」以掃一再推辭，在雅各再三懇求下，他才勉強收下。

以掃請雅各與他同行去以東，雅各對以掃仍抱有戒心，便以拖兒帶女又有大群牲畜、行動遲緩為由，堅請以掃先走，並相約在以東相會。等以掃動身返回以東，雅各便改變方向，朝西回到疎割，再渡約旦河，來到迦南的示劍城，在城東買塊地紮營住下。

23 血洗示劍城

雅各全家定居示劍後，一天雅各的女兒底拿外出找女友玩，被該城的酋長哈抹之子示劍看到。他深為底拿的美麗傾倒，頓起邪念。他把底拿劫持到家中強姦了她。儘管如此，他倒是真心迷戀底拿，要其父與他一起去雅各家求婚，娶底拿為妻。父子兩人來到城東，見到雅各後直截了當地說明來意。雅各得知女兒受姦污，怒火中燒，但因兒子們都在野外放牧，不便發作，便默坐著等待他兒子們歸來。

不一會兒，他們趕著牲口回家，聽說底拿被姦污，個個義憤填膺，認為這是以色列族的奇恥大辱，決心報仇雪恨。他們商量好一條計謀，然後進帳篷見哈抹父子。

哈抹要求他們同意將底拿嫁給他兒子示劍，並說兩族通婚後，以色列人便可隨意在他們境內居住，自由作買賣、購置產業。示劍很大方地表示，只要他們同意將底拿嫁給他，要多少聘禮，提什麼條件都可以。

底拿的哥哥們說：「我們的妹妹不能嫁給未受過割禮的人，這對我們是恥辱。要娶她，你們全城的每個男子必須像我們一樣受割禮，否則我們就帶著妹妹離開這裡。」示劍與哈抹覺得這個條件很公道，便應允了。

哈抹和示劍來到城門口，動員本城居民中的男性都施行割禮，並對他們說，這樣做就能與以色列族通婚，成為一個民族，示劍人也就可得到以色列人的牲畜和財產了。當地居民尊敬哈抹父子，認爲言之有理，都聽從了他們的話。於是城內每個男子都施行了割禮。

過了三天，當施割禮的男子都疼痛難忍、無招架之力之際，底拿的兩位親哥哥西緬和利未趁人不備帶著刀劍進城，見當地男子便殺。示劍和哈抹也死於他們的亂刀之下。然後他們把妹妹底拿從劍家救出。雅各的其他幾個兒子則洗劫了整個示劍城，搶走了城內所有貴重之物和牛羊等牲畜，還俘虜了所有婦女和孩子。

雅各得知了兒子們的屠殺行為後十分震驚，使對西緬和利未說：「你們連累了我，使我在這裡所有的民族中，包括迦南人和比利洗人中臭名昭著。我們人數不多，如果他們聯合起來攻擊我們，我們全家必死無疑。」但他的兒子們還不服氣，不高興地說：「難道他們可以把我妹妹當妓女對待？」

當天，上帝讓雅各離開此城，前往伯特利。於是雅各集合其家族，告訴他們上帝要他們遷往伯特利。臨行前他要每個人自潔，摘下外邦的神像和耳環等物，換上乾淨衣物。雅各把這些神像、耳環等物埋在示劍附近的橡樹下。

雅各全家起程，上帝使周圍的民族不敢去追擊他們，他們才得以順利抵達伯特利。一到那裡雅各立即為上帝築了一座祭壇。上帝再次對他顯現，說：「你的名字是雅各，但從今以後你要叫以色列。」

上帝並應允賜予他許多子孫，將來他的子孫將興起多國，他將成為君主的祖宗，還答應把上帝應允過亞伯拉罕和以撒的土地賜予他與他的後代。雅各在見到上帝的地方立了石柱作紀念。

雅各帶著全家離開伯特利，前往以法他（即伯利恒），在路上拉結臨產，由於難產，生命垂危，最後產下一子。在彌留之際，她給新生兒取名「便俄尼」（即「愁苦的兒子」之意），然後便死了。雅各非常傷心，把她葬在以法他的路旁。不久，他又把小兒子改名爲「便雅憫」（即「交好運的兒子」）。

雅各帶領全家前往希伯侖附近的幔利去見其父以撒。以撒終於又見到離別多年的兒子，並第一次見到兒媳和孫兒女們，不禁大喜過望。不久，他終因年高老邁離開人世，享年一百八十歲。雅各和以掃將其父葬在其家族的墓地——麥比拉洞內。

24 猶大與他瑪

雅各的兒子猶大一度離開衆兄弟，住在亞杜蘭人希拉家。在那裡他遇見了迦南人書亞的女兒，與她結婚，生三子：珥、俄南和示拉。珥生性邪惡，得罪了耶和華，上帝讓他早死。爲使珥有後代，猶大讓二兒子俄南與大嫂他瑪同房。俄南知道即使生下兒子也不歸他名下，每次同房故意遺精於地下，使他瑪無法懷孕。他的行爲也被耶和華視爲惡，不久他也死了。猶大怕第三個兒子也死，就把他瑪打發回娘家，說等示拉大了再說。他瑪只得回到娘家。

不久，猶大的妻子死了。等喪期過後，他與朋友亞杜蘭人書亞一起去亭拿剪羊毛。有人告訴他瑪，她公公要去亭拿剪羊毛，他瑪立即脫下喪服，用帕子蒙上臉，又遮住身體，坐在通往亭拿的伊拿印城門口。猶大見到一女子坐城門口，沒認出是他瑪，還以爲是妓女。他就上前問：「我與你同寢，你要多少錢？」他瑪反問他：「你能給我什麼？」猶大說：「我從羊群中給你一隻小羊如何？」他瑪說：「可以，不過在你送羊來之前，要留些東西作抵押。」猶大問她要什麼，他瑪說：「你的印章、印章帶和你的手杖。」於是猶人就把這些東西交給她。他們同寢後，他瑪便懷孕了。第二天他瑪又返回娘家，依然穿上寡婦的喪服。

猶大託朋友希拉捎小山羊給伊拿印城門口遇見的女人，以贖回他的印章、手杖等物。希拉找不著她，就問伊拿印當地居民：「路邊的那個妓女到哪裡去了？」他們說，這裡從沒有什麼妓女。希拉把這話轉達給猶大，猶大也無可奈何，只得作罷。

過了三個月，有人告訴猶大，他的兒媳他瑪當了娼妓，懷孕了。

猶大大怒，高喊：「把她拉出來，燒死她！」

他瑪被拉出來時，託人把猶大的印章、印章帶和手杖交給他公公，說：「我是從擁有這些東西的主人那裡懷孕的。」

猶大認出是自己的東西，羞慚難當，說：「她是有理的，我沒對她盡到應盡的義務，我理應把我三兒子示拉配與她為夫。」猶大把他瑪接回家住，但從此再不與她同寢了。

他瑪臨產，生下一對雙胞胎。當第一個胎兒伸出手時，接生婆馬上給他繫了根紅線說：「這是頭生的。」誰知，話音未落，胎兒又把手縮了回去，他的兄弟卻搶先出來。於是接生婆把繫紅線的取名為謝拉，即紅色之意；把搶先出來的叫法勒斯，意為搶著出來。現有了後代，他瑪也放心了。此後她專心撫養孩子。

25 約瑟被賣

約瑟在便雅憫未出生前，在十一個兄弟中最小，也最受父親雅各寵愛。雅各愛他固然與他是其愛妻拉結所生、又是老年得子有關，也因約瑟自小聰明過人，討人喜愛。約瑟對父親特別親熱，常把哥哥們外出放羊時的種種劣跡告訴父親，這些都招致其他兄弟對他的妒恨，當約瑟十七歲時，雅各爲約瑟做了件彩衣，而他的哥哥們卻都沒有，爲此他們十分不悅。

一天，約瑟做了個夢，夢見他與哥哥們一起在田間捆麥子，他的那捆麥子筆直地立在中間，而其他人的麥捆都圍著它下拜。他把此夢告訴哥哥們，他們聽後十分生氣，說：「難道你要做王統治我們？」後來約瑟又做了一個夢，夢見十一顆星星以及太陽和月亮一起向他下拜。他把此夢告訴全家，這次連他父親也罵他說：「難道連我和你媽也要向你叩頭？」

一天，雅各讓約瑟的哥哥們去示劍放羊。去了幾天之後，雅各不放心，叫約瑟去看看他們。約瑟走到田野上迷了路，幸好遇到一位牧羊人告訴他，他哥哥們已轉到多坍去放牧了，他便直奔多坍。

幾位哥哥遠遠見他過來，要設計害他，說：「瞧！那做夢的來了，我們不如把他殺了，丟到枯井中餵野獸，看他的夢怎麼成眞？」大哥流便有心救他，便說：「不要殺他，將他扔入枯井就行了。」衆兄弟都同意了。等約瑟一到，他們就把他的彩衣剝掉，把他扔進枯井。流便因有事離開，其他幾位則坐下吃喝，任憑約瑟哀求呼號都置之不理。

正值此時，一支前往埃及的以實瑪利人的駱駝商隊路過。四哥猶大說：「約瑟畢竟是我們的手足，不可害他，不如將他賣給商隊。」眾兄弟商量後都贊成，就七手八腳將約瑟從枯井中拉出，以二十元銀幣的價賣給以實瑪利人，讓商隊把他帶到埃及。等商隊走後，流便才回來，他完全不知此事，還跑到枯井邊找約瑟，見約瑟已無影無蹤，這下他慌了手腳，撕破了衣服傷心地大哭起來，說：「弟弟不見了，叫我怎麼向父親交待？」眾弟兄出主意，殺了一頭山羊，把羊血染在約瑟的彩衣上，然後讓人把血衣拿回家，對雅各說：「我們撿到了這件衣服，請你認一認是否是你兒子的？」雅各一見這件血衣，悲痛欲絕，認定約瑟必定給野獸吃了，於是腰纏麻布，哀哭了幾日。

26 因禍得福

約瑟隨商隊到埃及，被賣給法老的護衛長坡提乏。因耶和華上帝與約瑟同在，使他萬事順利，深得波提乏的賞識而被提拔爲管家。約瑟把主人家管得井井有條，上帝也因約瑟之故使波提乏家五穀豐登，牛羊成群。波提乏十分信任約瑟，把家中一切都交由約瑟管理。約瑟對主人勤勤懇懇，不敢有絲毫怠懈。

女主人見約瑟膀大腰圓，英俊瀟灑，早就鍾情於他。她百般挑逗，勾引約瑟與她共寢，約瑟不爲所動，幾次三番婉言拒絕，還儘量避開她。

一天，約瑟入室辦事，波提乏之妻見家人都不在，便拉住約瑟的外衣，強要約瑟與她同寢，約瑟慌忙棄衣而逃。她惱羞成怒，舉著留在她手中的約瑟的衣服高喊來人，誣陷約瑟：「這位希伯來人進房要強姦我，只因我高喊他才跑了。」她還把約瑟的外衣作爲企圖姦淫她的證據，向丈夫哭訴。護衛長聽信了他妻子的話，不由分說把約瑟抓起來關入了監獄。

約瑟含冤入獄後，很快得到了監獄長的賞識，讓他管理其他犯人。不久，法老宮廷的司酒長和膳務長因冒犯法老被判下獄，由約瑟負責伺候他們。

一天晚上他們各作了一個奇夢，醒後百思不得其解。約瑟見他們悶悶不樂，主動上前問候，他們便把各自的夢向約瑟敘述，請約瑟幫助解夢。

司酒長說：「我夢見一棵葡萄樹，上有三根枝條。它們發芽、開花，隨即結出串串成熟的葡萄。我手中拿著法老的酒杯，把葡萄汁擠入杯中，然後端給法老喝。」約瑟說：「你夢中的三根枝子就是三天。三天內法老釋放你，你將官復原職。只是你出獄後千萬別忘了我，幫我在法老前面美言幾句，救我出去。我是希伯來被拐來的，在這裡從沒犯過罪，完全是無辜受冤枉的。」

接著，膳務長也把他的夢告訴約瑟。他說：「我夢見我頭上頂著三筐白餅，最上面的那筐是給法老烤製的各色食品，有飛鳥來啄食這些食品。」約瑟聽後爲此嘆息，說：「此夢預兆不祥。三筐代表三天，三天內法老必會斬你的首，把你的身體掛在木柱上，飛鳥會來啄食你身上的肉。」

約瑟的話，到第三天果然印證了。那天是法老的生日，他大擺宴席招待群臣，忽然想到司酒長和膳務長，便叫人將兩人提出監獄。他念及司酒長平日對他忠誠，便當衆釋放他並官復原職。但他對膳務長卻只想到他的惡行，令人將他推出去斬首，並將他身體掛在木柱上。

司酒長復職後，將約瑟囑託他的事忘得一乾二淨，致使約瑟在獄中又待了兩年。

兩年後，一天晚上，法老王做了一個夢，夢見自己站在尼羅河畔，有七條肥壯的母牛從河邊走來在蘆葦叢中吃草。隨後又來七條乾瘦醜陋的母牛，牠們竟把原先那七條肥壯的母牛吞吃了。就在這時，法老驚醒了，但很快又沉沉入睡。接著他又做了第二個夢，夢見一棵麥子上長出七個籽粒飽滿的麥穗，隨後又長出七個乾癟無粒的麥穗。那乾癟的麥穗竟吞了那飽滿的麥穗。

第二天，法老把埃及所有術士哲人找來爲他解夢，但竟無一人能解。司酒長忽然想到獄中的約瑟，便請法老召見約瑟，並把約瑟當年爲他和膳霧長解夢如何靈驗等事詳細說了一遍。法老一聽，馬上宣約瑟進宮。

約瑟匆忙理髮更衣，晉見法老，法老把奇夢對他說了一遍。約瑟聽後說：「我自己無法解此夢，是上帝把你的夢意告訴我的。王上的兩個夢是一個意思，那七條肥壯的牛和七粒籽粒飽滿的麥穗預示埃及將有七個大豐年。而七條羸瘦的牛和七粒乾癟的麥穗則預示著七個荒年。埃及將有七個大豐年，隨後又有七個大荒年。這七個荒年災情將十分嚴重，顆粒無收，會吞食了七個豐年所產的一切，全埃及將爲飢荒所滅。王上的夢顯示了上帝的意志。」

然後，約瑟又爲法老出謀劃策說：「王上應選一名遠見足智的人管理國政，由他委派官員到全國，在七個豐年時廣建糧倉，征收五分之一的糧食貯備起來，以備七個荒年之用，這樣在荒年發生時，全國就不會餓死人了。」

法老及衆臣深服約瑟高見，法老說：

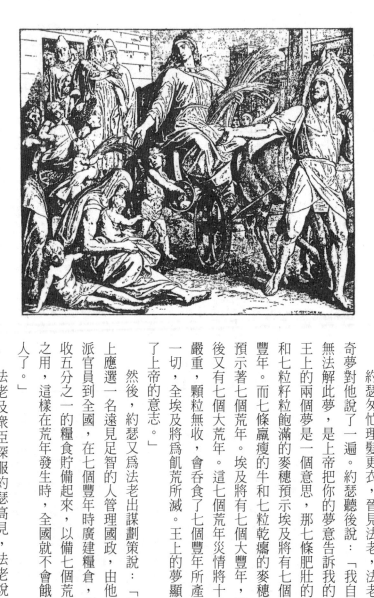

「既然上帝把夢意告訴你，可見沒有人比你更能勝任此職了。我現任命你管理我的國家。如今你是埃及國宰相了，在一人之下，萬人之上。」

法老將自己的戒指摘下給約瑟戴上，又取出上等細麻布的衣服和金項鍊等物給他披戴上，還將自己的副車賜給他，派他治理全埃及，並降旨全國：在埃及全境，沒有約瑟的許可，任何人不得妄自行動。

法老給約瑟起了埃及名字叫撒發那忒巴內亞（意爲「上帝說『萬歲』」）。此時約瑟已三十歲了，法老見他仍未娶親，便親自作媒，將安城祭司波提非拉的女兒亞西納嫁給他爲妻。約瑟雖位極人臣，仍然勤勤懇懇，事必躬親。他經常去埃及各地視察。在七個大豐年之際，他親自督促各城鎮積極貯糧，以致埃及各地積存的糧草堆積如山，無法計量。就在連續七個豐年快結束時，約瑟的妻子生下兩子，長子取名瑪拿西、次子取名以法蓮。

七個豐年過後，果然是七個大荒年，飢荒不僅遍及埃及，還蔓延至其他鄰近國家。約瑟及時打開糧倉，把糧食賣給人民。許多埃及的外地人也紛紛到埃及買糧。

27 約瑟之兄前往埃及糴糧

雅各所在的迦南地也發生飢荒。他聽說埃及有糧，就讓十個兒子去埃及糴糧，自己和他最寵愛的小兒子便雅憫在家留守。

約瑟的哥哥們來到埃及，糴糧時正值約瑟巡視到該地。他們一聽宰相到，便戰戰兢兢向埃及宰相叩拜。約瑟一眼認出他們，但假裝不認識，厲聲問道：「幾位從何處來？」他們慌忙回答：「從迦南來，是來糴糧的。」約瑟想起以前的夢，便故意說：「我看你們是奸細，要窺伺這裡的虛實。」幾位兄弟慌了手腳，連連否認，說：「我們兄弟幾人確實是老實人，絕非奸細。我們的父親住在迦南，本有十二個兄弟，其中一個死了，另一個尚年幼沒來，父親派我們十人來貴國糴糧。」約瑟說：「你們分明是奸細，你們有小兄弟為什麼不帶來？為證實你們的話，你們必須派一個回去將你們的小兄弟帶來，其他人則全部扣下，直到他們回來，否則就按奸細論處。」說著，約瑟便命人拘留十兄弟。

三天後，約瑟召見他們，對他們說：「我們都是敬畏上帝的，如果你們按我的話去做就可保命：現在你們中留下一人作人質，其他人則可帶著糧食回去使家人度過飢荒，然後，把你們的小弟弟帶來，以證明你們是誠實人，也免你們一死。」幾兄弟只得答應這一條件。他們用希伯來語說，這是對他們當初害自己弟弟的報應。大哥流便埋怨他們說：「我那時叫你們不要害約瑟，你們偏不聽，現在血債要用血來還了。」

約瑟一直假裝不懂他們的話，先前與他們的交談也均通過翻譯。此刻聽到兄長們的肺腑之言，不禁傷心落淚，轉身退到一處，大哭一場，然後回來，挑了西緬當人質捆綁起來，其他人則打發回家。臨走前，約瑟囑咐僕人將他們口袋內裝滿糧食，但把他們買糧的銀子也悄悄地退回到各人的口袋中。約瑟還爲他們準備好路上吃的食糧。九兄弟在途中開糧袋餵驢時發現了退回的銀子，驚恐萬分，說：「上帝這麼對待我們是什麼意思？」

回到迦南後，幾兄弟便把在埃及的遭遇一一向父親訴說，並說埃及宰相已扣下西緬作人質，一定要他們把小兄弟帶去，以證明他們清白。雅各聽後十分惱怒，說：「你們要讓我失去所有的兒子嗎？約瑟沒有了，西緬也沒有了，如今你們又要把便雅憫帶走，怎麼災難都接連不斷地落到我頭上？」流便向其父保證把便雅憫帶回，否則就殺了他自己的兩個兒子。但雅各堅決不允，說：「他唯一的親哥哥約瑟已死了，現只剩他一人，如途中再有三長兩短，我只能白髮蒼蒼、淒淒慘慘地下黃泉了。」

迦南的饑荒毫無轉機，雅各家從埃及帶回的糧食吃完了。雅各無計可施，只能叫兒子們二下埃及糴糧。猶大說：「你必須讓便雅憫與我們同行，否則我們沒法去。那人再三叮囑要我們把小兄弟帶去，否則他不見我們。」雅各埋怨他們說：「你們爲什麼要告訴他，你們有個小兄弟？」他們說：「那人詳細盤問我們家中情況：父親還健在嗎？有弟弟嗎？我們只好如實稟報，誰知他要我們將弟弟帶去。」猶大再三向雅各保證小弟弟的安全，說：「如果我不把他帶回來，就讓我永遠承擔此罪過。」雅各只得放行。臨行前準備乳香、沒藥、蜂蜜等禮品，又準備了雙份的銀子以歸還原先退回的那一份。

兄弟幾人帶著便雅憫前往埃及，拜見宰相。約瑟見他們真把便雅憫帶來，便令人設宴款待。當管家把他們領到相府，他們十分害怕，擔心因上次的銀子一事怪罪他們，於是再三向管家聲明，但說已把銀子帶回歸還。管家叫他們不要怕，說：「這些銀子是你們及你們父親的上帝賜予你們的，你們的銀子我早收了。」說著又把西緬領出來交給他們，並把衆兄弟引入約瑟的屋內給他們洗腳，又給他們的牲口餵料等等。

中午時分，約瑟回家，衆兄弟忙呈上禮物，上前叩拜。約瑟和顏悅色地向他們問好，又問老父是否健在。他們連聲回答：「健在。」他們並再次向約瑟跪拜。

約瑟見到自己同母小兄弟便雅憫，心情萬分激動。他故意問：「這位就是你們最小的兄弟？」然後他轉向便雅憫說：「孩子，上帝賜福給你。」說著，他眼淚止不住要往下掉，急忙轉身回房，痛哭一場。然後他努力控制住自己的感情，洗了洗臉，走出來吩咐開飯。這次宴請共分三席，約瑟單獨一席，埃及人一席，約瑟的兄弟一席。約瑟按兄弟長幼分坐次，他們都十分驚訝他怎麼這麼了解他們。約瑟將自己的食品分給他們，只是便雅憫所得的是其他兄弟的五倍。

約瑟吩咐管家照第一次的辦法行事，把他們糧袋中裝滿糧食及各人買糧的銀子，而在便雅憫的糧袋內還塞入一隻銀杯。次日清晨，衆兄弟趕著馱糧的驢子返家，剛離開城不遠，只見約瑟的管家追來，說：「你們爲平以德報怨，偷了我家主人占卜喝酒時用的銀杯？你們犯了大罪。」衆兄弟都說：「我們絕不會做出此等惡事，上次在糧袋內發現銀子，我們都如數帶來奉還，怎麼會去偷你家主人銀杯。你若不信，儘管搜查，從誰那裡搜出，誰就該死，我們都甘願作奴隸。」

管家便從年長的口袋開始搜，直搜到便雅憫的口袋中，果然發現一隻銀杯。衆兄弟目瞪口呆，不敢相信自己的眼睛。管家說，他只帶走偷杯人，其他的人都可回家。但幾位哥哥都傷心至極，一起折回城內，晉見約瑟。他們俯伏在地，約瑟說：「你們幹了什麼事？難道你們不知像我這樣有地位的人是會占卜算出你們的行動的？」猶大說：「事到如今你們也有口難辯，既然已從袋中搜出銀杯，你們甘願做你的奴僕。」約瑟說：「不！從誰那兒搜出杯子，誰就當我的奴隸，其他人一律回去。」猶大立即上前說：「我主，我父親已老邁，此孩是他老年所得，孩兒的同母親哥哥已死，只撇下他一個。上次你要你們把孩子帶來，我老父堅決不肯，說孩子如有三長兩短，他也就會悲慘地死去。經我再三保證，父親才允許孩子與我們來此。現請主容我留下爲奴，讓孩子與他哥哥們一同返家，否則我老父也活不下了。」

約瑟再也控制不住自己的感情。他令左右退下之後放聲大哭，其聲之大遠達法老宮中。他對衆兄弟說：「我是約瑟！父親還健康嗎？」幾位哥哥聽後，驚得目瞪口呆，竟無一人答話。約瑟請他們上前，親切地說：「我是約瑟，是被你們賣到埃及的弟弟。但你們不必自艾自責，因爲這是上帝的安排，並不是你們差我來的。上帝遣我來是爲了保全大家的生命，也爲了保全你們和你們子女的性命。上帝讓我當了法老的顧問，還兼任埃及宰相，管理全國。現在你們趕快回去告訴父親，我說健在，還當了宰相，請他務必帶全家老幼及牛羊牲畜前來埃及的歌珊地定居，因爲這次飢荒只過去兩年，還要持續五年，我不願眼見你們陷入絕境。」約瑟抱著便雅憫又嚎啕大哭，小弟弟也抱著他失聲痛哭。接著約瑟又與每個人親吻。

直到此刻，衆兄弟彷彿才大夢初醒，一個個向約瑟重述手足之情。

28 父子在埃及重逢

約瑟的兄弟來到埃及的消息不脛而走，迅速傳到法老和衆大臣耳中，他們都為約瑟感到高興。法老令約瑟讓其兄弟滿載而歸，並帶著埃及的車輛將其父等接到埃及。

約瑟遵照法老的旨意，為衆兄弟準備了車輛和路上的乾糧，又送每位哥哥各人一套衣服，而給小弟弟便雅憫五套衣服和三百塊銀元，另送父親十頭公驢和十頭母驢。公驢馱著埃及最好的東西，母驢馱著供其父來埃及時路上食用的穀物、餅、菜等物。然後他親自送兄弟們上路。

兄弟們一路艱辛，返回了迦南。望眼欲穿的雅各見兒子們回來了，真是悲喜交加。當他們告訴雅各約瑟還活著並當了宰相時，他簡直不敢相信自己的耳朵，直到看見約瑟派來接他的車輛和物品才確信無疑，連聲說：「約瑟活著，好！好！我未死前一定要去見他一面。」

雅各帶領全家積極打點行裝，然後準備妥當，起程前往埃及。他先到別是巴，虔誠地向其父以撒的上帝獻祭。

夜晚上帝在異象中向雅各顯現說：「我是你父親的上帝，你不要害怕，放心地去埃及吧！我必使你在那裡成為大族。我將與你同下埃及，也必將帶你回來，約瑟必將為你送終。」

第二天，雅各帶領全家老幼共七十人，分乘幾輛埃及法老賜與的車子，兒子們趕著牲畜，直奔埃及。

雅各全家抵達埃及境內，先派猶大前去與約瑟聯繫，然後前往歌珊地。約瑟備了車馬也趕到歌珊。當他見到白髮蒼蒼的老父親，不禁淚如雨下，父子兩人抱頭痛哭。雅各說：「我能活著見到你，我死也瞑目了。」

約瑟挑了五個兄弟去見法老，叫他們對法老說：「我們繼承祖業以牧羊為生，求王容我們住歌珊地。」法老果然恩准，對約瑟說：「你給他們選擇地方吧，要讓他們住埃及最好的地方。歌珊這地方不錯。」

約瑟又帶一百三十歲高齡的老父去見法老，為法老祝福。

以色列在歌珊地繁衍生息，人口、田產都大增。雅各又活了十七年，到一百四十七歲時他深知自己不久於人世，便叫約瑟向他起誓，死後一定要把他的遺骨帶出埃及，葬在其列祖所葬之地。約瑟一口應承。不久，雅各病危，約瑟急忙帶著兩子探父。雅各見到兩孫兒興奮異常，便雙手交叉在長子瑪拿西頭上，說：「你手放錯了，這才是長子。」雅各說：「不，將來弟弟要比哥哥昌盛強大，將成為多族之祖。」

他把以法蓮列在瑪拿西之上。以色列（雅各）又對約瑟說：「上帝與你同在。」他答應給約瑟的要比其他兄弟多一份。接著雅各對其他十一個兒子一一祝福。雅各的十二個兒子以後就成為以色列的十二支派。它們是：流便、西緬、利未、猶大、西布倫、以薩迦、但、迦得、亞設、拿弗他利、約瑟、便雅憫。

雅各祝福完便嚥了氣。約瑟悲痛欲絕，令醫生為父親薰香四十天，全埃及為之哀悼七十天。約瑟請求法老准予他按父親生前遺言，將父親安葬在迦南其列祖墳上。法老同意了。約瑟帶著眾兄弟、父親的眷屬和法老的臣僕、長老和騎兵等，組成一支浩浩蕩蕩的送葬隊伍。他們到達約旦河外，亞達的禾場，在那裡舉行了盛大的吊唁儀式，約瑟和眾人在此哀哭了七天。迦南人見了都說，這是埃及人的一場極大的悲劇。

遵照父親遺囑，約瑟兄弟將父親葬入亞伯拉罕和以撒的墓地——麥比拉洞中。葬禮完畢他們便返回埃及。

約瑟兄弟見父去世，怕約瑟報復他們，便派人求約瑟饒恕他們。約瑟哭著向他們保證，他絕不會這樣，他到埃及完全是上帝的安排。約瑟儘盡心盡意地照顧眾兄弟及他們的家。

約瑟活到一百一十歲去世。臨死他對兄弟們說，上帝將會領他們離開埃及，回到上帝應許亞伯拉罕、以撒、雅各的地方。他又叫以色列的子孫們答應日後將他的骸骨運回迦南。

29 摩西出生

約瑟及其兄弟的一代人都去世了。他們的後代在歌珊繁衍生息，逐漸成爲一個強族。數百年過去了，埃及人根本不知道有過約瑟此人。當埃及一位新王登位時，見以色列人強大，十分擔心他們將對埃及構成威脅，一旦發生戰爭，以色列人會聯合埃及的敵人攻打他們，擺脫埃及人統治，於是便加緊迫害以色列民，派埃及監工監督他們勞動，讓他們做最苦最累的活，爲法老建城製磚。但埃及人的奴役並沒有減少以色列人口的增加，於是法老便叫來兩個接生婆，對她們說，在爲希伯來婦女接生時，如是男嬰，一律將他們殺死，女嬰則可留下。接生婆敬畏上帝，不肯作此事。她們對法老說，希伯來婦女身體強壯，往往在她們未趕到前孩子已落地。於是法老下令以色列人必須將所有剛生的男嬰丟到河裡。

有一名利未族的希伯來婦女產下一子，長得活潑可愛，全家不忍心淹死他，偷偷把他藏了三個月。後見隱藏不住，就把他放入一個蒲草箱內，箱外塗上石漆和瀝青，把箱子放在河邊蘆葦叢中，孩子的姐姐遠遠地站著看望。

正值此時，法老的公主和宮女在此洗澡，見到這個箱子，打開一看，發現竟是一個十分可愛的寶寶。公主說：「這一定是希伯來人的孩子。」她眞心喜歡他，打算收爲養子，考慮爲他找個乳母。孩子的姐姐趁機走上前來，主動問公主是否要找一個希伯來奶媽。公主正求之不得，連聲說：「好！好！」這位女孩趕快回家把她母親找來。公主就把孩子交給他自己的母親代爲餵養。

孩子由生母養育，漸懂人事，得知自己是希伯來人。等他稍大一點，其母便把他交給公主，公主正式認他爲養子，並給他起名摩西，意思爲「水中撈起的」。

摩西雖在宮中接受的是埃及貴族生活和良好的教育，但他從沒忘記自己是希伯來人，每當他見到埃及人欺負自己的同胞兄弟時，總是心頭沉重。

一天外出，他見一名埃及人死命毆打一名希伯來人，他再也按捺不住滿腔怒火，四顧無人，便拔刀將此埃及人殺死，然後用沙土把屍體掩埋了。他自以爲做得天衣無縫，無人察覺，實際上此事已在希伯來人中傳開。第二天，他又外出，見到兩個希伯來在打架，他上前制止那個欺負人的，要他別打自己的同胞，那人卻反唇相譏，說：「誰立你爲我們的首領和審判官，難道你想把我也殺了，就像殺那埃及人一樣？」摩西一聽，知道自己殺埃及人一事已敗露，心中十分害怕，便匆匆出逃。果不出所料，法老很快得知此事，下令通緝摩西。

爲逃避法老的通緝，摩西一直逃到米甸。一天他坐在井邊，見到米甸祭司葉忒羅的七個女兒來打水，當她們把水槽打滿水要給父親的羊喝水時，幾位牧人過來蠻橫地把她們趕走，要先餵他們的羊。摩西路見不平，拔刀相助，趕走那幾個牧人，還幫著七位女子打水飲完她們的羊。當她們趕著羊群回家時，其父很驚訝她們回來得比平時早。女兒們便把遇見摩西一事告訴葉忒羅。葉忒羅叫女兒們趕快把摩西請到家，盛情款待，還把其女西坡拉嫁給摩西爲妻。以後她爲摩西生子，摩西爲他取名革舜（意爲「我寄居外鄉」）。

30 摩西在米甸

摩西在米甸一住多年，他時刻惦記著在埃及受苦的同胞。此時的埃及，通緝摩西的法老已死，但埃及人仍殘酷地奴役著以色列人民，以色列人終日嘆息哀求。上帝聽到了他們的苦情，念及他與亞伯拉罕、以撒、雅各所立的約，選定摩西帶領他們出苦海。

一天，摩西趕著岳父家的羊來到何烈山放牧。忽見一叢荊棘中有火焰冒出，但荊棘本身卻不燃燒。他見此異象就要上前看到究竟。只聽荊棘叢中有聲音叫他，說：「摩西！不要近前！把鞋脫下，因爲你所站之地是聖地。我是你祖上亞伯拉罕、以撒、雅各的上帝。」摩西趕快把臉蒙上，不敢看上帝。

耶和華上帝說：「我已看到我的百姓在埃及所受的苦難，我也聽到了他們的哀號，我將拯救他們擺脫埃及人的奴役，領他們去廣闊肥沃的流奶與蜜之地。我將派你去見法老，把以色列民領出埃及。」摩西說：「我是什麼人，怎麼能去見法老，把以色列人帶出埃及？」上帝說：「我將與你同在，你將百姓領出埃及後必將會到此山來敬拜我。」當摩西問上帝的名字，以便他可以回答百姓的提問時，上帝說：「我是自有永有的。」上帝叫摩西對以色列百姓說：「自有的差遣我來的耶和華是你們祖宗的上帝，也就是亞伯拉罕、以撒、雅各的上帝差遣我到你們這裡來。」

上帝還預言法老絕不肯輕易放以色列人走，但祂說祂將施行奇蹟、攻擊埃及人，直至他們放行。上帝說，祂不會讓以色列人空手離開，每個以色列婦女都將從埃及人手中得到金銀、首飾、衣服，把埃及人的財富帶走。

摩西問，以色列人必不相信他，他該怎麼辦？耶和華問摩西：「你手中是什麼？」摩西說：「是手杖。」耶和華便命令他把杖丟在地上，摩西將杖一丟到地上，馬上變成一條蛇，摩西嚇得往後躲。耶和華又命令他：「你伸手捉住牠的尾巴，牠必在你手中仍變拐杖。」摩西伸手去抓，果然蛇又恢復爲拐杖。耶和華又叫他把手放入懷中，然後抽出來，一看滿手長出白白的大痲瘋。耶和華再叫他把手伸入懷內，再抽出來竟又完全康復了。

耶和華說：「你有這些神蹟，他們必信服你。若再不信，你可從河裡取些水，倒在地上必變血。」摩西又對耶和華說，他平日笨口拙舌的，無法完成上帝交給他的使命。耶和華答應賜予他口才，但摩西仍推托，說：「主呀！您差別人去吧，您願差誰去都行。」耶和華上帝發怒了，說：「你哥哥亞倫能言善辯，我要派他作你的代言人，替你向民衆說話，你要像上帝一般，指示他說什麼。你要帶著這根手杖，用它來行神蹟。」上帝又說：「你回埃及去吧！那些想殺你的都死了。」

摩西無法再推托，決心承擔上帝賦予的使命。他於是回家對岳父葉忒羅說：「請讓我回埃及，看看我的親屬是否還健在。」葉忒羅同意了。

於是，摩西帶著妻子和兒子，拿著手杖，騎著驢回埃及了。

31 上帝降災於埃及

在回埃及的路上，上帝因摩西沒給兒子施割禮而要殺他。摩西的妻子西坡拉趕快撿了一塊銳利的石片將兒子的包皮割下丟在摩西腳下，才使摩西免於一死。西坡拉對摩西說：「你是我用割禮的血換來的丈夫。」

上帝叫亞倫去曠野迎接摩西。亞倫在上帝之山迎到了摩西，兩人擁抱親吻，然後同去埃及。在埃及，兩人召集了以色列的各位長老，亞倫轉述了耶和華向摩西說的話。摩西用杖向以色列百姓行神蹟，百姓便都信服他。當他們聽說耶和華上帝眷顧他們、體察他們受奴役的情況時，都紛紛跪下敬拜上帝。

摩西和亞倫前去見法老王，告訴他以色列的上帝要他們帶以色列民眾到離此三天路程的曠野中過節，敬拜上帝，否則上帝將會降災於他們。法老不准，說：「誰是上帝？我不認識。你們人口已超過埃及人，難道要叫他們曠工？」法老下令以色列人不僅不得減少平日的製磚數，連製磚用的草料也必須由他們自己備。以色列人因找草料無法完成磚數，埃及監工就鞭打以色列領班。領班們上訴法老。法老反而指責以色列人懶惰，想出花招向上帝獻祭，所以要用此法懲罰他們以色列人深感大禍臨頭，埋怨摩西和亞倫，說這場禍全是他們造成的。

摩西向上帝發問：「爲什麼法老更殘酷地對待我的子民，您卻不救助他們？」上帝說：「我要逼埃及人放走我的子民，把他們送出埃及……我起誓把你們領進我應許亞伯拉罕、以撒、雅各的那塊地。」摩西把上帝的話告訴以色列人，他們因遭受這殘酷的奴役而心恢意懶，不肯聽他的話。

上帝又叫摩西和亞倫去見法老，要求他放行，但也告訴他們，祂會使法老的心變剛硬，無論祂對埃及施行什麼神蹟奇事，法老都不會輕易放行，不過最終祂會嚴厲懲罰埃及人，使以色列人離開，「到那時埃及人就知道我是上帝了。」

儘管此時摩西已八十歲，亞倫已八十三歲，有耶和華爲後盾，爲了以色列人的解放，他們仍前去見法老。上帝對摩西說：「如法老讓你們行神蹟奇事，就讓亞倫把拐杖扔地，杖就會變蛇。」他們就按上帝之言行事，果然杖變蛇。法老見狀召集全國術士和占星家，也行法術使杖變蛇，但亞倫的杖吞食了他們的杖。儘管如此，法老仍不准以色列人離開埃及。

摩西、亞倫遣按上帝吩咐，在法老和衆臣僕面前用杖擊河水，頓時整個埃及的江河湖泊之水都變血發臭，魚都死了，埃及人無水可喝。法老見無動於衷，轉身回宮。埃及百姓只得挖地取水。七天後埃及全境水才變清。

耶和華又令摩西去見法老，讓他允許以色列人離開，如他不准，埃及全地將發生蛙災。摩西、亞倫見法老，法老果然不准。摩西便遵照耶和華吩咐讓亞倫用杖指向江河、湖泊，於是青蛙都跳出來，遍地都是。牠們跳進法老的宮殿、臥室和床上，有些還跳到法老的廚房、鍋裡和他們的身上。法老把摩西和亞倫叫來說：「請你求上帝把青蛙趕走，我放你們的人去獻祭。」摩西見法老回心轉意，答應向上帝祈禱，讓全地青蛙都死去，只留下尼羅河的。第二天，所有屋裡、院裡、地裡的青蛙全死了，埃及人把它們堆積起來，腥臭無比。法老見災情過去，就變卦了。

摩西又按耶和華的吩咐，叫亞倫用杖擊地，使地上的塵土變成無數虱子，把全埃及的人和牲畜叮咬得奇癢難忍，但法老卻仍不鬆口。

上帝又讓摩西去警告法老，再不放行將使埃及遭蠅災。法老不聽，上帝便讓成群的蒼蠅鋪天蓋地地飛進王宮、埃及人住宅。全埃及除以色列人居住的歌珊以外，都變成了蒼蠅籠罩的世界。國王只得召見摩西說：「我准你們去曠野向你們的上帝獻祭，但你們要爲我祈禱。」摩西便向上帝祈禱，蒼蠅隨之離開了埃及。法老見蠅災過去，便立即食言。

摩西又進宮見法老，對他說，如他不讓以色列人離開，上帝將降瘟疫，所有埃及人的牲畜將會染上瘟疫死去。法老不予理睬，於是埃及人所有的馬、驢、駱駝、牛羊全都死了，而以色列人的牲畜則頭頭健壯。

摩西遵照耶和華上帝的吩咐，從爐中取了把灰，當著法老的面把灰撒向空中。這灰就像灰塵一樣散佈到全埃及，所有碰到灰的人和牲畜都全身長瘡，疼痛難當。法老卻仍然無動於衷。

上帝又叫摩西對法老說，如果他還不讓以色列人離開，他將降雹災於埃及。法老聽而不聞。第二天，摩西向天舉杖，頓時雷電交加，大塊的冰雹在埃及所居之地降落，砸壞了一切農作物、花草樹木和戶外的人畜。只有歌珊地平安無事。

法老見狀，召見摩西、亞倫說：「我犯了罪，上帝是公正的，我和百姓都有罪，請你向上帝禱告，停止雷電冰雹，我不再留你們了，放你們走。」摩西答應爲他向上帝禱告，但他也知道他們仍不會敬畏上帝。這次埃及因雹災大麥和棉麻損失殆盡，只有小麥因沒長出尚未受損。當摩西向上帝禱告止住了這次雹災後，法老再次反悔。

耶和華上帝又讓摩西警告法老，再不讓以色列人去曠野敬拜上帝，上帝將讓蝗蟲把埃及境內未被冰雹毀壞的植物統統吃光。法老的師僕勸法老讓他們離去，少招麻煩，否則埃及快被他們毀滅了。於是法老召見摩西、亞倫、問他們究竟有多少人去敬拜上帝。摩西說：「男女老幼都去，並要帶走我們的牲口，因爲我們要在那裡過節，敬拜上帝。」但法老堅持只准男的去，婦女和孩子一律要留下，並把他倆趕出王宮。

於是，耶和華上帝叫摩西向埃及全地伸杖，上帝刮起東風，吹了一天一夜，吹來了無數蝗蟲，密密麻麻一片，整個埃及昏天黑地，牠們把一切沒毀盡的莊稼樹木果葉都啃個精光，埃及全地不見一點綠色。法老趕快召見摩西和亞倫，再次請求他們饒恕，向上帝祈求，解除懲罰。摩西向上帝祈禱，上帝便調轉風向，刮起了西風，將蝗蟲吹入紅海。當所有蝗蟲飛離埃及後，法老又將其讁言置於腦後。

耶和華上帝繼續讓摩西施展神蹟。他叫摩西向天伸杖，頓時埃及地一片黑暗，三天三夜伸手不見五指，唯有以色列人家中有亮光。法老又召來摩西，對他說：「你們所有的人，包括婦女孩子都可以去敬拜你們的上帝，但牛羊牲畜不得帶走。」摩西再三要求准許他們帶走牲畜，好向耶和華上帝獻祭，法老對摩西大發雷霆，吼叫道：「你滾出去，別讓我再見到你，否則你就沒命了。」摩西說：「我也絕不想再見你了。」

過了一段時間，耶和華上帝對摩西說：「我要對法老和埃及降最後一次災，這次他一定放你們走。事實上，他會把你們趕出這裡，你要叫以色列人向埃及鄰居索取金銀、首飾。」上帝又對摩西和亞倫說：「本月爲正月，在本月初十，各戶要按人口比例選一頭羊或幾戶合選一頭羊，到十四日那天將所選之羊殺了，把血塗在門框和門楣上。我在那夜要到埃及全境殺死一切頭胎生的，不管是人是畜。凡門框上塗血的就是你們的住家記號，我將越過你們，在我懲罰埃及人時，絕不傷害你們。以後每逢這天你們就要慶祝以紀念我，你們的子孫也當遵守。」這一節日，就是日後猶太人的逾越節了。

摩西召集所有以色列人首領，轉達了上帝的旨意，以色列人家家作好準備，十四日那天把所選之羊殺了，用牛膝草蘸血塗在門楣上，所有人都待在家中吃烤羊肉，無酵餅和苦菜。到了半夜，耶和華上帝把埃及人所有頭生的，上至太子，下至囚犯的長子，以及頭胎的牲畜統統殺死。埃及全國一片嚎啕哀哭。

法老召見摩西、亞倫說：「你們快走，離開埃及，照你們的要求去敬拜上帝，帶著你們的牲畜離開。」埃及人也都催以色列人離開他們的國土，說他們再不走，埃及人就要死光了。以色列人準備好行裝，並遵照摩西囑咐，向埃及人索取金銀首飾和衣服。此刻的埃及人都希望他們走得越快越好，他們要什麼便給什麼，以色列人帶走了埃及的許多財寶。

以色列人一共在埃及住了四百三十年，他們祖先最早來埃及時是七十人，而離開時僅男丁就達六十萬人。許多外族人和牛羊等也跟著他們一起走。

32 以色列人離埃及跨紅海

以色列人爲對付路上不測，走時都全副武裝。他們也沒忘記把約瑟的骸骨一起帶走。上帝爲使以色列人在路上少遇麻煩，帶領他們繞道而行，以避開發生戰事之地。以色列人日夜兼程，白天耶和華上帝以雲柱引領他們走，黑夜耶和華又用火柱在前面指示方向。他們順利地通過曠野，往紅海方向走。

法老得知以色列人並非去曠野給上帝獻祭，而是逃跑了。他和臣僕們想到將失去大批奴隸，就後悔莫及，於是召集軍隊，配備所有的戰車、馬車和騎兵，法老親自披甲上陣，去追趕以色列人。追到比哈希錄附近的紅海邊，見離以色列人不遠了，便安營紮寨。

以色列人見大批埃及軍隊和戰車追來，十分恐懼，都向摩西發怨言說：「難道我們在埃及沒有葬身之地，要你把我們帶到曠野送死？看你把我們領出埃及做什麼好事？我們在離開前不是就告訴過你，這事會發生？我們也早叫你別管我們的事，讓我們在埃及作奴隸好了，做奴隸總比死在曠野強！」摩西勸他們說：「不要怕，要站穩，今天你們就會看見上帝怎麼救你們，你們再不會見到埃及人了。」突然，以色列人見到原先在前面引領他們的雲柱，轉到隊伍的後面，把他們和埃及人隔開，濃雲籠罩埃及人，使他們陷入一片黑暗之中，而雲柱卻照亮了以色列人。整個晚上埃及軍隊無法接近以色列人。

摩西遵照上帝囑咐，舉起杖向海伸去，上帝立即刮起強勁的東風，足足吹了一夜，把海水吹

退，露出了海底旱地。海水分開，像兩堵透明的牆矗立著，以色列人在中間旱地行走過海。埃及人的戰車、馬車和騎兵緊跟其後窮追不捨。天破曉時，耶和華上帝從火柱、雲柱中觀看埃及人動向，並使他們發生混亂，埃及人的車輪都陷入泥潭中無法動彈。上帝讓摩西轉身舉手將杖伸向海中。天亮時，以色列人身後的海水合攏，淹沒了所有追趕他們的埃及部隊及車輛、馬匹。而以色列人則繼續在海底旱地向前走，順利地通過紅海，抵達對岸。

以色列人看到耶和華上帝淹死了成千上萬名埃及追兵、將他們拯救出來，都歡喜雀躍，沉浸在一片歡樂聲中。

亞倫和摩西的姐姐米利暗手中拿著鼓，帶領許多婦女興高采烈地邊歌邊舞。他們唱道：「要歌頌耶和華上帝，因為祂贏得了巨大的勝利；把戰馬和騎兵投進了海裡。」

33 嗎哪鵪鶉

摩西帶領以色列人離紅海，入書珥的曠野，在曠野中行走了三天三夜，竟找不到一滴水喝。最後來到瑪拉才見到水，但一喝發現水是苦的，無法入口。於是百姓又埋怨摩西。摩西向上帝祈禱，上帝指給他看一塊木頭，讓他把它扔入水中。摩西照辦，水立即由苦變甜。人們喝足了水後又向前走，來到以琳，見那裡有十二股泉水，七十株棕樹，就傍水紮營。休息了幾天他們又向前趕路，到了以琳和西乃中間的汎曠野。

自離開埃及以來，他們已走了兩個半月，糧草已盡，百姓面對烈日炎炎、缺水無草的曠野，不由得怨天尤人。他們說：「我們寧可死在以色列，至少在那裡我們有肉有食物，能吃個飽，現在你把我們帶到曠野，莫非是把我們活活餓死！」摩西十分痛苦，上帝對摩西說：「我已聽到以色列人的怨言，你要告訴他們，在傍晚時分他們將有肉吃；到清晨，他們將有足夠的餅吃。這樣他們就知道我耶和華是他們的上帝了。」

傍晚時分，大群鵪鶉飛來，把全營地都遮住了，以色列人隨手抓來烤燒，好好地享受上帝賜與的肉。清晨露水蒸發後，人們發現曠野遍地是白色的、圓圓的像胡荽子樣的植物，彼此驚奇地問這是什麼。摩西說：「這是耶和華賜予你們的食物，你們每人可撿取自己所需的當天的量，但不可留至明天，只有第六天可撿兩天的量，因爲安息日上帝不降此物。」以色列人把它稱嗎哪，吃起來像蜜製的糕餅。一些貪心者多撿些想留到第二天，結果都壞了，唯獨第六天撿的留在安息日吃時不壞。以色列人在曠野的四十年，直至到迦南定居之前都靠嗎哪為生，他們還把嗎哪磨成麵粉，做成餅乾。

以色列人繼續前進，來到利非訂安營，到處找不到水，百姓怨聲載道，埋怨摩西不該把他們領出埃及，致使他們及牲口渴死。憤怒的人群甚至想用石頭把摩西打死。摩西向上帝懇切祈禱。上帝叫摩西拿著曾擊打尼羅河水的杖，當著以色列人領袖的面，擊打磐石。當摩西這麼做後，清清的泉水便從岩石中汨汨流出，人們爭先恐後地暢飲。

人畜剛飲足了水，忽見遠處塵土飛揚，原來是亞瑪力人來到利非訂，要奪取以色列人財物。摩西馬上調兵遣將，讓智勇雙全的約書亞掛帥，挑選精壯人馬準備迎戰。第二天一早，摩西、亞倫、戶珥在山頂觀戰。當摩西手高舉杖，以色列人就得勝；他手一放下，亞瑪力人就取勝。摩西手舉得酸了，漸漸支持不住，亞倫和戶珥便搬來石頭讓他坐下，兩人一邊一個將摩西雙手扶住。以色列人和亞瑪力人撕殺到日落，約書亞終於全殲亞瑪力人，亞瑪力王死於約書亞的刀下。摩西遵照上帝的囑咐，把這次戰績載入史冊，還築一祭壇，上寫：「耶和華是我的旗幟。」又刻上銘文：「耶和華起誓，必將世世代代與亞瑪力人爭戰。」

34 摩西在西乃傳十誡

摩西的岳父葉忒羅聽到摩西領以色列人出了埃及以及戰勝亞瑪力人等消息，帶了女兒西坡拉及摩西的兩個兒子革舜和以利以謝來到曠野探望摩西。摩西早在與法老鬥爭前就把西坡拉及兩子送回米甸。這次相見十分高興。摩西向葉忒羅詳細介紹上帝如何引領他們與法老鬥爭的經過，以及離開埃及後耶和華如何使他們度過一個又一個難關。葉忒羅連聲讚美上帝把以色列人從奴役中解救出來，並向上帝獻上祭品。

第二天，葉忒羅見摩西事無巨細，親自躬問，從早到晚處理各種事滿候，就對他說：「你這做法不好，會把你和你的同事累壞的。你不能一人做這麼多事，應把上帝的律例和法度教給他們，使他們知道怎麼去做。此外，還應指派一些能幹的人爲領袖，每一千人、一百人、五十人、十人中就設一人負責。他們得敬畏上帝、可靠、不受賄賂。小糾紛可以由他們各自處理，你只管那些大案，這樣你的擔子輕了，不會筋疲力盡，而人民的糾紛也可及時得到解決。」摩西接受了葉忒羅的建議，設立了各級領導。不久，葉忒羅告別摩西，返回家園。

以色列人在離開埃及後整三個月時，抵達西乃的曠野，在西乃山下紮營。摩西上山見上帝，只聽上帝呼喚他說：「我像母鷹背小鷹那樣，將你們背在翅膀上，帶到這裡。你們若服從我，守我的約，那麼就是我的子民。雖然全世界都屬於我，但你們是我的選民，神聖的國民，是侍奉我的祭司。」摩西下山轉達了上帝的話，以色列人都表示一定服從上帝，照耶和華的話去做。摩西便回覆上帝。上帝叫摩西轉告人民，今明兩天要清潔自己，洗滌衣服，並要摩西在山下四周劃出界線，到第三天他下山時不得讓百姓越過此界，否則必死無疑。

第三天早上，雷電交加，一朵密雲在山上出現，號角震天響，以色列民聽了都發抖。摩西帶領眾人走出帳篷來到山腳界線之外朝見上帝。只見整個西奈山被煙霧籠罩，因爲耶和華在火焰中降臨。號角聲越來越響，摩西對上帝講話，上帝用雷聲回答。以色列人戰慄不已，他們遠遠地站著對摩西說：「請你向我們說話，我們必聆聽，若上帝向我們說話，我們就會死。」摩西叫他們不要害怕，「這是上帝對你們的考驗，使你們時時服從祂，不致犯罪。」

摩西一人上山見上帝，上帝向摩西頒佈十誡：「除我外，不可敬拜別的神明，不可爲自己製造任何偶像……，謹守安息日爲聖日，六日工作，第七日安息……，要孝敬父母，不可殺人；不可姦淫；不可貪戀他人房屋、他人的妻子及奴僕、牛驢等一切其他東西。」耶和華上帝對如何遵守十誡及違返十誡時品如何懲罰都有較詳細規定。摩西下山將上帝之言都詳細記錄下來。第二天一早又在山腳下築一祭壇，豎了十二根柱子，每一根代表以色列一族，然後向上帝獻祭。

自摩西第一次上西奈山，就有雲彩將山遮住。耶和華的榮耀降在山上。在以色列百姓眼中彷彿見到一團火在山上燃燒。這雲彩遮蓋了西乃山六天六夜。到第七天，耶和華上帝喊摩西，摩西進雲中停留四十晝夜，耶和華上帝詳細地向他頒佈各種律法，連造祭壇、至聖所、聖幕、法櫃、燈台、聖衣、祭司衣冠、聖香、聖膏等都有明確規定。耶和華還立亞倫及子孫們爲祭司，嚴格規定了獻祭的程序、衣著、祭物等。最後上帝把十誡誡命寫在兩塊石板上，交給摩西。

眾人見摩西久不下山都惶惶不安，圍著亞倫說：「不知那位領我們出埃及地的摩西出了什麼事，請你給我們造一個神明來作我們的嚮導。」亞倫就叫他們把妻子兒女們的金耳環摘下給他。亞倫把它們融化了洗鑄成一頭金牛，百姓把它視爲帶領他們離開埃及的神明。亞倫在金牛前築了一座祭壇，衆人向金牛獻祭，頂禮膜拜，然後圍著金牛大吃大喝，狂歡作樂。

耶和華上帝對摩西說：「你趕快下山，你從埃及領出來的人民正在犯罪。他們用金子鑄成牛，向它跪拜獻祭，把它視作領他們出埃及的神。這些百姓太頑劣，現在我要滅絕他們，使你和你的子孫成爲大族。」摩西求上帝看在其祖亞伯拉罕、以撒、雅各的分上饒恕百姓，因爲上帝曾多次向其祖發誓使他們子孫繁多。上帝聽後不再將災禍降在祂子民身上。

摩西手拿兩塊上帝寫的誡命石板返回營地，見人們圍著金牛跳舞，怒不可遏，把手中的石板摔碎了，又上前奪過金牛，把它融化了碾成粉末，灑在水上，然後叫百姓喝下去。

他轉身對亞倫說：「這些人對你作了什麼？你竟會使他們犯此重罪？」亞倫聲明是他們作惡，逼他，他才做的。

摩西見亞倫放縱百姓，致使他們放肆，招致人恥笑，就站在營門前大聲說：「凡屬耶和華上帝的，都站到我這邊來。」所有利未族的人都站到摩西身邊。他吩咐他們：「耶和華上帝命令你們把刀佩在腰間，從這門到那門，走遍全營，殺死你們的兄弟、朋友和鄰居。」利未人遵照命令，殺死了三千名背叛上帝者。摩西稱讚利未人獻身於耶和華，敢於大義滅親，履行了祭司的職責。他說，耶和華必賜福於他們。

第二天，摩西去見耶和華，請求祂饒恕人民，否則他願替民受過。上帝說，祂只懲罰犯了罪的人，叫摩西繼續帶領人民去流奶與蜜之地。上帝還要摩西轉告以色列民，再不准他們佩帶任何裝飾品。從此，以色列人身上均無飾物。

上帝要摩西重新準備好兩塊石板，與他先前打碎的一樣，然後上西奈山見上帝。摩西在山上不吃不喝待了四十天，與上帝立約，並把約上的話——十條誡命刻在石板上。當他從西奈山帶著石板下山時，因與耶和華在一起而臉上發出耀眼的光。亞倫及以色列人見他都不敢靠近他。他把他們叫來，轉達了上帝的律法。此後摩西用帕子蒙上臉，只有進聖所與上帝談話時，才把帕子除掉。

摩西要以色列人民嚴守上帝誡命，並按上帝要求建聖幕，用染紅的精美羊皮作頂，有柱子和橫木支撐，內設安放石板誡律的櫃，上有帳幔遮掩保護，另設供桌、純金燈台、聖油、香等物。聖幕門口有門簾、銅壇、銅盆。聖幕院子用上等細麻布做的帷幕和柱子等圍上，院子進口有門簾、繩子、祭司服等。他們把材料備齊後，在離開埃及後的第二年正月初一正式動工，很快建成第一個聖幕。從那天起總有雲彩覆蓋聖幕。晚上雲彩停在聖幕上像團火。

上帝在聖幕內召見摩西，向以色列民頒佈一系列的條例。這些條例歸納起來有：奉獻和獻祭的條例；贖罪日的規定；過聖潔生活和崇拜的條例，包括宗教節日、買賣土地法、借款給窮人法、釋放奴法，及對遵守和違反誡命的獎懲法等等。

35 以色列民在曠野

離埃及兩年後的二月初一，上帝讓摩西統計各支派人數。摩西按家室宗族統計，除利未支派之外，共計六十萬三千五百五十人。上帝指定利未支派專伺聖幕及各種聖器，不得參加作戰，並規定其他各支派不得靠近聖幕，要他們在聖幕周圍固定地區紮營。此後，利未支派又單獨作一統計，共有二萬二千人。

二月二十日，停在聖幕上的雲彩升起了，以色列人知道這是上帝命令他們離開西奈的信號。他們便備依次按順序起程。猶大支派走在最前，接著利未支派的革順和米拉利族扛著聖幕出發，再下面是流動支派，接著是利未的另一族哥轄族扛著聖物，再下面是以法蓮等支派，最後是但支派押陣。他們跟著雲彩一站站地走，直走到巴蘭曠野。每當雲彩停下，以色列人便在那裡安營，將聖幕立起。他們完全按雲彩停留聖幕時日決定去留，有時在一地待數日，有時待數月或數年。

爲了不至在曠野迷路，摩西特請自己的內弟米甸人何巴作嚮導，因爲他熟悉帶地區。

萬民長途跋涉，困難在所難免。一些人不時發怨言，尤其是跟隨以色列人走的外族人，他們整天吃嗎哪都吃厭了，很想吃肉。不少人想起在埃及常吃魚，還有黃瓜、西瓜、韮菜、洋蔥和大蒜等物，於是站在帳篷前發牢騷，後悔離開埃及。摩西聽後十分憂傷，向上帝訴說自己的痛苦。他一人無法挑起這副重擔，要求上帝把他殺了以擺脫這種苦境。上帝讓他召集七十位受尊敬的長老，把他們帶到聖幕周圍，他要把給摩西的靈分給他們，使他們也具有先知的靈性。摩西照上帝吩咐把七十人帶到聖幕周圍，上帝的靈果眞降到他們身上，他們就像先知一樣呼叫了一陣。摩西從此不再是一人承擔上帝的重任了。

上帝還對摩西說，祂將使萬民天天有肉吃，直至他們厭惡爲止。於是耶和華使風從海上刮來，吹來了不計其數的鵪鶉，牠們離地只有一公尺，密密麻麻籠罩著整個營地周圍達數公里。百姓信手就能抓住，連續二天，每人至少抓了五十簍。許多人把鵪鶉攤在地下晒乾。耶和華上帝對那些貪食肉者發怒，降下瘟疫，不少人死去。該地便叫「貪慾的墳墓」。此後以色列人前往哈洗錄，在那裡紮營。

摩西的姐姐米利暗和哥哥亞倫嫉妒摩西備受耶和華上帝的青睞，便以摩西娶了古實的女子爲由攻擊摩西說：「難道上帝只和摩西說話，不和我們說話？」其實摩西是世界上最謙虛的人。

耶和華上帝聽到了他們的怨言，便叫摩西、亞倫和米利暗到聖幕見祂。他們來到聖幕，耶和華上帝從雲柱中降臨到聖幕門口。祂叫：「亞倫！米利暗！」兩人就站出來。上帝說：「我對先知只在異象中顯示我自己，在夢中對他們說話，但對我僕人摩西則不一樣。我派他管理我所有的以色列子民。我與他面對面地說話，不用謎語，坦誠相見，他還能看見我的形象，他們怎敢反對我的僕人摩西？」

耶和華上帝向兩人發怒，當雲彩從聖幕中上升離去時，米利暗的皮膚突然長出白白的痲瘋。亞倫見狀，向摩西求饒，不要因他們愚昧犯罪而遭此懲罰。摩西向耶和華祈禱，上帝讓他把米利暗關在營外七天才饒恕了他。以色列人等她返回後才離開哈洗錄，到巴蘭曠野紮營。

摩西聽從耶和華的吩咐，從十二支派中選拔了十二位領袖當偵探，去偵察迦南情況，包括國土是否肥沃，物產是否豐富，居民有多少，是否強悍，有否設防，有無樹木，還讓他們帶些水果回來。十二人中有一名是嫩的兒子何西何，摩西將他改名約書亞。

這十二人往北走，走到迦南南面，然後來到希伯侖，那裡住著巨人亞衲人的後代，以後又到以實各谷，當時正是葡萄成熟季節，他們見到大串沉甸甸的葡萄，於是砍下一段帶著葡萄的葡萄枝，足要二人才抬得動。他們還摘了石榴和無花果。偵探們在迦南偵察了四十天，然後回到巴蘭曠野的加低斯，把他們所見向摩西、亞倫滙報，並獻上他們所帶回的果子。他們說：「我們偵察了那地，確是流奶與蜜之地，這是那裡出產的水果。但那裡的居民十分強悍，他們的城又堅固又高大，還見到了巨大亞衲族的後裔……」

約書亞和猶大支派的迦勒認爲以色列人有足夠的力量征服迦南，其餘的偵探則認爲迦南人強大，他們打不過，於是便在百姓中散佈謠言，說那兒的出產不夠養活當地人，那裡的人又高又大，與他們相比以色列人就像蚱蜢那麼渺小。人們聽信了謠言，就埋怨摩西、亞倫，甚至揚言要選一領袖帶他們返回埃及。迦勒和約書亞聽到謠言非常氣憤，就對人民說：「那裡確實是片肥沃土地，上帝喜歡我們才把那流奶與蜜之地賜予我們，你們不要背叛上帝。當地居民並不可怕，我們完全能征服，因爲上帝與我們同在。」但憤怒的民眾不聽他們的，並威脅要用石頭打死他倆。上帝見狀動了大怒，要降瘟疫懲罰他們。摩西再三爲民求情，耶和華上帝答應赦免百姓，但祂說，凡二十歲以上向祂發怨言者，必進不了祂的應允之地，只有迦勒和約書亞例外。上帝還說：「你們的兒女將在曠野飄泊四十年，那些敵視我的惡人必在曠野死去。」不久，那些造謠者都死於瘟疫，唯有約書亞和迦勒倖免。

事隔不久，利未的曾孫可拉和流便的子孫大坍、亞比蘭和安等人糾集二百五十名首領攻擊摩西和亞倫：他們說：「你們獨裁專行，既然全體百姓都是聖潔的，上帝就在他們中間，爲什麼你們抬高自己、超過其他百姓？」

摩西聽後知道他們是借攻擊亞倫和他而攻擊耶和華，立即跪下向上帝祈禱，然後對可拉等人說：「耶和華上帝如此親近你和利未的子孫們，但你們還要聚集在一起攻擊耶和華，實在是太過分了。」摩西又派人去把大坍和亞比蘭叫上來，他們卻拒不去見摩西，說摩西答應把他們領到流奶與蜜之地是一騙局，是想把他們餓死在曠野，自立爲王管轄他們。

摩西聽後十分憤怒，對可拉說：「明天你及你的同黨連同亞倫一起站在耶和華面前，各人拿一香爐，添上香，看耶和華揀選誰？誰聖潔？」

第二天可拉及其同黨每人拿一香爐，點上香，站在會幕前。大坍、亞比蘭帶著妻兒站在自己帳篷門口。耶和華上帝吩咐摩西讓所有百姓遠離這些惡人及其帳篷，不要去碰他們家的任何東西。突然上帝使可拉及其同黨連同他們的家眷和帳篷所在之處地裂大口，把他們及財物統統吞下去，然後地又合上了縫。那些未被地吞下去的焚香者也被大火燒死。

一波未平又起一波。翌日，一群百姓又聚結在一起攻擊摩西、亞倫殺了耶和華的百姓。爲此上帝發怒，降下瘟疫，要徹底消滅這些叛民，經摩西、亞倫再三懇求，上帝才息怒。但瘟疫已降下，亞倫趕快爲民行潔淨禮，才阻止了瘟疫蔓延，但其中一萬四千七百人因染上瘟疫死去。

爲了使百姓服從亞倫，耶和華叫摩西向以色列十二支派各收一根手杖，將各支派首領名字寫在杖上。利未支派寫上亞倫之名，然後放在聖幕法櫃前。第二天摩西進聖幕，唯見亞倫的杖發芽開花並結出熟杏，而其他人的杖依然如故。他把這些杖取出給衆人看，他們見後默默無言，將各自的杖取回。耶和華叫摩西將亞倫的杖放回法櫃前作爲對以色列叛民的警告。

不久，以色列人來到尋曠野，在加低斯安營。米利暗死在該地，人們把她就地埋葬。該曠野是缺水無雨的不毛之地。乾渴的人們又聚衆鬧事，指責摩西逼他們離開埃及，把他們帶到這種鬼地方。摩西、亞倫向耶和華祈禱，耶和華對摩西說：「你去取杖，讓亞倫召集會衆，你在他們面前命令磐石出水，水就會流出給會衆和牲口喝。」

摩西、亞倫把會衆召集到磐石前，憤怒的摩西手持杖說：「你們這些叛逆之民聽著，我們該叫水從磐石中流出讓你們喝嗎？」他邊說邊舉起杖狠擊磐石兩下，突然從磐石中湧出大量的水，滿足了所有人和畜的飲水。

摩西以往發怒都因百姓不服從耶和華上帝之故，而這次則是爲他自己受百姓圍攻、心力交瘁而發作，並且沒按上帝的指令辦事，私自用杖擊石，因此引起上帝對他和亞倫的不滿。耶和華對摩西、亞倫說：「因爲你們在以色列民中沒有足夠的信心承認我神聖的大能，所以你們必不能領他們進入我應許的所賜之地。」此處以後稱米利巴（意爲「爭鬧」），因爲以色列民在此和耶和華爭鬧。

36 巴蘭的驢子及其預言

以色列人在加低斯居住了很久一段時間，然後打算取道以東，去迦南。當摩西派人向以東王借道時，以東王堅決不准。以色列人只得繞道。當抵達以東邊界的何珥山時，上帝對摩西和亞倫說：「亞倫不得進入我應允之地，他將死在此，因爲他在米利巴違背了我的命令。你去把亞倫之子以利亞撒帶上何珥山，讓他繼承亞倫的衣缽。」摩西照辦，把亞倫的祭司袍脫下，給以利亞撒穿上，亞倫就死在山頂上。全體以色列人爲他舉哀三十天。

亞倫死後，以色列人取道亞他林去迦南，被迦南南部亞拉得王得知。他派兵阻截，雙方在那裡發生激戰，以色列人被亞拉得人俘虜一批。以色列人向上帝祈求，上帝便把迦南人交到他們手中，使以色列人獲勝，徹底毀滅了亞拉得城市。儘管如此，以色列人不敢貿然進迦南，他們又南下，往紅海方向走。沿路缺水少糧，百姓又怨聲載道，攻擊摩西和耶和華。上帝便讓毒蛇出來咬死了一批人。百姓害怕了，向摩西認罪，摩西向上帝祈禱，懇求祂饒恕這批頑民。耶和華上帝吩咐摩西造一條銅蛇掛在桿上，被毒蛇咬的人只要一見銅蛇就能保存生命。摩西以上帝之言去做，救活了不少以色列人。

以色列人不斷前進，順利地通過阿伯，以耶亞巴琳、撒烈谷、亞嫩河、比珥，又漸漸到達摩押境內能俯視曠野的毗斯迦山頂。

以色列人派使者見亞摩利王西宏，要求借道，西宏不允。他召集軍隊到曠野雅雜攻打以色列人，但遭到以色列人的迎頭痛擊，折損了許多兵。以色列人乘勝追擊，奪取了亞摩利人所有的城市。之後以色列又轉到巴珊。巴珊王噩率領軍隊攻打他們。在上帝的保佑下，以色列人全殲了巴珊軍隊，包括噩及其兒子，迅速佔領了該地，並挺進到約旦河東的摩押平原。

摩押王巴勒見以色列人滅了亞摩利和巴珊，又見他們人強馬壯，非常害怕。他對米甸人首領說，以色列人不久就會像牛吃草那樣地把他們蕩平。於是雙方聯合起來共同對付以色列人。他們派使者帶著重禮去見著名的巫師巴蘭，請巴蘭詛咒以色列人，幫助他們戰勝以色列人。當夜，上帝警告巴蘭不得詛咒以色列人，因爲祂賜福給他們。第二天，巴蘭便讓使者轉告巴勒，說他不能去。巴勒不死心，又派一批要員充當使者，並帶更多的禮物前去請巴蘭。使者轉達巴勒之意說，只要巴蘭去，他要什麼給什麼。巴蘭回答說，巴勒就是把王宮中所有金銀財寶都給他，他也不能違背上帝的意旨。當晚，上帝對巴蘭說：「你可以與他們前往，但必須照我的話去做。」第二天早上，巴蘭備了驢子，帶了兩個僕人，跟摩押首領們上了路。

上帝不願巴蘭前往摩押，派天使在路上攔截。天使拿著劍攔住他的去路，巴蘭看不見，而驢子卻看見了，牠載著巴蘭繞道走向田間，巴蘭就打驢子，要牠回到路上。天使站在兩座葡萄園之間的狹路上，兩邊是石牆。驢子看見天使，便挨著牆走，把巴蘭的腳擦傷了，巴蘭又打驢子。天使往前走到更狹的路上去攔截巴蘭，驢子無法通過，只得趴下。這次巴蘭大發脾氣，用杖狠狠擊打驢子。上帝使驢子開口說話，牠責問巴蘭：「我對你做了什麼錯事，你竟三次打我？」

巴蘭說：「你戲弄我，我恨不得有把刀把你殺了。」

驢子說：「我自小就是你的座騎，我以前對你有過這種行爲嗎？」巴蘭說沒有。

耶和華上帝使巴蘭的眼睛開了，讓他看到天使手中持劍站在路上。巴蘭趕快下拜。天使說：「你爲什麼三次打驢子？我來此擋你的路是因爲你不該去。驢子見到我，三次都閃開我。如不是牠，我早把你殺了，而只留下牠。」

巴蘭說：「我有罪了，我不知你在路上阻擋我。如你不願我去，我就返回。」

天使說：「你可以跟他們去，但只可按我告訴你的話去說。」巴蘭一口應承，然後跟著巴勒的使臣去了。

巴勒聽說巴蘭來到，十分高興，便去摩押京城迎接他。此城在亞嫩河邊、摩押邊境上。巴勒問巴蘭爲什麼幾請才到，是否嫌給他的報酬少？巴蘭說：「這不是已經來了嗎？」巴勒把巴蘭帶到胡瑣城，殺牛宰羊招待巴蘭及同行者。

第二天早上，巴勒把巴蘭領到巴力的高處，擦看以色列人營地邊沿。巴蘭讓巴勒築七個祭壇，準備七頭公牛和七頭公羊。巴蘭分別在七個祭壇上向上帝獻了祭，然後單獨來到山頂見上帝。上帝告訴巴蘭該說什麼。巴蘭返回巴勒處，對他及衆首領發預言：「我從高山看得見他們，我從山丘望得見他們。他們是一個與衆不同的國家，他們比別的國家更蒙福……」

巴勒聽後很不高興地說：「我叫你來是要詛咒他們，你怎麼反倒祝福他們？」巴蘭說：「這是上帝要我說的話。」

巴勒不死心，又把巴蘭帶到毗斯迦山頂，照樣築了七座祭壇，每一祭壇上獻上一頭公牛和一頭公羊。巴蘭單獨見了上帝，回來對巴勒等人發預言說：「……我奉命祝福，上帝的恩賜，我不能推翻。我預知以色列的將來，沒有災難，沒有禍害……看哪！上帝成就了偉大的事！以色列像強悍的獅子，他不吞食獵物、不喝所殺之物的血，他就絕不罷休。」

巴勒聽後對巴蘭說：「你不詛咒他們，但至少不該祝福他們。」巴蘭說：「我必須按上帝之言行事。」

巴勒又把巴蘭帶到能俯視曠野的毗珥山頂，在那裡又築了七座祭壇，獻上牛羊。這次巴蘭沒去見上帝，但上帝的靈支配著他。他見到以色列人按各支派整齊排列的營寨，便第三次發預言，盛讚以色列人，還說：「這個國家像強悍的獅子，他睡著時沒人攻喚醒他。祝福以色列的，一定蒙福；詛咒以色列的，一定遭殃。」

巴勒氣得咬牙切齒地說：「我召你來是詛咒我的仇敵，你卻三次為他們祝福，現在你回去吧！我倒想酬謝你，不過耶和華卻不讓你得到。」

巴蘭說：「我早就對你的使者說過，就是把王宮中所有的金銀給我，我也不能違背上帝的命令。」巴蘭臨走前又警告巴勒，以色列人日後將成為強國，要擊碎摩押的首領，征服以東、消滅亞瑪力人等等。

37 摩西最後的時日

巴蘭雖爲以色列祝福，但他並不是上帝的子民。不久他便唆使什亭的米甸女子去勾引以色列男子，與他們發生不正當關係。在那些女子鼓動下，不少以色列人去崇拜巴力毗珥神。耶和華發怒，降下瘟疫。但上帝仍眷顧以色列人。祂對摩西說，如他在光天化日之下處亡以色列犯罪首領們，祂就息怒。摩西就吩咐各支派審判官，把各支派內拜巴力毗珥者處死。

一位西緬支派的族長名叫心利，當摩西帶領全體會衆在聖幕門口哀哭時，他竟然在衆目睽睽之下帶著米甸一首領之女歌斯比進了他的帳篷。亞倫的孫子非尼哈見到此狀怒火中燒，他離開衆人，拿起一根長矛便直奔心利帳篷，當場將兩人刺穿。此事使耶和華上帝息了怒，便制止了瘟疫的蔓延。但以色列人死於瘟疫者已達二萬四千人。上帝還對摩西說，因非尼哈這一行動，祂將與非尼哈立永遠的約，讓他與他的後代永遠作祭司，因爲他不准以色列人拜別的神祇，只准拜耶和華，從而使人民的罪得寬恕。瘟疫停止後，摩西又根據上帝的旨意進行了第二次人口統計，登記者共有六十萬一千七百三十人。而這些人中除了迦勒和約書亞外，沒有一個是第一次統計時所登記的人，他們都死了。這正應了上帝的話。

摩西一百二十歲高壽時，已力不從心。耶和華上帝叫他立約書亞爲他的接班人，並再次明確告訴他，由於他在米利巴用杖擊水時沒有在人民面前突出上帝的尊榮，故不能帶領人民進入迦南。上帝還對摩西說：「你要上亞巴琳山，遙望我要施給以色列人的土地，望見你就要死了。」

摩西遵照上帝的吩咐，召集全體會衆，讓約書亞站在他們和祭司以利亞撒前面。他親自用手按在他頭上，宣告約書亞爲他的繼承人。

耶和華上帝交給摩西的最後一次任務就是攻打米甸人。以色列十二支派各精選了一千人，共有一萬二千人參戰，由亞倫之孫非尼哈統帥。軍號一響，以色列士兵個個驍勇向前。在他們的強攻下，米甸人慘敗，米甸五位國王都被殺死，巫師巴蘭也死於他們刀下。以色列人還俘獲了所有米甸婦女、兒童，搶走了他們全部牛羊和財物，最後將他們的城鎮、營帳付之一炬。

當他們帶著戰利品返回駐在耶利哥城對岸的摩押平原營地時，摩西、以利亞撒及所有首領出來迎接。摩西見他們把所有米甸婦女都俘虜到此，便十分生氣地說，就是因爲巴蘭挑唆這些婦女去勾引以色列男子才使以色列人遭瘟疫。他命令他們把所有米甸人男孩以及有過性行爲的女子一律殺死。只留下女孩和處女。

此事完成後，摩西積極準備後事。他寫下了上帝的律法書，並遵照上帝吩咐，把約書亞帶到聖幕前聽上帝指令，又寫下了上帝的詩歌，並當著百姓的面朗讀了詩歌全文。最後摩西留下遺囑，讓以色列人必須遵守上帝的誡命，並爲以色列各支派一一祝福。然後他告別了人民，獨自一人登上了耶利哥城對面的毗斯迦山頂，見到了展現在他眼前的一大片流奶與蜜之地，這正是上帝應許以色列人的迦南全地。然後他安詳地死去。這正應了上帝的話：「我已經讓你看到這片大地，但你不能進去。」摩西死的山頂屬摩押。耶和華上帝將他埋在伯毗珥城對面的摩押山谷，至今無人知曉他所葬之地。摩西享年一百二十歲。他的死，對以色列人是個無法彌補的損失，此後以色列人中再沒有出過一位先知能與他相匹敵。以色列人民爲他在摩押平原舉哀三十天。

38 攻陷耶利哥城和艾城

摩西死後，上帝對摩西繼承人、嫩的兒子約書亞付以重託，命他擔起領導以色列人渡過約旦河、征服迦南的艱巨任務。上帝還應許約書亞，祂將與他同在，就像祂對待摩西那樣，絕不離棄他。上帝還說：「只要你堅強、有信心，切切實實遵守我僕人摩西所吩咐你的一切律法，不偏廢任何一方面，那你就萬事如意。」

約書亞遵照上帝的意旨，積極準備三天後渡河。他把流便、迦得兩支派以及瑪拿西半支派的人安頓在約旦河東岸，因為這是摩西生前根據上帝的吩咐將這塊土地賜給他們的。當他們把妻兒、牛羊等安置妥當，約書亞要這些支派的戰士作其同胞的先鋒，先渡過約旦河，與他們並肩作戰，直到取得約旦河西的迦南地後，方可返回摩西給予他們的土地。他們都同意了，表示堅決服從約書亞的命令。

約書亞先派了兩名探子，祕密偵察河對面的迦南地，尤其是耶利哥城的情況。兩人進城後便在妓女喇合家過夜。以色列探子進城的消息不脛而走，傳到耶利哥城王的耳中，他派人前往喇合家抓這兩人。喇合事先已把他們藏在屋頂的麻稭下，十分鎮靜地對來人說：「確有兩人來過我這裡，但我不知他們從何地來。他們在太陽下山、城門關閉前就離開了，我沒問他們去哪裡。如果你趕快去追，一定能追上。」於是，這些人就離城向約旦河方向追去，一路追，一路找，追了三天，直到約旦河渡口也不見兩人蹤影，便悻悻而回。

喇合將搜查人員打發走後，爬到屋頂，對這兩位探子說：「我知道耶和華上帝已將這塊土地賜給你們，也聽說上帝怎樣使紅海乾涸，領你們出埃及，以及你們如何殺死亞摩利王西宏和噩。我們一想到這些就心驚膽戰，失去了勇氣，因爲你們的上帝是天上人間的上帝。現在請你們向上帝發誓，在你們佔領這裡時，不要傷害我父母兄弟姐妹及其你們的家屬，就像我對待你們那樣。」兩人說：「如果你不洩露我們的祕密，我們就答應你。」喇合的房子蓋在城牆上，她就用繩子將兩人從窗戶縋下去，讓他們逃出城後先去山上躲三天，等搜捕者返城後再走。臨走前，他們向喇合表示一定信守誓言，不殺喇合家人，但要喇合用紅繩繫在放她們逃走的窗戶上作記號，並集合全體親屬在她家不要外出，以免被誤殺。雙方一言爲定，喇合當即把紅繩縛在窗口。兩位探子上山先躲了三天，然後返回約旦河東，向約書亞詳細匯報偵察情況說：「我們確信耶和華上帝已把整塊土地都賜給我們了。那裡的人都怕我們。」

約書亞帶領以色列人來到約旦河岸紮營，三天後吩咐人民清潔自己，準備渡河。他讓祭司們抬著法櫃走在前面，叫百姓必須與法櫃保持一公里距離。耶和華上帝答應約書亞，他將顯神蹟幫助他們。當時正值約旦河水位最高的季節，但當祭司們抬著法櫃剛下來，約旦河水一頓時停止流動，上游的水在亞當城附近積成一道水堤，下游的水完全流入亞拉伯的海（死海），使這一段約旦河露出了乾涸的河床。祭司們把法櫃到約旦河中便停下，等待所有以色列人踏著河床過了河他們才能走。約書亞讓十二支派各選一人在祭司們站立之處各取一塊石頭，每一塊代表一個支派，然後扛到營地。約書亞本人則在祭司所站之地另堆了十二塊石頭以紀念上帝的恩典。等所有人都上了岸，祭司們抬著法櫃最後過了河，等他們一上岸，約旦河水馬上恢復常態，河水一瀉千里，洶湧澎湃流向前方。當渡過河的以色列人在耶利哥城東的吉甲紮營後，約書亞將十二塊從約旦河床中取來的石頭立成一座紀念碑，要以色列後代子孫永遠記住上帝如何使約旦河斷流，把他們帶入迦南這塊土地的，讓他們永遠敬畏上帝。

約旦河西岸的迦南諸王聽到上帝竟使約旦河斷流以助以色列人過河，都聞風喪膽。

在吉甲，上帝要約書亞爲在四十年曠野生活中所出生的未受割禮的人施割禮。以色列人在埃及時每個男丁都施行割禮，這批人如今除約書亞和迦勒外都已死去。現有的男子都是他們的子孫，從沒施過割禮。約書亞根據上帝吩咐造了火石刀，令所有男子施了割禮。上帝對約書亞說：「今天我除掉了你們在埃及的恥辱。」實際上吉甲這一地名就是「除掉」之意。

以色列人在吉甲等候傷口痊癒。正月十四日他們在該地守逾越節。第二天，他們吃到了迦南地所產的烤麥穗和無酵餅，從此上帝不再給他們降嗎哪。

過了逾越節，以色列人傷口痊癒了。約書亞帶領他們浩浩蕩蕩出發前去攻打耶利哥城。當快接近該城時，約書亞忽見前面站著一人，手中持劍。約書亞忙問來者是誰？那人回答：「我是作耶和華軍隊統帥的。」約書亞慌忙倒身下拜說：「我主啊，我是您的僕人，您有何吩咐？」耶和華軍隊的統帥命令約書亞脫下鞋，因爲他所站之地是聖地，約書亞立即照辦。

約書亞帶著以色列人繼續前進。他見到耶利哥城城門緊閉，戒備森嚴，難以攻破。耶和華上帝對他說：「我已把耶利哥城連同它的王和兵士都交到你手中。」然後上帝教約書亞如何做就可使城牆倒坍，衝進城去。約書亞按上帝之言，召集祭司抬起法櫃，另有七人拿著號角走在法櫃前面，然後命令軍隊開始繞城走，由先頭部隊走在最前面，接著是七個吹號的祭司，然後是抬法櫃的，再後面是其他部隊，後衛隊壓後陣。除祭司吹號外，軍隊都鴉雀無聲地行進，他們依次繞城一圈後便返回營房。

一連六天，天天如此。到第七天，他們仍按這一次序繞城，但不是繞一圈而是七圈，到第七圈祭司們快吹號時，約書亞命令部隊高聲吶喊，但囑咐他們進城後不許私自藏匿城內東西，要全部燒毀當作祭物獻給耶和華，金銀銅鐵等製品則要帶出來，存入耶和華的庫中，否則將給以色列人帶來災禍。他又關照士兵不得傷害妓女喇合及其全家。他說完後祭司們開始吹號，以色列人一齊大聲吶喊。傾刻之間城牆倒坍，全軍一齊往裡攻，很快占領全城。約書亞讓兩位探子前往喇合家，把她全家人轉移到以色列人營外安全之地。除喇合全家，耶利哥城男女老幼以及牛、羊、驢等無一倖免，均死於以色列兵士刀劍之下。最後，他們把城內所有金銀銅鐵製品帶走，放在耶和華的庫中，其他東西都燒成灰燼。

下一目標是攻伯特利東邊的艾城。約書亞派人去偵察，探子回報說該城人口不多，只須派二、三千人就足以對付。於是約書亞選派三千人去那裡。誰知艾城人都驍勇善戰，竟把以色列人打敗，而且乘勝追擊，一直追到示巴琳，殺死了三十六名以兵。以色列人為此驚惶失措，士氣大受挫折。

約書亞及眾長老們悲痛欲絕，撕裂自己的衣服，用灰灑在頭上，俯伏在耶和華的法櫃前直至傍晚。約書亞說：「至高的耶和華，您為什麼把我們領過約旦河？難道是為了把我們交到亞摩利人手中毀滅我們？現今我們敗在敵人面前，所有迦南居民聽到此消息後會來包圍我們、消滅我們。那時，您將怎樣維護您的尊榮？」

耶和華上帝讓約書亞站起來，對他說：「以色列人犯了罪，違反了我的命令，有人私自藏匿了戰利品，這次失敗是咎由自取。明天早上，你吩咐所有人按支族集合，讓他們一族族上前，我指出的那個人就是私藏戰利品者。你們要燒死他及家人，燒盡一切屬於他的東西，因爲他違背我的約，給以色列人帶來恥辱。」

第二天一早，約書亞便按上帝吩咐一個支族、一個支族地召上前來。當召見到猶大支派謝拉宗族時，上帝點中這一宗族，然後令其所有家族一一上前，最後叫到撒底家族的人，上帝點出了撒底之孫亞干。約書亞就叫亞干上前，詳加盤問。亞干承認他在攻耶利哥城時拿了一件很漂亮的巴比倫外衣，約二公斤重的銀子和一塊約半公斤重的金子，將它們埋在帳篷底下。約書亞派人去亞干帳篷，果然挖出贓物，然後放到耶和華和全體人民面前。以色列人把金、銀、外衣以及亞干及其兒女、牛、羊、驢和帳篷內一應財產、物品都帶到亞割谷。

約書亞說：「你爲什麼連累我們？今天耶和華要讓你遭災難。」憤怒的民衆紛紛用石頭打死了亞干及其家人，並燒毀了他家的全部財物。最後他們把石頭堆在亞干的屍體上。至今該地叫亞割谷，意爲「連累谷」。

耶和華上帝息了怒，讓約書亞帶領所有能作戰人去攻艾城，保證他們取勝，城攻陷後要他們把城內居民殺了，但可保留財產和牛群。

約書亞挑選三萬精兵，叫他們夜間出發，埋伏城邊準備偷襲。他說：「你們要埋伏在城西，不可離城太遠。我帶人佯攻艾城，他們必出來迎戰，然後我們像上次那樣轉身逃跑，他們必緊追不捨，你們趁機出擊，佔領那城。」於是這些精兵領旨連夜出發，埋伏在城西。

第二天清晨，約書亞帶領隊伍從大路浩浩蕩蕩出發，到艾城北面紮營，與該城僅隔一山谷。當夜他們在該地過夜。艾城王以色列人再度來犯，便召集所有能參戰的人員，前往上次與以色列人會戰處去迎戰。約書亞的軍隊佯裝敗北，往曠野撤退，艾城人緊追不捨，離城越來越遠。此時，上帝讓約書亞把矛頭指向艾城。他手一舉，伏兵立即一躍而起，一舉攻入無人守衛的艾城，放火燒城。艾城人回頭見到城市火光沖天，無心戀戰。約書亞見狀帶領軍隊殺回馬槍，而攻入艾城的以色列伏兵此時也殺出城來，艾城人背腹受敵，無處可逃，艾城王被以色列人生擒，而其他人則全部葬身於以色列人刀劍之下。

以色列人又回到艾城，將城內留下的老弱婦幼統統殺死。直到此時，約書亞才把指向艾城的矛放下。以色列人共消滅一萬二千名艾城男女，最後燒了城市，並按上帝吩咐帶走了他們的牛羊和財物。艾城王被以色列人吊死在樹上，直到太陽落山，約書亞才令人把屍體丟在城門口，上面堆了一堆石頭。艾城從此成爲一堆廢墟。

39 征服迦南

以色列人勝利的消息，迅速傳遍約旦河西的平原、山地，甚至遠至北部的利巴嫩，該地區的人都聯合起來共同對付他們。但在基遍的希未人料想難以戰勝以色列，決定用欺騙的辦法騙以色列人同他們簽訂和約。於是，他們拿著破舊口袋和補過的皮酒袋裝食物，由驢子馱上，各自穿著舊衣破鞋，帶著霉爛的餅，到吉甲見約書亞和以色列人，要求簽訂條約。以色列人對他們身分有懷疑，說：「你們是否就在附近，何必要訂條約？」他們說：「我們是來服侍你們的。」

約書亞問他們是誰，從何而來。他們說：「我們從很遠的地方來，因聽說你們耶和華上帝的大名、祂在埃及約旦河東為你們所做的一切，我們國家的君民叫我們遠道來見你們，請求你們與我們訂立條約。你們瞧，我們帶在路上吃的餅因時間長都長霉變乾、酒也變味了，衣服和鞋也因長途跋涉而磨爛了。」他們向以色列人獻上了帶來的食物。以色列人接受了，並輕信了他們的話，答應不殺他們，跟他們簽訂友好的條約。

條約簽訂後三天，以色列人才得知原來基遍就在附近。約書亞派人把基遍人帶來，問他們為何要欺騙。他們說，怕被以色列人殺了，才想出此法。由於以色列各首領都已起過誓不殺他們，故現已不能再傷害他們了。因此，約書亞說：「因為你們的欺騙，上帝定了你們罪，你們要永遠作我們的奴隸，為我們上帝的聖所劈柴挑水。」基遍人聽了滿口應承，他們接受以色列人的奴役，替他們和耶和華的祭壇劈柴挑水，而以色列人則答應保護他們。

耶路撒冷王亞多尼洗德聽說約書亞殺了耶利哥城王和艾城王，又見實力雄厚的基遍人與以色列人簽訂和約，心中十分恐慌，便與希伯崙、耶末、拉吉、伊磯倫的王結成五王聯盟，共同攻打叛逆的基遍。基遍人只得求救於以色列人，派人去見約書亞，要求出兵援助。約書亞立即帶領全軍，從吉甲趕往基遍，襲擊五王聯軍。

耶和華上帝使亞摩利人（即五王所在國民）軍隊一見到以色列軍隊就聞風喪膽，潰不成軍，在以色列人追趕下逃往伯和侖山隘口。剛逃至隘口，上帝降下大冰雹一路擊打他們，被冰雹打死者比被以軍殺死者還多。正當以色列人戰猶酣，勝利在握時，太陽卻已偏西。約書亞向耶和華上帝祈禱：「太陽啊，停在基遍上空！月空啊！月亮啊，停在亞雅侖谷上空。」耶和華上帝使太陽和月亮都停住不動，直到以色列人徹底打敗敵人。

亞摩利人的五王逃至瑪基大，躲在山洞中。約書亞得知後命人用大石頭將洞口堵住，派人看守，其他人則繼續追殺敵人。儘管有些敵人還是逃進城裡，但以色列人聲威大振，許多人談虎色變，連口都不敢開。

約書亞命人將山洞石頭滾開，把五王帶到他面前，吩咐下屬軍官用腳踩在他們脖子上，並鼓勵軍官們不要畏懼，要堅強、有信心，因爲耶和華上帝要擊敗他們的一切仇敵。然後他殺了五王，把他們屍體分別掛在五棵樹上。直到傍晚，他才命人將屍體取下，丟到他們曾藏身的山洞內，洞口仍用大石頭堵上。

當天，約書亞攻下瑪基大，殺了全城人及他們的王。接著又攻下立拿、拉吉、伊磯倫、希伯崙、底壁等城市，殺了所有君王和國民。至此以色列人征服了從南邊的加低斯巴尼亞至北邊的基遍的廣大土地。

以色列人凱旋的消息傳到約旦河西的其他未被征服的各國，他們在夏瑣王耶賓的提議下結成聯盟，並在米倫溪會合，其人數多不可數，還擁有大量馬匹和馬車。

耶和華上帝叫約書亞不必擔心，說：「明天此時，我會爲以色列而擊殺他們。」祂還要約書亞砍斷對方戰馬的腿，燒毀其馬車。約書亞便率領全體軍民，前往米倫溪偷襲他們。夏瑣王的聯軍大亂。以色列人向北追擊至米斯利弗瑪音和西頓，向東追擊至米斯巴谷，把所有敵人都殺光。他們並遵照耶和華命令砍斷了他們的馬腿，燒毀了馬車。

接著，約書亞攻取了夏瑣，殺了夏瑣王及城內居民，還放火燒了該城。約書亞相繼占領了一些其他城市，活捉並殺死了它們的王，居民也無一幸免。以色列人把這些城市中一切值錢之物和牲畜都搶走。居住在以色列人征服地山區的巨人亞衲族也都被消滅了，他們的城也都遭毀滅。只有在迦薩、迦特和亞實突還殘留少許亞衲人。

就這樣，約書亞在約旦河西岸先後與三十一個迦南國家作戰，都取得了勝利，這些國家的君主和百姓都被殺死。該地區唯有希未人的基遍與以色列人講和，百姓和王免於一死。以色列人取得了北起利巴嫩谷的巴力迦得、南止於上西珥的哈拉山的大片土地。

40 治理迦南

約書亞根據上帝的旨意，把約旦河西分給十二個支派中尚沒有土地的各支派，因流便、迦得和瑪拿西的半個支派（即東瑪拿西）在摩西臨終前已在約旦河東岸得到土地，故不參加瓜分。最早與約書亞一同偵察迦南地的迦勒此時已八十五歲，約書亞把希伯侖城給了他作爲產業。約書亞把約旦河西岸南部土地分給猶大支派。約瑟的後代以法蓮支派和瑪拿西的另外半個支流（西瑪拿西）也從約書亞處分得了中部的土地。爲使其他七個支派得到相應的土地，約書亞命令全體人員在示羅的聖幕集合，要每一支派選出三人到整個地區勘察地形，繪製詳細地圖，然後交到示羅約書亞處。於是他們走遍整個地區，把地分成七份，列出城鎮名稱，交給約書亞，約書亞用抽籤方式把這些土地分給其他七個支派，即便雅憫、西緬、西布倫、以薩迦、亞設、拿弗他利、但等各支派。

利未支派也要求得到能讓他們居住的城市和放牧他們羊群的城郊。約書亞根據上帝的意旨，從各支派的土地中劃出一些城鎮及郊區給他們。

當各支派土地分配就緒後，以色列人遵照上帝命令，把以法蓮山區的亭拿西烈給了約書亞。約書亞就在那裡度晚年。

約書亞還根據上帝吩咐指定一些城市作爲逃城（庇護城）。凡是那些無心而誤殺人者可逃到那裡，躲避仇人追殺報復。他們首先要向設在城門口的審判處的長老們解釋清楚，得到允許就可進城居留。如肆意報復者追到該城，本城人不得將那人交出，而要保護他，因為他並非故意殺人。這些人一直可居住到公開審判後，或當時的大祭司去世後才回家鄉。

一切安排就緒後，約書亞召集了流便、迦得和東瑪拿西支派的人，表揚他們服從上帝命令，出色地完成了耶和華上帝的僕人摩西所交付的任務。他宣布現在他們可以返回約旦河東岸自己的家園，又勉勵他們要切實遵守上帝的律法，「要愛耶和華——你們的上帝，全心全意侍奉祂。」臨別時，約書亞又為他們祝福，讓他們帶走了許多從敵人處奪來的金、銀、銅、鐵和衣服以及牛群。

他們回去後就在約旦河東岸建起一座十分壯觀的祭壇。此事很快傳到約旦河西岸各支派中。他們認為流便、迦得和東瑪拿西支派要做出違背上帝意願的事，於是聚集到示羅，打算攻打東岸支派。他們先派以利亞撒之子非尼哈帶著十個支派首領到基列去見東岸各支派。非尼哈等人見到東部支派人民後就指責他們擅自蓋祭壇，做了背叛上帝的事，並說：「你們還記得我們拜巴力毗珥所犯的罪嗎？那時上帝用瘟疫懲罰祂自己的子民，至今我們仍為此受苦。」又說：「你們要記住亞干犯罪，連累別人跟他一起死。」

流便、迦得、東瑪拿西人回答說：「我們豈不知上帝是大能者，我們也知道我們如不忠於上帝，你們必置我們於死地。我們之所以建此祭壇是怕日後你們的子孫以約旦河為界，禁止我們的子孫敬拜上帝，說他們與耶和華無分，以至使我們的子孫不再敬畏耶和華。我們修這些祭壇完全是耶和華的祭壇，而不是別的祭壇。此祭壇乃是你、我以及你、我後代子孫之間的證據，證明我們確實是在耶和華聖幕裡獻的祭。我們絕不會背叛耶和華上帝。」

非尼哈及十位首領一聽，頓釋前疑，放心地回去了。約旦河西岸各支派得知消息後都讚美上帝。此後流便和迦得人將此壇稱爲「證壇」，意爲：這祭壇向我們作證耶和華是上帝。

約書亞年已老邁，自知不久於人世。他把各部族首領、長老、審判官召來說：「我已老邁，你們已見到了耶和華上帝一直爲你們征戰。我已把征服和未征服之地——東起約旦河，西止日落之處的大海（地中海）的土地分給你們作產業。你們會按上帝的應許獲得尙未得到的土地。你們要謹守摩西律法中的一切命令，不可與異族混雜、去崇拜他們的神祇，只能敬拜、忠順於耶和華。如果忠於祂，你們推進時就能無敵於天下，無人敢抗衡；反之如深背上帝，祂會像羅網、陷阱一樣，直到把你們消滅在祂所賜予你們的這片美好土地上。」

約書亞又在示劍向全體民眾發表演說。他追溯了民族史，從亞伯拉罕開始，一直談到摩西，上帝如何眷顧以色列。他又談到耶和華如何帶領他們征服約旦河東和河西各國，讓以色列人得到這塊流奶與蜜之地。他要民眾敬畏耶和華上帝，純眞、忠誠地事奉祂。他警告他們如背棄上帝，去侍奉其他神祇，那就會遭懲罰，耶和華將毀滅他們。以色列民眾都向約書亞保證：「我們一定侍奉耶和華，我們的上帝，聽從祂的命令。」

當天約書亞與民立約，在示劍頒布法律和條例，並把這些命令寫在上帝的律法書上。然後在上帝聖所的橡樹下豎立一塊大石頭作爲立約的明證，以免以色列人背叛上帝。

約書亞在完成這一切後便安詳地去世，享年一百一十歲。以色列人把他葬在亭拿西烈。他在世時親眼見到了耶和華上帝賜予以色列人一切。

不久，亞倫之子，大祭司以利亞撒也死了，葬在他兒子非尼哈所分得的以法蓮區的小山上。

41 以笏行刺

約書亞去世後，以色列沒有再出現一個像他和摩西那樣有權威的、能領導各支派的統一領袖。百姓開始離棄耶和華上帝，與迦南地其他民族通婚，崇拜迦南的巴力神。耶和華上帝向以色列人民發怒，使美索不達米亞的國王古珊利薩田征服了他們，奴役以色列人達八年之久。當以色列人向耶和華呼求時，上帝便原諒了他們，派俄陀聶（迦勒的侄子）爲以色列士師，領導民把古珊利薩田趕出家園，使以色列享有四十年的和平，直到俄陀聶去世。

一過著和平日子，以色列人又忘了耶和華上帝。上帝便把他們交到摩押王伊磯倫手中，使他們攻占了著名的棕櫚城耶利哥，奴役以色列人十八年。苦難中的以色列人又向耶和華求告，耶和華派了便雅憫人基拉之子以笏去解救他們。

以笏是個左撇子，爲了拯救以色列人，他決心刺死摩押王伊磯倫。他打了一把雙刃劍，有半公尺長，把它綁在右腿上，外穿衣服遮蓋，然後帶著禮物去見伊磯倫。獻上禮後，他先把抬禮品的人打發回去，然後又回到伊磯倫那裡。此時伊磯倫因肥胖怕熱正坐在屋頂涼樓上，以笏走上前去對他說：「陛下，我有件極機密之事相告。」

國王便令左右退下，只剩下伊磯倫和以笏兩人。以笏走近他說：「我有從上帝那裡來的信息相告。」國王便站了起來。

說時遲那時快，以笏以迅雷不及掩耳之勢迅速用左手拔出了綁在右腿上的劍猛刺伊磯倫，摩押王應聲倒地。因用力過猛，以笏把劍連著劍柄都刺進去了，伊磯倫肚子上的肥肉緊緊把劍夾住無法拔出，以笏只得把劍留在那裡，然後從容地把樓門關好、鎖上，揚長而去。

侍從們見樓門關鎖，以為他們的主人在大解，只得在外恭候。等了多時，覺得有異，才用鑰匙把門打開。進門一看，發現主人已被刺死。

以笏此時正逃往以法蓮山地的西伊拉。他一抵達那裡，就用號角把以色列人集合起來，對他們說：「跟我來，耶和華上帝已經把摩押人交在你們手中了。」

以色列民眾紛紛上陣，跟隨以笏下了山。他們首先攻占了渡口，以切斷摩押兵的退路。摩押兵因失去國王而惶惶不安，士氣低落，以色列人在以笏帶領下個個奮勇殺敵。就在那一天，他們便全殲了摩押精兵一萬人，無一人逃脫。以笏使以色列人獲得了八十年太平日子。

42 底波拉及其頌歌

以笏死後，以色列人又幹違背耶和華上帝之事。上帝使夏瑣城迦南王耶賓征服了他們。耶賓殘暴肆虐，擁有一支裝備著九百輛鐵車的龐大軍隊，西西拉爲其軍隊統帥。以色列人在夏瑣治下苦熬了二十年。

這時，以色列出了一位女先知底波拉作士師。她常坐在以色列以法蓮山地拉瑪和伯特利之間的一棵棕樹下，聽取人民的訴訟，爲民伸張正義，主持公道。一天，她派人去基低斯把巴拉召來。巴拉來後，她對他說：「上帝命令你從拿弗他利和西布倫支派中召集一萬人，率領他們到他泊山，在基順河迎戰耶賓的統帥西西拉軍隊的戰車。」巴拉要求底波拉同去，底波拉同意了，但她說：「這次，你打勝了也沒功績，因爲耶和華上帝將把西西拉交在一個女人手中。」然後，他們前往基低斯，集合了一萬兵力，然後抵達他泊山。

夏瑣的統帥西西拉聽說以色列人陳兵在他泊山，就出動九百輛戰車和全部軍隊前來迎戰。底波拉令巴拉出兵，殺下山來。耶和華上帝使西西拉的鐵車部隊潰不成軍，西西拉慌忙下車，落荒而逃。巴拉窮追不捨，在追到外邦人之地夏羅設，全殲了西西拉的軍隊。

西西拉逃到基尼人希百的妻子雅億的帳篷，雅億出來迎接，把他領進帳篷內，藏在幕簾後面。西西拉想喝水，雅億便打開一皮袋牛奶遞給他。西西拉請她到帳篷外把風，對她說：「如有人問有沒有人來此，你就說沒有。」雅億滿口答應便出去了。又累又困的西西拉倒頭便睡。雅億見他睡著了，就拿了一把錘子和一根釘帳篷的釘子悄悄走到西西拉身邊，把釘子對準他的太陽穴，用錘子猛砸，西西拉就這麼一命嗚呼了。

巴拉帶著人馬搜尋西西拉，來到雅億帳篷前，雅億迎上前去對他說：「請進來，看看你正要找的人。」巴拉隨她進帳篷，見到死在地下的西西拉，他的頭部帶著一根木釘。

就在那一天，以色列人制伏了迦南王耶賓。底波拉和巴拉縱情高唱凱歌。他們熱情地讚美了他們的上帝耶和華和他們所取得的戰績：「耶和華的子民走向城門歡呼：底波拉啊，興起！奮發！唱歌，勇往直前！亞比挪菴的兒子巴拉啊，奮起！帶走你的俘虜！忠信的人走向他們的首領：耶和華的子民到祂的面前準備作戰……基尼人希百的妻子雅億，比衆婦人多得福氣，比住帳棚的婦人蒙福祉。西西拉向她要水，她給他牛奶；她用貴重的碗裝奶汁給他。雅億左手拿帳篷的木釘，右手拿工匠的錘子；她擊打西西拉，打碎他的頭，穿透了他的太陽穴。西西拉屈身、仆倒、躺在雅億腳下；西西拉屈身，倒地而死。西西拉的母親眺望窗外，她在格子窗後面凝視。她問：他的戰車爲何遲遲未歸？他的戰馬爲何還不回來？她最聰明的宮女回答：他們一定是在搶東西、分戰利品，一個士兵配一、二個女人。西西拉得了彩衣；他給皇后帶回了錦織的圍巾。耶和華上帝啊，願您的仇敵都這樣滅亡！願您的朋友像旭日照耀！」

這首頌歌就是著名的《底波拉歌》。此後，以色列人過了四十年平靜生活。

43 基甸大敗米甸軍

以色列人又得罪耶和華上帝。上帝讓米甸人懲罰以色列人長達七年之久。米甸人比以色列人強盛，每當他們來襲擊，以色列人便逃到山洞或山上其他安全之處去躲藏。米甸人常在以色列人播種時夥同其他游牧部落來劫掠。他們成千上萬地騎著駱駝蜂擁而至，奪走以色列人的牛、羊和驢，搶走他們的食物，踐踏以色列人的土地、毀壞全境。以色列人無法對付他們，只能向耶和華上帝祈求幫助。

上帝派了一位先知，轉達祂的信息說：「我使你們擺脫在埃及的為奴地位，又把迦南地賦予你們。我告訴你們我是耶和華──你們的上帝，你們不可崇拜亞摩利人的神祇，但你們不聽。」儘管如此，上帝還是垂聽了他們的祈求。祂派了一名天使來到俄弗拉村的約阿施家。約阿施的兒子基甸為瞞過米甸人正偷偷地在榨酒池打麥子。天使過去對他說：「無畏的勇士，耶和華與你同在。」基甸說：「如耶和華與我們同在，我們怎麼會受這般苦？上帝丟棄了我們，把我們交在米甸人手中。」天使說，耶和華將派遣他去解救以色列人擺脫米甸人。基甸說：「我怎能擔此重任，我是屬瑪拿西支派中最弱小的一族，我又是家中最無地位的人。」但天使說，只要耶和華與他同在，他定能擊敗米甸人。基甸要耶和華顯聖證明耶和華與他同在。天使便叫基甸回家煮一隻小山羊、烤了十公斤麥粉的無酵餅，放在大石頭上，又叫他把湯倒在上面，天使伸出手上的拐杖觸了一下肉和餅，頓時有火從石頭上噴出，燒焦了肉和餅，天使也隨之倏忽不見了。

基甸知道自己面對的是上帝的使節，十分害怕，因爲他聽說，見到耶和華使者的必死。耶和華安慰他說：「不必驚慌，你必平安無事，不會死。」基甸便在該地爲耶和華上帝築一祭壇。

耶和華上帝叫基甸拆毀迦南之神巴力的祭壇，在山丘上爲耶和華上帝蓋了一座整齊的祭壇，用巴力祭壇旁的木柱當柴燒烤公牛，向耶和華獻祭。基甸連夜帶著一個僕人一一照辦。第二天居民們見狀，便追問是誰幹的？當他們得知是基甸做的，就要約阿施交出他的兒子，想殺死他。約阿施機敏地回答：「誰要你們來爲巴力爭辯？如果巴力是神，祂會自己懲罰拆除祂祭壇的人。」衆人無話可說，只得作罷。

此後，基甸被人稱爲「耶路巴力」，意思是他拆毀巴力的壇，讓巴力與他爭辯。基甸在俄弗拉人中樹立了崇高威信。不久，他得知米甸人又與亞瑪力人及曠野其他部族會師，渡過約旦河，在耶斯列谷紮營，要來攻打他們。基甸便吹號召集了亞比以謝族，又派人與瑪拿西族、亞設、西布倫、拿弗他利等支派的人聯繫，共同對付米甸聯軍。

爲了確信耶和華是讓他去拯救以色列，基甸請求上帝顯聖。他把羊毛放在禾場，要求上帝把露水只降在羊毛上，而地卻是乾的。第二天早上，果然地很乾，而羊毛則沾滿了露水，基甸從羊毛中足足擠出一碗水。基甸又要求上帝再顯一次聖。這次是要求地是濕的，而羊毛是乾的。第二天，禾場地面上全是露水，而羊毛卻是乾乾的。透過耶和華兩次顯聖，基甸確信耶和華與他同在、要他承擔解救以色列的重擔。

耶和華上帝要基甸把部分軍人打發回家，只留少數精悍不怕死的。基甸先遣散了二萬二千人，留下了一萬人。上帝又吩咐他再精選一次。基甸就把這些人帶到水邊讓他們喝水，凡是跪下喝水的都一律遣送回家，只留下像狗那樣舐水喝的三百名精兵。

當夜，耶和華命令基甸帶著三百人去偷襲米甸人營地。祂見基甸臉有難色，便說：「你帶著你的僕人普拉下到米甸營中，聽聽他們的談話，你就有勇氣發動攻擊了。」基甸帶著僕人偷偷來到米甸人營地，聽見兩人談話。一人說他夢見一塊大麥麵包滾進米甸人營地，撞在帳篷上，帳篷就倒坍在地。另一人聽說回答說，這夢預示上帝把米甸和我們全軍都交到基甸的手中了。

基甸聽後立即跪下，向上帝敬拜，然後回到以色列營中，叫醒了士兵。他給三百人每人發一支號角和一個點著燈的罐子，並把他們編成三組。他帶領第一組，要其他兩組人按他們的行動行事。他們在半夜衛兵換班前抵達營地周圍，然後在基甸帶領下一齊吹號，並擊碎罐子，露出火把。其他兩組人也這麼做。他們左手高舉火把，右手拿號，邊吹邊吶喊：「為耶和華殺敵！為基甸殺敵！」米甸聯軍在睡夢中驚醒，聽見號聲大作，又見火光沖天，以為來了成千上萬人的軍隊，便倉皇出逃。耶和華上帝使敵人自相殘殺，死者無數。許多人往約旦河渡口逃亡，以色列人在後緊追不捨。基甸派人通知以法蓮人集合起來，守住約旦河渡口，防止米甸人渡河。以法蓮人便嚴把渡口，俘虜了許多人，還活捉米甸人兩名首領——俄立和西伊伯，分別把他倆處死，並把他們的首級交給基甸。

基甸不顧疲勞率領三百人渡過約旦河繼續追擊殘敵。他們到了疏割，要求城內居民為他的飢餓的士兵提供些食品，以便追擊米甸王西巴和撒慕拿。疏割人竟以他們尚未抓到米甸王為理由拒絕援助。基甸很生氣，說等抓到米甸兩王後將回來用荊條抽打疏割人的領袖。他們又繼續往前追趕，到達毗努伊勒，向當地居民提出同樣要求，也遭拒絕。基甸對他們說，等他們平安返回時將滅了這一城市。

此時，米甸王西巴和撒慕拿正帶著一萬五千殘兵在加各。基甸已殺死他們十二萬人。基甸帶領三百人趕到加各，襲擊了米甸人殘兵。米甸兩王倉皇逃走，在半路被基甸追上活捉，米甸軍隨之潰散。

基甸從戰場凱旋歸來。他路過毗努伊勒城時殺了該城的所有人，並搗毀了該城。當他抵達疏割時，用荊條抽打了七十七名當地首領。

米甸兩王受到審判。基甸問他們，在他泊地所殺死的人長得什麼樣子。兩王說：「就像你，個個像王子。」基甸說：「他們是我同母兄弟。我發誓，如果你們不殺他們，我今天也絕不會殺你們。」基甸叫其長子益帖將兩人處死，但益帖年輕不敢下刀，於是基甸親手處死了他們，並取走了他們駱駝頸子上的裝飾品。

以色列人擁戴基甸及其後代為他們的統治者，但基甸拒絕了。他只要求把他們每人的金耳環取下送他。百姓欣然從命，紛紛摘下耳環給他。基甸得到的金耳環有二十公斤重，他用這些金耳環及從米甸人那裡得來的金項鏈、金項圈等物製作了一座以弗得的塑像，放在家鄉俄弗拉。後來以色列人離棄了耶和華，就去拜這座偶像，此像是基甸及其家人設下陷阱。

基甸使以色列人擺脫了米甸人的威脅，使他們過了四十個太平年。基甸本人在完成上帝使命後解甲歸田。他娶了許多妻妾，共有七十一個兒子。他壽終正寢，葬於他父親的墓中。

44 亞比米勒與示劍人

基甸的七十一個兒子中只有一個是示劍的外妾所生，名叫亞比米勒。他與另外七十個兒子勢不兩立。在基甸去世後，他來到示劍母舅家，問他們願意基甸七十個兒子治理他們呢，還是由他一個人治理他們。示劍人因與亞比米勒有親戚關係，一致擁護他為首領。他們從巴力比利土的廟中取出七十塊銀子給亞比米勒，他便用此錢僱用一批無賴游民前往俄弗拉父親的家中，抓住了在家的所有兄弟，把他們一個個地砍死在一塊大石頭上。唯有最小的弟弟約坦躲了起來沒被抓到。所有米羅人和示劍人都聯合起來，在示劍的橡樹邊，立亞比米勒為王。

約坦聽到此消息，就爬到基甸心山頂，向群衆大聲疾呼：「示劍人哪！你們聽我說，上帝會聽你們！」他向百姓敘述了一則寓言：森林的樹要立王，它們分別請橄欖樹、無花果樹和葡萄樹作王。這些樹都表示如要作王，那就會停止出產豐美的果實。只有荊棘一口答應作它們的王，並說：「如果你們誠心立我為你們的王，就要投靠在我的蔭下，由我保護你們，否則我的荊棘要起火，燒盡利巴嫩的香柏樹。」

接著，約坦指責示劍人和米羅人忘掉了他父親基甸解救他們的功德，竟反叛他的家族，殘殺他的兒子們，而立他們的親戚——一個婢女所生的兒子為王。他預言，如他們不是誠心誠意立亞比米勒為王，亞比米勒將會放火燒他們，而他們也會放火燒亞比米勒。說完約坦便逃往比珥。

亞比米勒統治以色列三年，與人民為敵，示劍人非常痛恨他，便派人在山中埋伏，伺機殺死他。他們還打家劫舍，搶劫來往行人。

在此同時，迦勒和他的兄弟一同來到示劍，大罵亞比米勒，鼓動示劍人起來殺死他。他們說：「我們示劍人爲什麼要服從亞比米勒？他不過是基甸的兒子。你們要忠於你們的祖先哈抹，是他建立了你們這一族！我希望我來領導你們除掉亞比米勒。」示劍人十分信任他們兄弟二人，待之以上賓。

亞比米勒在示劍城的親信、該城首領西布勒派人去見亞比米勒，將迦勒兄弟鼓動人民反他一事告訴他，並叫他派軍隊攻打示劍。亞比米勒便趁夜間率領軍隊，分四路埋伏在示劍郊外。第二天，天一亮，亞比米勒一看到迦勒站在城門口，就命伏兵出擊。此時西布勒正站在迦勒身邊。迦勒見到伏兵就說：「你看，有人從山上下來了。」西布勒故意說：「那不是人，是你錯把山中的陰影看作人啦。」過一會，迦勒又指著越來越近的伏兵說：「看！他們從山中下來了，還有一支人馬從米惡尼尼的橡樹那邊過來了。」西布勒說：「你不是大肆煽動人民不服從亞比米勒嗎？現在你去迎戰吧！」

迦勒便倉促上陣，領導示劍人迎戰，被亞比米勒的軍隊殺得一敗塗地，傷亡不計其數，傷員和屍體堆滿在城門口。迦勒逃回城內，亞比米勒將他們兄弟兩人趕出示劍，不准其居住。

第二天，一些示劍人打算向郊外遷移，被亞比米勒發現。他把兵分成三路，一支部隊衝至城門口把守，另外兩支衝到郊外將遷居郊外的示劍人殺盡斬絕。然後攻了一天，便把城攻下，殺了城內的居民，毀了城市，還將鹽灑在地上。

示劍城堡的首領們聽到此消息後都躲進巴力比利土廟的地穴中。亞比米勒得知後便帶領部下去撒們山伐樹，每人扛一根砍下的大樹枝，堆到廟的地穴周圍，放火焚燒，致使穴內一千名男女被燒死。

接著，亞比米勒又去圍攻提備斯城。該城內有座堅固的塔，當他攻下了城後，城內居民紛紛逃往塔內躲藏。他們把塔門頂死，人都上了塔頂。亞比米勒要放火燒塔，當他接近塔時，塔頂一位婦女向他砸下一塊大磨石正打中他的頭，打破了他的頭蓋骨。他急忙叫旁邊一位青年侍從拔刀殺死他，以便被人恥笑竟讓一位婦女打死。那位侍從就拔劍成全了他。

以色列人除去了暴君亞比米勒，都返回各自家園。上帝因他殺死其兄弟而懲罰了他，也使示劍人因所犯的罪而備受痛苦。這些都應了約坦的預言。

45 耶弗他獻女兒

以色列人又去崇拜異族的神祇，觸怒了耶和華上帝。上帝使他們受非利士人和亞捫人騷擾和壓迫長達十八年，尤其是位於約旦河東岸的基列一帶的以色列人，受亞捫人壓迫最深。以色列民求告上帝，上帝指責以色列人一再離棄祂，去崇拜異族神祇。以色列人誠懇表示悔過，要除掉了外族人的神祇，只崇拜耶和華上帝。上帝對以色列人的困苦動了惻隱之心。

那時，亞捫人軍隊在基列紮營，準備攻打以色列人。以色列人集合在基列的米斯巴，共同商量決定：誰能領導人民攻打亞捫人，誰就作基列的領袖。他們想到了曾被趕出基列的勇士耶弗他，決定派人去陀伯請他作領袖。

耶弗他的母親是妓女，其父是基列。當基列的正妻所生之子長大後，他們對耶弗他說：「你是妓女所生，不能繼承父親的家業。」於是，他們把他趕出家門。耶弗他只能離開基列，住在陀伯，與一批無賴漢混在一起。

當基列的長老們去陀伯見到耶弗他、請他當統帥領導他們與亞捫人作戰時，耶弗他說：「你們以前不是恨我，逼我離開家門？現在你們遭難為何到我這裡來？」基列的長老們說：「我們到你這裡來，希望你當基列的領袖，領導我們作戰。」耶弗他說：「如果耶和華上帝讓我戰勝亞捫人，我就作你們的領袖。」長老們都表示堅決服從耶弗他，於是耶弗他便跟長老們回去，民衆立即擁他爲領袖和統帥。

耶弗他先禮後兵。他派使者前往亞捫見他們的王，向他曉明道理：上帝把亞摩利人的土地已交給以色列三百年了，為什麼以前亞捫人沒想收回這一土地，而現在卻來攻打他們？難道以色列有什麼對不起他們的地方？亞捫王根本不聽耶弗他的使者所轉達之言，絕不言和。

耶弗他只得迎戰亞捫人。他向耶和華許願：「如果我戰勝亞捫人，在我凱旋歸來時，一定把第一個從家門迎接我的人獻給你作燔祭。」

耶弗他渡河與亞捫人作戰取得節節勝利，從亞羅珥到亞備勒基拉明接連攻克二十座城池，大肆屠殺，制服了亞捫人。

耶弗他回到米斯巴自己的家中，他唯一的愛女拿著手鈴鼓、跳著舞第一個出來迎接他。耶弗他見到她悲痛欲絕，他撕裂了衣服說：「我的女兒啊！你使我的心傷痛！為什麼竟是你呢？我已鄭重向耶和華上帝許了願，無法收回了！」他女兒說：「父親，你既已向上帝許了願，就按願待我吧，因為耶和華已使你在仇敵亞捫人身上報了仇。只是我有一個要求，在我死前請讓我離家兩個月，不要管我，我要與我的朋友上山去為我未出嫁就死去而哀傷。」耶弗他同意了。他女兒與其朋友便離家上山為她哀哭。兩個月後，她返回家，耶弗他把她作為祭品殺了，獻給了上帝。女兒死時還是處女。

後來，以色列婦女每年都要離家四天，悼念耶弗他之女，這成了以色列的一種風俗。

耶弗他打敗了亞捫人後，以法蓮人卻渡過約旦河前來責問耶弗他，為什麼越過邊疆打亞捫人時沒召他們同去，為此他們要燒掉他和他的房子。耶弗他說：「我們與亞捫人激戰時曾要求你們援助，但遭你們拒絕，我們只得冒著危險越邊界去攻打亞捫人。如今耶和華上帝使我們獲勝了，你們為何反倒來打我們？」耶弗他只得召集基列百姓，與以法蓮人作戰。基列人取勝，占領了約旦河幾個渡口。為防止以法蓮逃兵從渡口逃走，便讓那些否定自己是以法蓮支派的人經過渡口時說一句「示播列」。因以法蓮人發音不準，會說成「西播列」。

這樣基列人輕而易舉地區分出誰是以法蓮逃兵。因此在渡口就殺死了四萬二千名以法蓮人。

耶弗他當了六年士師，他卒於家鄉基列。

46 力士參孫

以色列又行耶和華眼中視為惡的事。耶和華讓非利士人統治了他們四十年。

那時，以色列但支派的一員，名叫瑪挪亞，住在瑣拉城，其妻一直不生育。一天耶和華的使者向她顯現，說她不久將懷孕生子，但她不得喝酒及食一切禮儀上所定的不潔之物，孩子出生後不得剃髮，要獻給上帝作拿細耳人（即發誓不喝酒、不剃髮、不接觸屍體的專一敬奉上帝者），他將從事解救以色列人、擺脫非利士人的工作。瑪挪亞的妻子便把此事告訴了瑪挪亞。他請求上帝再次派使者來告訴他們該怎麼做。

一天瑪挪亞妻子坐在田間，天使又出現了，她趕快去把丈夫找來。瑪挪亞問他是否就是向其妻說過話的人，天使說是的，並又重複了一遍上次所說的話，並要他們一定遵守。瑪挪亞要用山羊等食物款待他，天使要他把這些燔祭獻給耶和華。瑪挪亞就把山羊和素祭放在石頭和祭壇上，突然看見火焰從壇上升起，耶和華的使者也隨之上升，他們這才知道那人確實是天使，便誠惶誠恐地俯伏在地。

不久，瑪挪亞之妻果然生下一子，取名參孫。他漸漸長大，耶和華的靈開始充實他。一天他去亭拿，見一非利士女子。耶和華為使他有機會攻擊非利士人，讓他娶那女子。他於是向父母提出此要求。父母開始不願他娶異邦非利士人之女，而要他娶本族女子為妻，但經不住他軟磨硬拗也就應允了。

參孫與父母同去亭拿見那女子，經過那裡的葡萄園，他聽見一頭雄壯的獅子在吼叫，就獨自一人前往，竟赤手空拳像撕小山羊那樣將獅子撕裂，然後回到父母身邊，對此事隻字未提。

參孫去見這位亭拿女子之後，兩人情投意合，訂為夫妻，相約過幾天就來女方家迎娶。過了幾天，參孫前往女方家，途中他去看被他撕裂的獅子，發現獅屍上有一群蜜蜂和蜂蜜。他挖出一些蜂蜜邊走邊吃，還給其父母嘗了，但並沒透露蜂蜜的來源。

按當時習慣，婚筵要連續七天，女方要有三十名伴郎參加。參孫在婚筵上對伴郎們說，如他們能在七天婚筵期間猜出他的謎語，就給他們每人一套上等麻紗衣和一套禮服。如猜不出，他們每人必須送他一套麻紗衣和一套禮服。然後參孫說出謎語：「食物出自食者；甜蜜出自強者。」這些人想了三天猜不出。第四天他們就威脅參孫之妻探出丈夫之謎底，否則將放火燒她及其父親家。參孫之妻哭哭啼啼地叫他把謎底告訴她，並說：「你不愛我，只是恨我！你出謎語給我同胞，卻不把謎底告訴我。」參孫說：「我連父母都沒告訴，怎麼能告訴你。」但經不住新娘一再哭鬧，到婚筵第七天，參孫把謎底告訴了她，她便馬上轉告那些非利士伴郎。他們來到參孫面前揭謎說：「還有什麼比蜂蜜更甜？還有什麼比獅子更強？」參孫說：「如果不用我的母牛犁地，你們絕對猜不出謎底？」儘管如此，參孫是輸家，必須拿出衣服給他們，但是又買不起，只得到亞實基倫殺了三十人，剝下他們的衣服給了這三十位伴郎。參孫爲此對其妻很生氣，就離開亭拿岳父家，獨自一人返回自己父親家。不久他岳父竟把他妻子又轉嫁給其中的一位伴郎。

參孫在家過了一段時間，又思念妻子，於是在割麥季節帶了一隻小山羊去看望她。當他來到岳父家要求見他妻子時，岳父不讓他進門，說：「我確信你恨她，所以把她嫁給你的一位伴郎了。她妹妹長得漂亮，你可以娶她。」參孫非常生氣，爲報復非利士人，他捉了三百隻狐狸，把牠們尾巴一對對地接上，插上一支火把，然後點火，把狐狸放進非利士人的麥田中，這樣就把他們割下和未割下的麥子都燒盡了，還殃及橄欖園。非利士人經過調查，發現是參孫因其岳父把他妻子轉嫁給他人而幹的，就用火燒死了參孫妻子及其岳父。參孫得知後發誓要報仇，於是大肆屠殺非利士人。後來他又抵達以坦，住在岩洞中。

非利士人爲報此仇就去攻打猶大利希城，要抓參孫。於是，有三千名猶大人前往以坦岩洞找參孫說：「難道你不知非利士人是我們的統治者？你把我們害慘了！現在我們要捆綁你，把你交給他們。」參孫說：「我只想以其人之道還治其人之身。你們可以把我捆綁起來，只是不要殺我。」他們答應了，就把參孫用兩根新繩捆得結結實實，交給非利士人。當他抵達非利士人駐地，非利士人便跑過來狂呼亂叫地罵辱他。耶和華的大能降到參孫身上，他用力一掙扎，繩子斷了。他順手撿起了一根沒乾的驢腮骨，猛擊非利士人，靠這根骨頭竟殺了一千人。在非利士人統治期間參孫當了二十年士師。

後來參孫在梭烈谷愛上了一名非利士女子大利拉。非利士的五名首領就去見大利拉，要她設法探出參孫力大無窮的奧祕，而且答應事成後他們每人給她一千一百塊銀子。大利拉欣然同意。大利拉就問參孫，他怎麼會有這麼大力氣，有什麼辦法使他就範。

參孫騙她，說用七根沒乾的青繩捆綁就會使他無能為力。大利拉趁他熟睡之時把他捆綁了，然後讓非利士人在內房等著。大利拉高呼：「參孫，非利士人來了！」參孫醒後奮力一掙扎，將繩掙斷，非利士人便不敢下手。大利拉發覺受騙，就又糾纏參孫，問他的奧祕，參孫又哄她說：「用從沒用過的新繩可以捆住我。」於是大利拉又用新繩捆他，等非利士人前來抓他時，他一掙扎，繩又斷了。大利拉很生氣，便說：「你又愚弄欺騙我，到底怎樣才能捆綁你？」參孫說：「用我頭上七根辮子編進織布機中，用釘子釘牢，我就沒力量了！」於是大利拉哄參孫睡著，按參孫所說的做了，然後大喊非利士人來了。參孫醒來，把頭髮從織布機中拔出。大利拉就對參孫說：「你根本不愛我！你三次愚弄我，不告訴我真情。」大利拉天天糾纏著參孫，問他力氣大的奧祕，參孫厭煩之極，終於吐露真情。他說：「我從沒剃過髮，因為我一生下來就獻給上帝當拿細耳人。如果我的頭髮剃了，就會失去力留，像常人一樣了。」大利拉立即派人通知非利士人首領帶著銀子來抓參孫。

大利拉哄參孫在她腿上睡著了，然後叫人把參孫的七根辮子剪掉。非利士人來了，參孫想掙扎脫身，但耶和華上帝已離棄了他，他再也沒有力量了。非利士人抓住他，挖去他雙眼，把他帶到迦薩，用銅鏈子鎖住，關在牢裡推磨。在此期間他的頭髮又慢慢長出，漸漸恢復了力氣。

非利士人聚集在神廟向他們的神大衮獻大祭。他們爲他們的神明將仇敵參孫交到他們手中而歌唱。在宴樂中，衆人提出把參孫從獄中拉出來共同戲弄他。參孫被帶到神廟中的兩根大柱子中間。他們盡情地戲弄挖苦他。參孫要求爲他引路的童僕讓他摸一摸靠一靠支撐廟宇的柱子，然後他向耶和華上帝祈禱給他最後一次力量，向非利士人報仇。他用兩手撐住這兩根柱子，用盡力量向兩邊推，一邊喊道：「讓我跟非利士人同歸於盡吧！」

整個廟宇隨聲倒塌，壓死了在廟內的五位非利士人首領和三千名男女。參孫死時所殺的非利士人，比活時還多。死後他被葬在瑣拉和以實陶之間其父瑪挪亞的墓裡。

47 嚴懲便雅憫

有一位利未人住在以法蓮山盡頭，他娶了個猶大伯利恆女子為妾。一次兩人鬧意見，妾就返回娘家住了四個月。利未人想念她，就帶著僕人，騎著驢子前往伯利恆岳丈家，勸妾回家。岳父見他來接女兒，熱忱歡迎，再三挽留多住些時日，就這樣他一拖再拖連住了五天。

到第六天下午雖然他的岳丈熱情挽留，他仍決意要走，於是帶著東西和妾、騎著驢動身起程了。當他們到達耶布斯（耶路撒冷）時天色已晚。僕人對主人說：「我們就留在此過夜吧。」但主人不允，說還是到基比亞或拉瑪過夜。於是他們來到便雅憫境內的基比亞。此時太陽已下山，他們坐在城內廣場上，竟無人接待他們。過了一會，一位老者從田間工作歸來，他原住以法蓮山，現移居基比亞，見他們在廣場就領他們回家，招待他們。

正當利未人吃完飯洗完腳，休息之際，城內一批無賴將老人的房子包圍了，要他交出客人。老人再三請求，答應交出自己女兒和利未人的妾任他們糟踏，只求他們放過男客人，他們仍不肯。利未人見狀就把他的妾推出門外給他們。這群無賴便整夜不停地輪姦她，直到天明她只剩一口氣為止。

黎明時分，他們放了這女人，她踉踉蹌蹌走回老人的家，到大門口就跌倒死去。天大亮時，他丈夫發現她躺在大門外，叫她起來，她竟毫無反應，這才發現她已去世。悲憤的丈夫把她的屍體馱在驢背上回家，然後把她屍體切成十二段分送以色列十二支派。所有見到此女屍的以色列人無不氣憤，他們說，自離埃及以來還從沒發生過這一類事。他們都聚集到米斯巴，調集了四十萬步兵，決心懲罰以色列人的敗類，並且發誓絕不把女兒嫁給便雅憫人。

他們召來了受害女子的丈夫，讓他陳述事情的經過。這位以東人詳細地講了他的妾遇害情況，聽者無不動容，要求立即去攻打基比亞，挑選十分之一的以色列人運送軍糧。

以色列十一個支流都派使者去便雅憫境內，要他們交出基比亞城的惡棍，處死他們，卻遭到便雅憫人拒絕。便雅憫人從各城召集二萬六千名士兵，基比亞城人還挑選出七百名左手甩石手對付其他支派的人。以色列其他十一支派的人見便雅憫人無悔改之意，也召集了四十萬兵士要去攻打他們。

以色列人到伯特利聖所求問上帝派哪一支派當先鋒。上帝說：「猶大支派。」當他們問上帝是曾該去攻打他們的兄弟便雅憫支派時，上帝作了肯定的答覆。於是他們來到基比亞城附近紮營。第一天以色列聯軍取勝，但第二天基比亞城人得勝。以色列聯軍便向耶和華上帝祈禱。上帝答應把便雅憫人交到他們手中。

第三天，以色列聯軍把一些兵士埋伏在基比亞城周圍，然後進攻便雅憫人。便雅憫人出城迎戰，並在離城不遠的路上殺了三十名以色列聯軍。聯軍往大路逃，便雅憫人在後緊追。當以色列聯軍主力撤到巴力他瑪時，埋伏在基比亞周圍的一萬名精兵攻進城內，殺了城內所有人，然後放火燒城。追擊的便雅憫軍隊回頭一看，城內火光沖天，才知上當，紛紛向曠野逃跑，但已跑不掉了。他們受以色列主力部隊及城內衝出的伏兵兩面夾攻。

就這一天，便雅憫損失二萬五千名勇士，包括一萬八千名精兵。只有六百名人在臨門岩曠野逃脫了。以色列聯軍又回去攻擊其他便雅憫人，把所有男女老幼及牲畜全殺光，燒毀了他們的全部城鎮。

以色列人冷靜下來後，後悔對便雅憫支派太嚴，以致使以色列十二支流中少了一支。他們聚集到伯特利，在耶和華聖壇前大聲哀哭，不該使便雅憫支派滅絕。但由於他們早在米斯巴那次集會中都已發誓不將女兒嫁給便雅憫支派，因此只能爲殘存的六百名便雅憫男人找其他族女子爲妻。他們首先看有哪一派沒有參加米斯巴集會的，發現基列的雅比人無一人參加。於是派出一萬二千人去雅比，將那裡全部男子和已婚女子及孩童統統殺死，只留下四百名年輕處女，把她們帶到迦南示羅營，又將逃到臨門岩的六百名便雅憫人召回，把這些雅比女子交給他們爲妾。因尚有二百名便雅憫人沒有妻室，以色列人便讓他們在示羅的節日期間躲在葡萄園中伺機將跳舞的女子搶來爲妻。便雅憫人按計辦事，二百人各搶得一名示羅女子爲妻，把她們帶到自己的土地上，繁衍生息。就這樣以色列人保存了便雅憫支派。

48 路得傳

在士師當政的時代，猶大各地發生飢荒。伯利恆有個名叫以利米勒的帶著妻子拿俄米和兩個兒子瑪倫和基連逃荒來到摩押。不久以利米勒去世。婆婆一人帶著兩子生活，以後兩子都娶了當地摩押女子爲妾，一位叫俄珥巴，另一位叫路得。過了十年連兩個兒子也死了，剩下三位寡婦，生活自然艱難。拿俄米聽說故鄉年成好轉，決定返回猶大。在上路時，拿俄米對兩位媳婦說：「你們還是回娘家吧，願耶和華上帝照顧你們，就像你們照顧我和已故之人一樣，願你們能找到新的如意郎君，平平安安過一生。」說完拿俄米就與她們吻別。兩位媳婦放聲大哭，都表示願意跟隨她回去。拿俄米說：「女兒啊！你們回去吧！爲什麼要跟我走呢？我年已老邁，不可能再結婚生子，就算我今晚結婚生子，你們難道能等他長大，而不去嫁人嗎？女兒呀！上帝懲罰我，我比你們的命都苦。」說著，三人又都嚎啕大哭。俄珥巴哭後便與婆婆親吻告別，返回娘家去了，而路得卻不肯離去。拿俄米說：「路得，你嫂嫂已回自己家鄉和她的神那裡去了，你也跟著她回去吧！」路得回答說：「請不要催我離開，我要跟著你。你到哪裡我就去哪裡；你的同胞就是我的同胞；你的上帝就是我的上帝。你死在哪裡，我也死在哪裡，葬在哪裡。除了死外，任何事情都無法將我們分開。如我不守誓言，將受到耶和華懲罰。」拿俄米見路得如此堅決，便不再勸阻她，兩人一同回到伯利恆。城裡熟人，尤其是婦女，見到拿俄米歸來十分高興。

她們返回時正值收割麥子季節。路得對婆婆說：「讓我去田裡拾麥穗，我會遇到好心人的。」拿俄米同意了。路得來到一塊麥地跟在收割工人後面拾麥穗。該地主人恰恰是以時而米勒的近親，名叫波阿斯。他是位富有同情心的富人。波阿斯從伯利恆回來，見到一位婦女在他地裡拾麥穗，就問工人這是誰家的女孩子？他們說是拿俄米從摩押帶回來的外鄉女子，從一早到現在一直拾麥穗，沒有休息。波阿斯走到路得面前說：「小姑娘，你就留在我的田裡跟著女工後面拾吧，不要去別人家的田。我已吩咐男工們不可欺負你，你若渴了，就去喝他們打來的水。」路得立即向波阿斯下拜說：「我是個外鄉人，你爲什麼待我這麼好？」波阿斯說：「你丈夫死後，你爲了婆婆離開自己的父母和故土，來到這塊陌生之地，願上帝厚厚地賞賜你。」路得說：「我雖連你的婢女都不及，但卻得到你這樣的恩待，你的慈愛的話溫暖了我的心。」

到吃飯時候，波阿斯招呼路得一起吃，他說說：「過來，拿些麥餅蘸醬吃。」說著他遞給路得一些烤麥餅。路得與工人坐在一起吃，吃飽了，還剩下不少。當她又起身去拾麥穗時，波阿斯吩咐工人讓她隨便撿，不要難爲她，甚至還讓他們故意將捆好的麥把中抽出些丟在地上讓她撿。路得撿了一天，到黃昏時分，將所撿得的麥穗打好後竟有一蒲式耳重（約三十六公斤）。她把所得的麥子和剩下的食物帶回家給婆婆。拿俄米問路得：「你今天怎麼撿到這麼多麥穗？在誰的田裡撿的？上帝賜福給厚待的人。」路得告訴她是在波阿斯的地裡撿的。拿俄米說：「願主賜福給他，因爲他恩待活人和死人。」她告訴路得，波阿斯是他們的近親。路得對婆婆說，波阿斯還讓她一直跟著他的工人拾麥穗，直到收割完畢。拿俄米聽到後十分高興，說：「這再好不過了，這樣你就不會受欺負了。」於是路得每天去波阿斯田裡拾麥穗，直到大麥和小麥都收割完畢。

過了些時日，拿俄米對路得說：「女兒，我要爲你找個安身之地。你記得我們的近親波阿斯嗎？你曾與他的女工一起。今晚他會在穀場打麥，你要梳洗打扮，然後悄悄地到他的穀場，不要讓他知道，等他吃飽喝走去睡覺，你要看清他睡在哪裡。在他睡熟後，你去掀開他的被角，躺在他的腳頭，到時他會告訴你該做什麼。」路得就按婆婆的話去做了。等波阿斯吃完晚飯在麥堆邊躺下睡著後，她悄悄掀開被子躺在波阿斯腳邊。到了半夜，波阿斯突然驚醒，發現腳邊睡著一女子，連忙問：「你是誰？」路得答道：「我是你的婢女路得，求你娶我，因爲你是我的近親。」波阿斯說：「願上帝賜福於你。你日後的福分比以前更大，因爲你本可嫁一位年少的丈夫，不管他有錢沒錢，但你卻沒有這麼做。姑娘，你不要怕，凡你所求的，我必照辦。本城人都知道你是位賢慧女子、有孝心。我確實是你的近親，但有一個人比我更近。你今晚就留在此，明晨我去找他，如他願意盡起至親本身，由他娶你；如他不願意，我向上帝起誓，我一定盡這義務。現在你就安心睡覺吧！」路得繼續躺在波阿斯腳邊，等到天濛濛亮，波阿斯叫起路得，叫她脫下外衣，給她裝上六簸箕大麥，讓她趁人沒看見時回城，交給婆婆。回到家中，路得把發生之事一五一十都告訴了婆婆，還把大麥給了婆婆，說：「波阿斯說不能空手回去見你婆婆。」婆婆說：「路得，你放心！波阿斯今天不辦成此事是不會休息的。」

清晨，波阿斯來到城門口，恰巧見到以利米勒家的那位近親，波阿斯立即叫住他，又到城內請了十位長老，然後對這位近親說：「拿俄米從摩押回來了，她要將以利米勒那塊地賣了。如果你要買就當著長老面買下，你要不買我就買下。只是誰買下這塊地，就須盡起至親本份，娶死人之妻摩押女子路得，好讓那塊地仍保留已故人的名字。」這位近親聽到買地必須娶已故者之妻，還要保留原地主人的名字，便不要了。按以色列人的風俗，買賣雙方成交要由賣方將鞋脫下交給買方。因此當這位近親宣布不買拿俄米家地，而讓波阿斯買時，就順手將鞋脫下交給波阿斯。

波阿斯當著長老和所有在場人宣布說：「請各位作證，我已從拿俄米手中買下屬於以利米勒、基連和瑪倫的所有產業，並娶瑪倫的寡婦，摩押女子路得爲妻。這樣，這些產業就可保留在已故人名下，其家族也可存留在本鄉本族中。」長老和衆人都說：「我們都願作證，願耶和華上帝使這女子到你家後，多生貴子，像拉結和利亞給雅各生衆多子女那樣。願你在以法他族中家業興隆，在伯利恆好名遠揚。願耶和華上帝藉著這青年女子給你傳宗接代，使你的家像猶大跟他瑪所生的兒子法勒斯家一樣昌盛興旺。」

於是，波阿斯娶了路得，耶和華使她懷孕生子。城裡婦女都稱讚路得，對拿俄米說：「讚美耶和華上帝，祂並沒有撇下你，你現在有至親的親屬照顧。願這孩子在以色列人中享有盛名，他將爲你養老送終。他將給你活力，使你安享晚年，因爲他是由愛你的兒媳所生。你那賢慧的兒媳爲你所做的事超過七個兒子。」拿俄米緊緊抱住孩子，精心撫養他。鄰居的婦女給孩子取名俄備得。她們都說：「拿俄米得了一個兒子啦！」

俄備得長大之後娶妻，生下了耶西。日後，以色列著名的大衛王就是耶西之子。

49 撒母耳

在以法蓮山的拉瑪城有個名叫以利加拿的人。他有兩位妻子哈拿和毗尼拿。毗尼拿生了兩子，而哈拿無子。以利加拿很愛哈拿，而毗尼拿則常欺負她，因爲哈拿無子。爲此哈拿常傷心落淚，不願吃飯，以利加拿見哈拿這樣，常安慰她，叫她不要這麼傷心難過，說：「難道有我不比十個兒子更重要嗎？」

以利加拿每年帶全家去示羅向耶和華上帝的聖殿獻祭。有一年他們又去了。哈拿心中難受，邊哭邊向耶和華默默祈禱說：「萬軍之耶和華，請察看婢女的苦情，賜我一子吧，我許願將他奉獻給你，他將終生不剪髮。」

祭司以利見哈拿嘴唇在動卻沒有聲音，以爲她喝醉酒，便走過去勸她別再喝酒了。哈拿說她並沒喝酒，只是心中有難言之苦，在向上帝祈求。以利說：「你安心回去，以色列的上帝會應許你所求的。」哈拿說：「願婢女在你眼中蒙恩。」說完，她的煩惱煙消雲散了。哈拿回家後果然懷孕生子。她給兒子取名撒母耳，意爲「向上帝求來的」。

孩子斷奶後，哈拿帶他去示羅。他們先向聖殿獻了祭，然後哈拿把他帶到祭司以利面前說：「您還記得我嗎？我就是您以前見到的在聖殿祈禱的婦人。我向耶和華求子，並許願，如得子，要將他終生獻給耶和華。現在我把你帶來了。」於是，她把小撒母耳留在以利身邊，在他教導下侍奉耶和華。哈拿自己在聖殿中向耶和華祈告，熱情地歌頌耶和華：「……祂從灰塵中提升窮苦人；祂從糞堆裡抬舉貧乏人。祂使他們作王子的友伴，使他們得榮耀光彩。……」然後她與丈夫返回拉瑪。

此後，哈拿與丈夫每年去示羅向耶和華獻年祭時給撒母耳帶去一件她親手縫製的袍子，此時母子才能見上一面。耶和華因哈拿獻出撒母耳，使她又生了三子二女。

祭司以利有兩個不肖之子，不敬畏上帝，任意盤剝來獻祭的以色列百姓，甚至與聖幕門前工作的婦女睡覺。以利再三規勸他們改邪歸正，他們根本不聽。有一天，一位先知來見以利，轉達了耶和華的信息：以利將因兩子作孽而使整個家族的後代死於非命，最後只剩下一個後代仍作祭司，但此人將雙目失明。耶和華將另選一名忠於他的人爲祭司。

一天，天還沒亮，年少的撒母耳正睡在安放上帝法櫃的聖所，忽聽有人呼他名字。他以爲是以利在自己房裡叫他，趕快答應，起身來到以利身邊問：「是您叫我嗎？我在這裡。」以利說：「我沒叫你，回去睡吧。」不一會，撒母耳又聽見有人叫他，又以爲是以利叫他。就這樣一連三次，以利明白了，這是耶和華上帝在叫撒母耳，便對撒母耳說，如果再聽見有人叫他，就說：「耶和華上帝啊！僕人在聽，請說吧！」撒母耳按以利吩咐的話說了，於是耶和華對他說：「我要因以利兒子作孽而懲罰他家。以利知道他兒子作壞事而不阻止，因此我向以利家鄭重宣布，任何獻祭都贖不了他家的罪。」

天亮了，撒母耳打開聖殿的門，不敢向以利透露昨晚的異象。以利把他叫到面前問他：「耶和華向你說了什麼？你不要瞞我，否則上帝會重重罰你。」撒母耳把上帝的話原原本本說了一遍，以利說：「一切聽憑耶和華的安排。」

撒母耳漸漸長大，耶和華與他同在，使他每句話都兌現，他的威信與日俱增，以色列人都相信他是上帝所立的先知。

當時，非利士人又攻打以色列。一場激戰，以色列士兵被殺死四千人。當殘兵逃回駐紮在以便以謝的營地時，以色列長老們都主張到示羅把上帝的法櫃抬出來，認爲這樣就能戰勝非利士人。於是他們派人去示羅，把上帝的法櫃抬到軍營。以利的兩個兒子何弗尼和非尼哈也跟來了。以色列人見到法櫃，歡聲雷動。非利士人聽到後都膽顫心驚，說：「有神來到希伯來人營中，我們要失敗了。」但他們不甘心作希伯來人奴隸，所以互相鼓舞說：「非利士人啊！要勇敢，要像男子漢大丈夫那樣勇敢作戰，絕不作希伯來人奴隸。」非利士人拼死作戰，殺死三萬以色列人，連上帝的法櫃都被擄去了。以利的兩個兒子都在這場戰爭中被殺死。

自上帝法櫃被抬走後，九十八歲高齡的以利心神不寧，日夜記掛著法櫃。他坐在路邊觀望，因眼睛幾乎全瞎，也看不清來人，只聽見以色列人在號哭，原來有人已把戰爭噩耗帶回來。以利問他們爲什麼號哭。一位從戰場上逃回來的人對他說：「我們慘敗了，你的兒子都被殺死了，上帝的法櫃也被搶走了。」又老又胖的以利一聽到法櫃被搶，頓時從座位向後倒去，當場摔斷脖子氣絕身亡，結束了他當以色列領袖的四十年生涯。他的兒媳，非尼哈之妻正懷孕快到臨產期，聽到丈夫和公公去世，法櫃被搶，頓時陣痛，生下一子。她給他取名迦博，意爲「沒有榮耀」。她說：「上帝的法櫃被搶，他的榮耀也離開了以色列。」

非利士人將法櫃從以便以謝抬到亞實突城的大袞神廟內。第二天他們見到大袞神像面朝地，倒在上帝的法櫃前。他們把它抬起來放回原處。翌日清晨，大袞像又倒在法櫃前，這次還折斷了頭和雙臂，只剩下身子。耶和華還使亞實突及周圍地區的非利士人都生痔瘡。亞實突人都害怕了，說上帝的法櫃不能再放在此，以色列的上帝在懲罰他們和大袞神了。於是他們把非利士五位首領請來，讓他們處置法櫃。首領們決定把法櫃抬到以革倫。以革倫人都十分驚慌，說：「把以色列的法櫃送回原處吧！免得害我們。」就這樣以革倫的人也都長了痔瘡。

法櫃先後在非利士人那裡放了七個月。當非利士人打算把它交還以色列人時，他們問祭司和占卜者應怎麼送回去？他們回答：「必須做五個金痔瘡和五個金老鼠模型，每種代表非利士人一個首領，向以色列上帝認罪……」非利士人按他們的吩咐把兩頭從未負過軛的母牛套在車上，把它們的小牛趕回牛欄裡，法櫃和內裝金模型的盒子放在車上，然後看母牛自己往那個方向走。結果母牛選擇了朝伯示麥方向走，這預示著這場災禍確實是以色列的上帝降給他們的。五位非利士領袖緊尾車後，直到伯示麥邊境。

伯示麥的以色列人正在收割麥子，見到法櫃，欣喜若狂。車子來到伯示麥人約書亞的田裡，停在大石旁。居民們把車劈了，把牛殺了當祭品。利未人把法櫃和裝金模型的盒子抬到大石頭上，當地居民們向上帝獻祭。有七十位伯示麥人要窺視法櫃，被上帝擊殺了。伯示麥人爲此很悲傷，便把法櫃送到基列耶琳城。該城居民把它抬到小山上亞比拿達家中，一直放了二十年。這一時期以色列人在撒母耳領導下，拆除了巴力和亞斯他錄等外邦人的神像，專心敬拜耶和華。

一天，撒母耳召集以色列民到米斯巴，爲他們向上帝祈告。民衆把打來的水倒出來向上帝獻祭，並禁食一天。非利士人聽說以色列人在米斯巴聚集，就在五位首領帶領下前來襲擊他們。撒母耳用小羊羔向上帝獻祭，祈求上帝幫助。上帝用雷擊非利士人，以色列人趁機追殺他們，一直追到伯甲附近。

此後，在撒母耳治理以色列期間，耶和華上帝沒再讓非利士人入侵以色列人的領土。他們還收復了全部國土，與迦南人和睦相處。

撒母耳一直當士師，每年他都去伯特利、吉甲和米斯巴巡視，然後回拉瑪居住，審理以色列人各種糾紛。在拉瑪，他爲耶和華建一祭壇。

50 撒母耳膏立掃羅爲王

撒母耳年老時，立他的兒子約珥和亞比亞爲士師。他們不學其父的爲人，貪圖錢財，接受賄賂，冤屈好人，激起以色列人的憤怒。以色列人的長老們前往拉瑪見撒母耳，對他說：「你年事已高，你的兒子又不學你的處世爲人，請你像其他國家那樣爲我們立一個國王來治理我們。」撒母耳很不高興，就去求告耶和華上帝。上帝說：「他們不是要離棄你，而是要離棄我，這從我領他們出埃及起一貫如此。你就順著他們吧，但要向他們曉以利害關係。」撒母耳就把耶和華之言轉達給人民，對他們講，有了國王，人民就要成爲他的奴隸，爲他當兵、種田、幹活。每年國王要拿走他們收穫物和牲畜的十分之一，到時他們就會後悔。但人民不聽撒母耳的話，堅決要立一王，以便帶領他們打仗，治理國家。撒母耳向耶和華陳訴，耶和華叫撒母耳按民意辦。

一天，耶和華上帝對他說：「明天此時我將差一便雅憫人到你這裡，你就膏立他爲王，讓他領導以色列人擺脫非利士。」撒母耳便牢記在心。（膏立，是宗教儀式，用油膏塗抹受者代表神力或神靈降幅）

便雅憫支派中有位很有地位的富人基士。他有一子，名叫掃羅，是個英俊高大的男子。一天，基士丟了幾匹驢子，便叫掃羅帶著僕人去找。掃羅和僕人走了不少地方都找不到，後來到了蘇弗，還是不見驢子蹤影。掃羅怕父親擔心，急著要回家，僕人說：「這附近有位受人尊敬的神人，十分靈驗，我們去問他，也許他能知道驢子在哪裡。」掃羅因隨身沒帶禮品而發愁，僕人說他有一個小銀幣可送這位神人。於是兩人上坡，準備進城，這時見到幾位出城打水的女孩，便上前向她們打聽神人的住處。他們說撒母耳今天要為民眾在祭壇獻祭，主僕兩人聽後快步向祭壇走去。快到祭壇時，撒母耳迎面走來。

耶和華上帝在冥冥中告訴撒母耳：這人就是我告訴你的，將治理以色列人的人。正值此時，掃羅來到撒母耳面前問：「請問先見（即先知）住哪裡？」撒母耳說：「我就是。你先去祭壇吧。今天你們兩人要與我共餐，明天我將回答你的一切問題。你們三天前丟的幾匹驢子已找到。以色列人正渴求你和你父親的家族。」掃羅說：「我屬便雅憫支派，是以色列最小的一派，我家又是便雅憫人中最小的一族，你為什麼對我說這話呢？」撒母耳不再搭話，便把他和僕人領到一間大房間，那裡已有三十位客人等著。撒母耳請他們兩人坐在首位，叫廚子把他特別吩咐留下的那塊腿肉拿來，放在掃羅面前說：「這是我特意為你留的，現在當著客人的面給你，請吃吧！」當下撒母耳與掃羅同席吃飯。飯畢他們離開祭壇回城，掃羅睡在專為他準備的房頂上。

第二天，撒母耳叫醒掃羅要他一起上路。到了城邊，撒母耳讓掃羅把僕人支開，然後用橄欖油倒在他頭上說：「耶和華膏立你為祂的子民以色列人的統治者，你將治理他們，救他們擺脫仇敵。」然後，他詳細地預言了掃羅在返家路上將發生的一切：首先他會遇見兩人，他們會告訴他家驢子已找到，但他父親因找不到他而擔心；在他泊的橡樹那裡，他將遇見三個去伯特利向上帝獻祭者，他們帶著三隻小羊、三個麵包和一袋酒，他們將送給他兩塊麵包；在基比亞，他將遇到一群從山上祭壇下來的先知，這些人邊擊鼓彈琴邊狂呼，掃羅也會受感應而狂呼；最後他將到達吉甲，在那裡向上帝獻祭；到第七天，撒母耳會趕到吉甲會合，告訴他下一步怎麼做。說完，兩人分手。掃羅離開撒母耳時，上帝給了他一顆新心。果然這一天掃羅遇到了撒母耳所預言的一切事情。在基比亞，掃羅遇到先知，受上帝的靈感與先知共同狂呼。一些認識他的人都奇怪地說：「掃羅怎麼也成了先知？」這句話以後成了以色列人的俗語。

撒母耳把以色列人召集到米斯巴說：「你們今天離棄了拯救你們脫離一切災難的上帝，要我爲你們立一王，現在就按各支派宗族集合到耶和華面前。」於是，撒母耳讓各支派上前抽籤，便雅憫支派抽中。再由該支派各家族抽，抽中瑪特利族；再抽，抽中掃羅。眾人找掃羅卻找不著，就求問耶和華。上帝說：「他藏在貨物堆中。」人們便把他從貨物堆中拉出來。他比所有的人都要高出一頭。撒母耳說：「這就是耶和華所挑選的人！我們之中無一人像他。」民眾便高呼：「吾王萬歲！」撒母耳向人民宣布了國王的權責，並記錄在案，存放在聖所，然後各自回家，掃羅也返回基比亞家中。但是人們對掃羅褒貶不一，有人懷疑掃羅的能力，說：「這人能救我們嗎？」掃羅聽後並不在意。

過了一個月，亞捫王拿轄帶領亞捫人攻打基列境內的雅比城。雅比人希望同亞捫人訂立和約，亞捫人不允，還說了許多侮辱以色列人的話。雅比的長老求他們寬容七天，如無人救助他們，將在七天後投降。雅比城派出使者來到基比亞，該城的人一聽亞捫人攻打雅比就絕望地痛哭。掃羅正趕牛回家，聞哭聲就問發生了什麼事，人們把此事告訴了他。掃羅極其憤怒，當場牽出兩頭牛，把牠們砍成碎塊，命人把這些碎塊帶到以色列各地，警告他們：「誰不跟從掃羅和撒母耳去攻打亞捫人，誰的牛就將被砍成碎塊。」所有的以色列人害怕觸怒耶和華上帝，便都跟隨掃羅出征。他們在比色集合，共有三十三萬人。他們叫雅比的使者回去告訴他們的同胞，明天中午以後將得到救援。雅比居民聽到此消息高興異常，對亞捫王說，他們明天投降。

第二天一清早，掃羅將部隊分爲三隊，向亞捫人發起總攻，把他們殺得丟盔落甲。到中午時分，亞捫兵士已死傷很多，一些殘部都各自逃命。從此，掃羅威望大增。

以色列民衆說：「誰說掃羅不該做我們的王，我們就要殺死誰。」掃羅制止他們這麼做，說：「今天不能處死人，因爲是耶和華救了以色列。」撒母耳叫民衆都去吉甲，在該地聖所中，撒母耳重新宣布掃羅是以色列人的王，並向上帝獻祭。掃羅與人民共同歡慶這件事。

撒母耳對以色列人說：「我已按你們的要求立王治理你們，我這一生都清白爲人。耶和華救了你們，但你們卻離棄耶和華，不要祂作你們的王。現在你們要的王就在此。如果你們與你們的王敬畏耶和華，服從祂的誡命，就會平安無事，否則就會受祂的懲罰。雖然你們做了這一惡事，但不可偏離耶和華，要專心侍奉祂，不可去追隨假神，因爲他們是假的，不能幫助和救援你們。上帝把你們選爲祂非子民，絕不會丟棄你們。我會爲你們祈禱，教導你們行正道、敬畏耶和華上帝、盡忠盡心侍奉祂。記住祂爲你們作的一切大事，如你們再作惡，你們與你們的王將一同滅亡。」說完，撒母耳就告別民衆回去了。

掃羅從以色列人中挑選了三千精兵，自己留下二千在密抹和伯特利山地，另一千交給兒子約拿單駐守在基比亞。約拿單攻擊在迦巴的非利士人設防營地，掃羅吹號把以色列人集合在吉甲，作好攻打非利士人準備。非利士人則調動了三萬輛戰車、六千騎兵和無數步兵，駐紮在伯亞文東的密抹。以色列人見非利士人的兵力如此強大，都膽戰心驚，許多人逃跑了。掃羅在吉甲等撒母耳，按規定時日要等七天。七天過去，他見撒母耳還沒到，又見百姓離他而去，便自作主張向耶和華獻祭。剛獻完，撒母耳趕到，他問掃羅在幹什麼?掃羅說：「我見人民離棄我，你又沒按時趕到，非利士人屯兵在密抹，我怕我還沒禱告，非利士人就來攻吉甲，所以就勉強獻上燔祭。」撒母耳說：「你做了糊塗事了，你沒遵守上帝給你的命令。如果你遵守，上帝會使你和你的後代永遠爲王。而現在你的王位不會長久，上帝將會另找合他心意的人爲王。」撒母耳很快離開吉甲，掃羅只得帶領六百名追隨者在迦巴紮營，迎戰非利士人。

一天，約拿單對侍衛說：「我們潛入非利士人營帳去。」他們對誰都沒說，就悄悄離開迦巴，來到密抹隘口下的山洞中。約拿單爲接近非利士人，故意暴露在山洞外，讓非利士人看見。非利士人見到他們，就高喊叫他們過去。約拿單便爬上隘口，他的侍衛緊隨其後。約拿單擊倒面前的一位非利士人，他的侍從馬上拔刀殺了此人。他們就這樣在非利士人中左衝右突、亂殺亂砍，不一會砍死二十多人，非利士營地一片驚慌。掃羅的哨兵見到有非利士人在倉皇出逃，便告訴掃羅。掃羅要求立即清點人數，發現少了約拿單及其侍衛。正當掃羅要祭司十奉出以弗得求問耶和華時，掃羅發現非利士人營帳中越來越混亂，於是顧不得求問便帶著人馬衝進戰場。此時非利士軍隊中正在自相殘殺，一些原在他們營中服役的希伯來人趁此時機反戈一擊，幫著約拿單和掃羅襲擊非利士人。一些躲在以法蓮山上的以色列人也都出來追擊非利士人。這天，上帝使以色列獲大勝。

掃羅在出征前向以色列兵士說：「在向敵人報仇前，誰都不准吃東西，否則將遭詛咒。」以色列兵士個個又累又餓，但因怕受詛元，誰都不敢吃食物。約拿單沒聽到其父的話，他見到一個蜂窩，就用手杖伸進去蘸了一點蜂蜜吃了，立即覺得身上有了勁。有人把他父親的詛咒告訴了他，他說他父親這一禁令不合情理，因爲只有吃了東西才有力氣殺敵人。當以色列人把非利士人從密抹打退時，個個都餓昏了，他們急忙宰殺了戰利品中的牛和羊，連血帶肉一起吃了。這得罪了耶和華，因爲耶和華早有規定，不得吃動物的血。掃羅得知後很生氣，說：「你們有罪了，今日大石頭要滾到我這裡來了。」他命令他們不許再吃帶血的牛羊肉，重新宰殺一批潔淨的吃。

掃羅爲耶和華就地築壇，求問上帝是否該繼續攻打非利士人，但上帝沒回答。掃羅說：「我們中間肯定有人犯了罪，我向上帝起誓，必把這犯罪者處死，即便是我兒子約拿單犯罪我也要處死他。」於是他和約拿單站一邊，讓民衆站另一邊。他就求告耶和華指出實情，於是便抽籤，最終抽出是約拿單犯罪。掃羅就問約拿單幹了什麼，約拿單答他吃了蜂蜜，並表示願意受死。掃羅要殺他，民衆見了都爲約拿單求情說：「今天他爲以色列人贏得這麼大勝利，絕不能處死他，就連他的一根毫毛也不應傷及。他今天的所作所爲正是靠上帝的幫助。」掃羅不能違背民意，就赦免了他。掃羅不再追趕非利士人。他們回自己的國土去了。

撒母耳向掃羅轉達上帝的話，要他去攻打亞瑪力人，毀滅他們所有的一切，包括男人、女人、兒童、嬰兒、牛、羊、駱駝和驢子，片甲不留。掃羅便帶領從以色列來的二十萬人，猶大來的一萬人前往亞瑪力城，埋伏在谷地。掃羅派人警告基尼人趕快離開，免遭殺滅。於是基尼人就離開該城。

掃羅打敗了亞瑪力人，從哈腓拉打到埃及東邊的書珥，生擒了亞瑪力王亞甲。他們把其他所有的人都殺死，卻唯獨保留了亞甲的命。他們把一些不值錢的東西都燒毀了，殺了瘦弱的牲畜，但卻留下了值錢之物和健壯的牛、羊。掃羅這麼做直接違背了上帝的命令，耶和華上帝就對撒母耳說：「我後悔立掃羅爲王，他已離棄我、違背我的命令。」撒母耳很憂愁，整夜哀求耶和華。

第二天一早，撒母耳去找掃羅。有人告訴他掃羅在迦密為自己立了紀念碑，將前往吉甲。

撒母耳在前往吉甲的路上追上掃羅。掃羅見他來就說：「我已遵守耶和華的命令。」撒母耳說：「那為什麼還有牛羊的鳴叫聲？」掃羅說：「那是我的軍隊從亞瑪力人手中擄來的最好牲口，準備給耶和華上帝獻祭用，其他的都殺了。」撒母耳說：「耶和華上帝昨晚已對我說了，祂立你為王，讓你徹底滅絕邪惡的亞瑪力人，但你不聽，卻忙著掠奪財物，做了耶和華視為惡的事。」掃羅忙為自己辯護說：「我聽從了耶和華的命令，按祂的話去打亞瑪力人，把亞甲王俘虜了，殺死了所有人，只是我的軍隊留下了最好的牲口，要把牠們帶到吉甲向上帝獻祭。」撒母耳說：「耶和華上帝是喜歡你獻的祭，還是喜歡你順從聽命呢？聽命勝過獻祭，順從勝過所獻的最好的羊脂。背叛之罪與行巫術之罪等同，驕傲之罪與拜偶像之罪等同。現你既然背棄了耶和華之命，祂也厭棄你，不要你作王了。」

掃羅意識到自己犯了罪，馬上承認說：「我有罪了。我因怕我的軍隊不滿，就聽從了他們的話，違背了耶和華上帝之命和你的指示。現在求你赦免我的罪，跟我一起去吉甲。」撒母耳說：「我不能與你一起去，你背棄了耶和華，祂也厭棄你，不要你作以色列王了。」說著撒母耳起身要走，掃羅急了，一把拉住他的外衣，把衣服撕裂了。撒母耳說：「上帝不同世人，祂不會改變主意。今天耶和華已把你所統治的以色列奪回，賜給更好的人。」掃羅說：「我犯了罪，但請你在民眾和長老們面前給我點面子，跟我一起回去，我好敬拜耶和華——你的上帝。」於是，撒母耳同意與他回吉甲。

51 大衛迎戰歌利亞

一到吉甲，撒母耳馬上下令把亞瑪力王帶到祭壇，對他說：「你的刀使許多母親喪子，現在輪到你母親喪子了。」於是，他把亞甲殺了。撒母耳就此與掃羅分手，回到拉瑪，但他始終為掃羅悲傷。

耶和華上帝叫撒母耳不要再為掃羅悲傷，並讓他帶著橄欖油去伯利恒的耶西家。耶和華說：「因為我已選中他的一個兒子為王。」撒母耳怕被掃羅知道後會殺他，上帝就叫他帶著小牛到那裡獻祭，並請耶西參加祭禮，然後膏立他的一位兒子。撒母耳遵照耶和華所說來到伯利恒。他把當地長老和耶西及其兒子都叫來參加祭禮，並把耶西的七個兒子一一叫上來，耶和華都沒選中。撒母耳問耶西還有其他兒子嗎？耶西說還有一個最小的，名叫大衛，在外面放羊。撒母耳叫耶西差人把大衛叫來。撒母耳見這少年長得英俊、健壯，兩眼炯炯有神。耶和華上帝對撒母耳說：「他就是我選的人，膏立他吧！」撒母耳就拿出了橄欖油，當著他哥哥的面膏立了大衛，耶和華的靈就與他同在了。然後撒母耳返回拉瑪。

掃羅自被耶和華遺棄後，邪靈常來糾纏折磨他。僕人見他太痛苦，就對他說：「也許找個豎琴手為你彈琴就能中止邪靈的折磨。」掃羅便下令找人彈琴。他的侍從向他報告，伯利恒耶西的兒子大衛彈得一手好琴，而且英俊善戰，說話得體。掃羅馬上派人去見耶西，請牧羊少年大衛到他那裡。

大衛帶著父親給他的禮品去見掃羅，掃羅很喜歡他，留他在身邊當侍衛。每當邪靈折磨掃羅，大衛立即拿琴彈奏，邪靈就離掃羅而去，掃羅頓覺舒暢。過了一段時日，大衛又回父親家繼續牧羊了。

不久，非利士人又聚集猶大梭哥城，在梭哥和亞西加之間紮營，要向以色列人開戰。掃羅帶領以色列人在以拉谷紮營準備迎戰。雙方隔一山谷，在面對面的山坡上列陣。非利士人走出一位身高二公尺五十的彪形大漢叫歌利亞，是迦特城人。只見他身著五十七公斤的銅鎧甲，頭戴銅盔，肩扛有七公斤重的矛頭做的銅標槍。歌利亞向以色列人高喊：「你們列陣幹什麼？我是非利士人，你們是掃羅的奴隸。你們選一個人出來跟我打。如果他打贏我，把我殺了，我們就做你們的奴隸，要是我贏了，殺了他，你們就作我們的奴隸。現在你們敢不敢出來應戰？」掃羅的軍隊見了歌利亞個個心驚膽戰，竟無一人敢應戰。歌利亞天天向以色列人挑戰，達四十天之久。

大衛有三個哥哥跟著掃羅在以拉谷打仗，他們的父親耶西不放心，便叫大衛帶著烤好的麥餅、乳酪等物去看望他們。大衛一大早起身，把羊群交給別人看管，自己帶著食物來到軍營，只見非利士人和以色列人都列好陣勢。大衛把食物交給後勤長官，自己跑到陣地找哥哥們。正當他見到哥哥、與他們講話時，歌利亞又出來罵陣。以色列人一見他都惶恐不安。大衛向旁邊的人問道：「若殺死那非利士人將得到什麼獎賞？」他們說：「掃羅王答應將給他重金，並將女兒嫁給他。」大衛的大哥以利押聽到大衛在向人打聽此事，就發怒說：「你來此幹什麼？你的羊交給誰去管？你鬼心眼不少，原來是爲了打仗才趕來的。」大衛說：「我又沒做錯什麼事，問問也不行？」他轉過身去又向別人打聽。

有人把大衛的問話轉告掃羅，他就派人把大衛找來。大衛說：「不要怕那非利士人，我去跟他打。」掃羅說：「你還是個孩子，怎麼能與這位行伍出生的職業軍人打？」大衛說：「陛下，我放我父親的羊。有時獅子或熊抓了小羊，我就去追趕牠，打牠，把小羊救回來。如我遭獅子或熊的襲擊，我就掐住牠的喉嚨，打死牠。我殺過獅子和熊，也能殺死這藐視上帝的非利士人。耶和華上帝能救我脫離獅子和熊爪，也能救我脫離這非利士人之手。」掃羅答應了大衛的請戰，把他自己的銅盔和鎧甲給大衛穿上，又把自己的刀繫在大衛的鎧甲上。大衛穿戴後無法行動，因爲他不習慣披戴盔甲，於是又脫下來說道：「我穿不慣這些。」他拿起了牧杖，從溪澗揀了五塊光滑的石子放在口袋中，帶著投石弓就去迎戰。

歌利亞向大衛走來，前面還有一個人替他拿盾牌。當他看清前面是個斯文小伙子時，十分藐視地說：「你拿根杖做什麼？你以爲我是條狗？」然後他指著自己的神詛咒大衛：「來吧！我要把你的屍體餵鳥獸！」大衛說：「你打我是用刀槍，我打你是奉萬軍之統帥耶和華的名。今天上帝把你交在我手中，我要打敗你，砍下你的頭，把非利士人兵的屍體餵鳥獸，使以色列的上帝揚名天下。祂不是靠刀槍拯救子民的。」說完大衛向非利士人陣地跑去，邊跑邊從口袋裡掏出石子，用投石弓向歌利亞扔去。石子打中歌利亞前額，打破了他的頭蓋骨，歌利亞當場頭朝下倒地。大衛上前踩在他身上，從他的鞘中拔出刀，殺死他，砍下了他的頭。

非利士人見他們的英雄死了，便紛紛逃跑。以色列和猶大軍隊吶喊著追擊他們，直追到迦特和以革倫城門。非利士人死傷遍野。大衛帶著歌利亞的頭來到耶路撒冷。

掃羅命人把大衛帶來。掃羅的兒子約拿單十分欽佩大衛的英勇行爲，愛他如己，把自己的袍子、盔甲、刀、弓等都送給大衛，兩人結拜爲兄弟。掃羅把大衛留在身邊，交給他各項任務；他無一不能完成，於是掃羅讓大衛任軍隊首領。

52 掃羅忌恨大衛

大衛殺死歌利亞的消息很快傳遍以色列人各城鎮。當掃羅帶著軍隊凱旋歸來時，婦女們都載歌載舞迎接戰士。她們邊唱邊跳：「掃羅殺死千千；大衛殺死萬萬！」掃羅聽後十分惱怒地說：「她們說大衛萬萬，而我只有千千，只差不立他爲王了。」於是他開始忌恨大衛，想害死他。

這時，邪靈又在掃羅身上作祟，掃羅像瘋子那樣胡言亂語。大衛像以前一樣爲彈琴驅鬼。掃羅卻抓起一根長矛對準大衛扔去，一邊扔一邊說：「我要把他紮在牆上。」他連扔兩次，大衛都機警地躲過。

掃羅又派遣大衛帶領一千名士兵去打仗，想讓大衛戰死疆場，但耶和華與大衛同在，使大衛所向無敵。掃羅更加擔心大衛要奪他的權，於是想借他人之手殺死大衛。他對大衛說：「如果你忠心地服侍我，勇敢地爲耶和華上帝打仗，我就把大女兒米拉嫁給你。」大衛說：「我的家族在以色列人中地位不高，豈敢高攀，當王的女婿？」到應該結婚的時日，掃羅卻把米粒嫁給他人。掃羅的次女米甲愛上了大衛，掃羅很高興，想用此爲圈套，讓非利士人殺了大衛。他第二次向大衛許願把次女嫁給他，並動員左右慫恿大衛向他提出這一要求。大衛說：「當王的女婿是很榮耀的，但我出身卑微，配不上此等殊榮。」掃羅便派人轉達大衛：「王要的聘禮是一百個非利士人的包皮。」大衛聽後很高興，便帶著他的部下殺死了二百名非利士人，給掃羅交了二百張包皮。掃羅不得不將米甲嫁給了大衛。

那時非利士人常來攻打他們，大衛每次出征都戰績輝煌。他的名聲遠揚，甚至超過了掃羅，掃羅對大衛恨之入骨，決心除掉他。掃羅把他兒子約拿單和所有臣僕叫來商量此事。約拿單深愛大衛，叫大衛先躲起來，然後去見掃羅，對他說：「大衛從沒做過對不起你的事，他做的每件事都對你有益。他殺死歌利亞，使以色列贏得勝利，那時你也很高興。但現在你爲什麼要殺害無辜呢？」掃羅聽後深感有理，發誓不殺大衛。大衛又像以前那樣在他左右。

大衛與非利士人征戰又獲大勝。掃羅心中不快，邪靈又控制了他。大衛爲他彈琴，他抓起長矛刺向大衛，大衛躲開了，矛紮進牆裡。大衛逃回家，掃羅派人守住他家，打算第二天早上殺他。大衛的妻子米甲勸大衛趕快逃走，說：「你今晚不逃，明天必死無疑。」米甲用繩子把大衛從窗口縋下來，幫大衛逃走，然後把家中的神像放在床上，頭下墊一個山羊毛枕頭，用被蓋好。掃羅派人去抓大衛，米甲說他病了。抓他的人回去報告掃羅，掃羅要他們再去，定要把大衛抓來。他們來到大衛床邊，掀開被子發現是一座神像，於是把米甲帶到掃羅面前。掃羅問女兒：「你爲什麼騙我，幫我的敵人逃跑？」米甲說：「要是我不幫他逃跑，他說要殺我呀！。」掃羅只好作罷。

大衛逃至拉瑪去見撒母耳，把掃羅要殺他一事告訴他，撒母耳就與他一起到拿約居住。掃羅先後派了三批人去抓他，這些人到那裡後都受上帝的靈的感應，像先知一樣狂呼亂叫。掃羅只得親自前往。當他到達拉瑪，在前往拿約去的路上，上帝的靈也支配了他，他就在撒母耳面前赤身裸體，狂呼亂叫。

大衛又從拉瑪的拿約逃去見約拿單，告訴他，其父要殺他。約拿單不相信，因爲掃羅沒有向他提過。大衛說：「後天是初一。初一、初二這兩天，是我與王共餐吃飯日。他如問你我爲什麼沒去，你就對他講……看他的態度就知道他是否眞要殺我。」約拿單叫大衛先躲起來，相約到第三天，約拿單將帶著侍童到他藏身處附近射箭。如果約拿單對侍童喊：「箭在後頭，拿來！」那就是掃羅不殺大衛。如約拿單喊：「箭在你前頭，往前跑吧！」那就是掃羅要殺大衛，大衛必須趕快逃走。

初一、初二，掃羅與約拿單等人共餐，大衛的位置始終空著。初一那天，掃羅根本不提大衛。到初二，掃羅故意問約拿單，大衛爲何不來？約拿單就按大衛教他的話回答：「他向我請假，要回伯利恒家去，與哥哥們在城裡獻祭，並順便看看家人，所以不來了。」掃羅聽後大怒說：「你這畜牲，竟站在大衛這邊。你丟盡了自己和我們的臉。你知道大衛活著，你就休想當國王嗎？去把他找來，我非殺死他不可。」約拿單說：「他沒做錯什麼，爲什麼要處死他？」掃羅氣昏了，拿細矛向約拿單投去。約拿單這才眞正明白其父對大衛恨之入骨，決心殺他。於是約拿單氣憤之極，站起來拂袖而去，一天都沒吃飯。

第二天，約拿單帶著侍童去大衛藏身地附近射箭。箭一射出，他便叫侍童去撿，一邊喊道：「箭在前頭，快跑。」大衛聽見這暗號，知道掃羅決意殺他。約拿單把弓箭交給侍童，要他先回去。大衛見侍童走後，從岩石後面走出來，向約拿單叩三次頭，然後兩人揮淚吻別。

大衛逃到挪伯的亞希米勒祭司家，謊稱是奉王之命而來。他從祭司那裡得到了供餅和他在以拉谷殺死歌利亞的那把刀，然後又逃到迦特，被迦特的亞吉王認出。大衛就在他面前裝瘋，在城門上亂塗亂寫，還讓唾沫流到鬍子上。迦特王命人將他趕走，大衛離開迦特城後到處東躲西藏。

掃羅領人四處追蹤大衛。當他到達挪伯，得知祭司亞希米勒曾給大衛食物和刀，不由分說，便要把他及當地八十五名祭司都作為大衛的同謀犯殺死。手下侍衛都不敢下手，他就命以東人多益將他們處死。然後掃羅帶領軍隊把全城男女老幼，連同牲畜都宰盡殺絕，唯有亞希米勒的一個兒子亞比亞他逃出城，投奔了大衛。

一天，掃羅探知大衛在隱基底的曠野，就帶領三千名精銳部隊到「野山羊岩」搜查。掃羅到附近一個山洞中大解，剛好大衛帶著隨從正躲在洞中。隨從對大衛說：「這是耶和華上帝給你死殺他的機會。」大衛說，「他是耶和華選立的君王，不可傷害他。」他悄悄爬過去，將掃羅的衣袍割去一角。掃羅解完手要出洞離去，大衛跟在後面高叫：「陛下。」掃羅轉過來，大衛向他跪拜說：「陛下為何聽信讒言，說我要傷害你？你剛才在洞裡，我要殺你易如反掌，但我不忍，因為你是耶和華選立的王。我只割下你衣袍的一角。這你就該相信我絕無背叛和傷害你的念頭，你追趕的只是一條死狗、一隻跳蚤，願上帝詳察，保護我。」

掃羅聽後大受感動，哭了起來，說：「我兒大衛，眞是你嗎？我錯了。你今天以德報怨，是何等地善良。你不殺敵人，讓他平安離去，表現出作以色列王的氣度。以後國家必定由你統治。請你日後保留我和我家族的名。」大衛應許了掃羅的要求，兩人分手。

此後不久撒母耳去世。所有以色列人為他舉哀，把他葬在故鄉拉瑪。

掃羅雖一度饒恕了大衛，但大衛始終是他的一塊心病，不除掉他，他心不甘。因此，當他得知大衛躲在哈基拉山，就又帶三千人到該地搜捕大衛。當夜他們紮營在山下，大衛帶著隨從亞比亞他悄悄潛入掃羅營中，見掃羅正在酣睡，他的矛插在靠近他頭部的地下。亞比亞他想用這矛刺死他。

大衛說：「不可傷他，他是耶和華上帝立的王，誰傷害他，誰就要受懲罰。」大衛拿走掃羅頭邊的矛和水罐，悄悄離開。當他們爬到山頂後，大衛大聲叫掃羅的統帥押尼珥的名字。押尼珥問：「誰在亂叫，把王吵醒？」大衛說：「押尼珥，你怎麼不好好保護國王、你的主人？剛才有人進營要殺你的主人，你失職了！你們都該死！你看，王的矛和他的頭邊的水罐在哪裡？」掃羅聽見大衛聲音，就問：「我兒，大衛，是你嗎？」大衛說：「是，陛下，你爲什麼還在追捕我？我做錯了什麼？……求你不要讓我死在異國土地、遠離耶和華上帝。以色列王爲什麼要像射殺一隻跳蚤和野鳥那樣殺我呢？」掃羅說：「我錯了，回來吧！你今晚保全了我的命，我再不殺你，幹糊塗事了。」大衛說：「陛下！請叫人來取你的矛。耶和華將報賞誠實公義之人，願耶和華像我今天保全你生命一樣保全我，脫離一切災難。」掃羅說：「我兒，上帝將賜福於你，萬事順利。」

大衛想，掃羅出爾反爾，言不由衷，不能輕信他的話，就帶著部下六百人和家眷到達迦特投奔非利士人。掃羅得知大衛逃離以色列，便不再搜尋他。

53 大衛與亞比該

大衛在逃時，一度在巴蘭曠野。他帶領的六百名士兵紀律嚴明，從不擾民搶偷東西，還保護牧民及當地人的財產。其中有位從瑪雲城來、家業在迦密城的富人叫拿八，他擁有一千隻山羊、三千隻綿羊，也常得益於大衛部下的保護。

一天，拿八在迦密剪羊毛，大衛派十名僕人去見他，對他說：「大衛向你問候，祝福你及全家興旺發達。他要你知道你的牧人在迦密常與我們在一起，我們從不欺負他們，還處處保護他們。現在已到節日，請你賜予我們和大衛一些東西。」拿八沉默半晌，然後說：「誰是大衛？誰是耶西的兒子？近來逃奴很多，我絕不會隨便將餅、水和為剪羊毛人所準備的酒給那些來歷不明的人。」

大衛的僕人回去把拿八的話告訴大衛。大衛聽後十分氣憤，心想：「我在這荒野，保護這人的財產，他竟以怨報德，我在天亮前一定要把他全家殺光。」於是他立即下令佩刀，帶了四百名部下出發，前去殺拿八全家。

拿八有位十分賢慧的妻子，名叫亞比該。一位僕人向她講述了大衛僕人與拿八之間的對話，並說：「大衛他們確實從不麻煩我們。在我們放羊時，他們日夜保護我們。如今主人這樣對待他們，會給主人和全家帶來災難。」亞比該一聽，連忙瞞著拿八，準備了兩百個餅、兩皮袋酒、五隻烤熟的羊、十七公斤烤熟的麥子、兩百個葡萄餅、兩百塊無花果餅，放在驢背上，叫僕人在前面走，自己騎驢在後面跟著。

當她正繞著山坡的小徑前進時，忽見前面大衛帶著人馬過來。她急忙下了驢，伏在大衛腳下說：「我主啊！請聽我言，這罪都由我來承擔。拿八是名副其實的蠢貨，請不要理他。你僕人來時我不在場。耶和華上帝沒有讓你向敵人報仇那樣殺了他們。現在我向耶和華上帝發誓，你的敵人和想害你的人都會像拿八那樣遭懲罰。請收下我的禮物，饒恕我的過錯。你為耶和華打仗，一生不會有過錯。有人要害你，耶和華會保護你。祂會成全你，使你作以色列王時不會因無故殺人或替自己報仇而後悔。」大衛聽了這番話，怒氣全消，回答道：「感謝以色列的上帝，今天把你派來。你的見識和所做的一切使我沒有犯下為報私仇去殺人的罪。要不是你趕來，拿八全家在天亮前都會喪命。現在你不要擔心，我會照你說的去做。」於是，大衛帶領人馬返回。

亞比該回到家，見拿八正在大擺宴席，盡情享受。他喝醉了酒就去睡覺。第二天早上他酒醒後，亞比該把昨日發生的一切告訴他。他又驚又怕，一下子得了中風癱瘓過去，十天後便死了。

不久，大衛聽說拿八死了，便說：「讚美上帝，上帝因拿八的惡而懲罰他，也為我報了仇，而且使我沒做錯事。」然後，他就派人去向亞比該求婚。亞比該伏在地上說：「我是他的使女，我願洗他僕人的腳。」於是亞比該騎上驢，帶著五個婢女隨大衛的僕人走了，成為大衛的妻子。

54 大衛統一以色列

大衛投奔非利士人後，深得亞吉王賞識，因爲他相信大衛是被以色列人痛恨而投奔他，會忠心服侍他。大衛要求單獨有個容身的小城，亞吉王便把洗革拉城施與他。他前後在非利士人住了十六個月，常帶領部隊去攻打與以色列人爲敵的基述人、基色人和亞瑪力人。在非利士人準備攻打以色列時，亞吉要大衛同去，大衛欣然同意。但非利士其他首領們見到大衛同去，很不高興，對亞吉說：「此人不可靠，他可能在作戰時反戈一擊，犧牲了我們，使他重新贏得其主人的信任。」吉亞只得對大衛說，雖然他十分信任他，無奈其他首領反對，勸他還是回去。大衛雖據理力爭，但也無濟於事，第二天只好帶兵返回，兩天後抵達洗革拉。一回城，大衛發現城已被亞瑪力人燒毀，城內所有婦孺兒童都被擄走，包括大衛的兩個妻子。大衛的部下見親人都被搶走，把怒氣轉到大衛頭上，要用石頭打死他。大衛求問上帝怎麼辦？上帝叫他去追擊亞瑪力人。

於是，大衛就帶領六百名部下去追趕。他們抵達比梭溪時，有兩百人疲乏不堪，實在走不動了，大衛就把他們留下，繼續帶了其餘四百人追趕。部隊在田野發現餓得奄奄一息的埃及男孩，他們用水和食物餵他。他吃後恢復了力氣，告訴大衛他是亞瑪力人的奴隸，三天前因病被他們丟棄。他答應爲大衛領路追趕亞瑪力人。

亞瑪力人在襲擊非利士和猶大的一些城市後，搶得大量財物，正在大肆慶祝。大衛帶領部下突然出現，打得他們措手不及，消滅了大部分的人，只跑了四百人。大衛救回了所有的百姓，奪回了財產和牛羊。

非利士人在亞吉王帶領下攻打以色列人。他們在基利波殺死許多以色列兵士，並追上了掃羅和他的兒子們。約拿單和其他兩子被他們殺死。掃羅本人被他們的箭射中負傷，眼看著非利士人逼近，便對侍從說：「拔刀殺了我吧！這樣那些未受割禮的、目中無神的非利士人就無法凌辱我，刺死我。」侍從不敢下手，掃羅就拔出自己的刀伏刀自盡。侍從見他死了，自己也伏刀自盡。當天掃羅部隊全部陣亡。耶斯列谷和約旦河東岸的以色列人聽到這消息都棄城而逃，非利士人占領了許多他們的城邑，奪走了大量財物。他們割下了掃羅的頭，把他和三個兒子的屍體都釘在伯珊城牆上，並把掃羅隨身帶的武器放在亞斯他錄女神廟中，派人到非利士各地傳播這一大好消息。基列境內雅比城人聽到此訊後，派人走了一夜來到伯珊，把掃羅和三個兒子的屍體從城牆上取下，帶回雅比焚化後埋葬在城裡柳樹下，並禁食七天。

掃羅死後第三天，大衛得知掃羅和約拿單戰死疆場，他與他的部隊都撕裂了衣服，悲傷地痛哭不止。大衛爲掃羅和約拿單作了一首輓歌：「在以色列的山上，我們的領袖死了！我們最英勇的戰士倒下了！……願基利波的山上永遠得不到雨露；願他的田地永遠荒蕪。因爲英雄的盾牌生銹了，掃羅的盾牌不再被油擦亮……掃羅和約拿單可敬可愛！他們活著在一起，死了也不分開。他們比老鷹敏捷，比雄獅強壯。以色列的婦女啊，要爲掃羅哀哭！……我兄弟約拿單哪！我爲你哀哭！你對我親愛異常！你的深情何其美妙，遠勝過異性的愛情。英雄們竟倒下了；他們的武器再不能發揮威力了。」

在此後，大衛就作了猶大王，把首都定在希伯侖。

掃羅死後，他的元帥押尼珥與掃羅的兒子伊施波設逃過約旦河，到瑪哈念去。押尼珥在那裡把伊施波設立爲以色列王，他只統治了兩年。而大衛在希伯侖爲王共七年。擁護大衛的軍隊和擁護掃羅家族的軍隊不斷爭戰。大衛派越戰越強，而掃羅派則越戰越弱。掃羅家的實權都落在押尼珥元帥手中。他和掃羅的一名妃子睡覺，引起了伊施波設不滿。他就問押尼珥爲什麼這麼做？押尼珥爲此十分氣憤，說：「我一貫忠於你們全家，沒讓大衛把你打垮，今天你竟爲一名女子來責問我。耶和華上帝曾答應大衛要從上帝及其後代手中奪得國權，使他作猶大和以色列的王，我如不促成此事，願上帝擊殺我。」伊施波設再不敢吭聲。

押尼珥當即派人送信給大衛說：「如你與我立約，我就幫你統治整個以色列。」大衛同意了，但條件是要把掃羅的女兒、他的妻子米甲一起帶來。自大衛從掃羅處逃走後，掃羅已把米甲另許配給叫帕鐵的人。伊施波設就派人去帕鐵處把米甲接來。帕鐵非常愛米甲，爲此一路哭著把米甲送到巴戶琳。押尼珥令他回家，他只得走了。押尼珥派人把米甲送回大衛處。

押尼珥又說服以色列長老和便雅憫人，讓他們支持大衛，說大衛是耶和華上帝所應允的王。他們都同意了。然後押尼珥帶了二十人去希伯侖向大衛報告此事，並說：「我要爭取全以色列人都歸順陛下，使您統治全境。」大衛很高興，他保證給押尼珥安全。

大衛手下有位將領叫約押，他的小弟亞撒黑曾在基遍戰場被押尼珥殺死，因此他對押尼珥懷恨在心。這次他聽說大衛保證押尼珥安全，就去見大衛說：「你做的什麼事啊？押尼珥來見你，你居然讓他安全返回。他肯定是來欺騙你，偵察情報的。」他於是瞞著大衛，帶著人馬去追押尼珥，說有機密相告。押尼珥跟他回到希伯侖城門邊，約押及其大弟亞比篩拔出刀來把押尼珥殺死，為他們的小弟報了仇。

大衛得知後非常傷心，他詛咒約押及其全家將遭報應，並命令約押及部屬為押尼珥披麻戴孝。葬禮時，大衛親自跟在棺木後。押尼珥被葬在希伯倫，大衛在他墓前大聲哀哭，還為他作了一首輓歌，歌詞說：「他竟死得像被暴徒殺害一樣。」大衛為此整日沒進食，為以色列失去這一偉大將領而難過。

押尼珥在希伯倫被殺的消息傳到掃羅兒子伊施波設和以色列人耳中，他們都非常害怕。伊施波設手下兩位將領巴拿和利甲看掃羅家族大勢已去，便趁伊施波設設午睡之機，溜進他的臥室，拔刀把他殺了，然後割下首級投奔大衛。大衛大怒，說：「你們竟趁他睡著，在他自己家把他殺了，真是罪大惡極。我要為他討還血債。快把他們拖出去殺了。」於是，大衛的侍從們把利甲和巴拿殺了，還砍斷了他們的手腳。大衛把伊施波設的頭葬在希伯倫，與押尼珥埋在一起。

至此，掃羅的家族只剩下幾位孫子，約拿單留下一子米非波設。他在父親被殺時才五歲，噩耗傳來，他奶媽帶他逃跑，不小心把他摔了一下，就此成為跛子。大衛為了約拿單的緣故，後來把他接到身邊，待他如同己子。

以色列各支派都到希伯倫見大衛，請他作他們的統治者。大衛在希伯倫與以色列各支派長老們訂立盟約，他們膏立他為以色列王。大衛為王時三十歲，在位共四十年，其中在希伯倫當猶大王共七年半，進入耶路撒冷統治以色列和猶大全地共三十三年。

大衛統治全境後，他下令攻克被耶布斯人占領的耶路撒冷。耶布斯人守護森嚴，他們揚言大衛永遠別想攻入城，還說：「就連瞎子也能擊退他。」大衛恨得咬牙切齒。後來他發現從一條水道可以攻入耶路撒冷城，便說：「誰恨耶布斯人，恨得非殺不可，就從此水道上去，攻打我極為痛恨的瞎子和跛子吧！」以後希伯來人就有句俗語：「瞎子和跛子不能進上帝的殿宇。」

大衛終於占領了耶路撒冷，他把該城中錫安的堡壘命名為「大衛城」，又在其周圍修造宮殿，興建城市。從此把國都遷至耶路撒冷。

定都後，大衛首先把來犯的非利士人從迦巴一直趕到基巴。然後他就派三萬精銳部隊去猶大的巴拉把上帝的法櫃運到大衛城。一路上大衛領著以色列人盡情地載歌載舞。

當法櫃抬進大衛城時，米甲從窗口觀望，見大衛手舞足蹈地護送法櫃，就十分鄙視他。當大衛把法櫃送到特定的帳篷內後回家，米甲迎出來說：「以色列王今天眞夠體面，在衆臣僕面前，就像輕賤的人那樣醜態百出。」大衛說：「我是為榮耀耶和華而跳舞的，祂立我為王，廢了你父親，我在祂面前必更加卑微。」此後米甲一生都無子。

大衛立意要為耶和華上帝在耶路撒冷建聖殿。耶和華使大衛打敗了周圍的非利士人、摩押人、亞蘭人、亞捫人等，他的威名遠揚，成為希伯來人歷史上最有名的君王。

55 大衛情殺烏利亞

第二年，周圍一些國家又來侵犯以色列。大衛派約押領兵出征，他自己留在耶路撒冷。一天黃昏，大衛在王宮平頂上散步，四下眺望，見一洗澡女子，長得十分艷麗動人。大衛不禁動心，令人查詢她是誰。有人告訴他，此女是赫人烏利亞之妻，名叫拔示巴，其夫烏利亞正隨約押出征在外。於是大衛便差人將她帶來，與她共寢。

過了不久，拔示巴發現有了身孕，就派人告訴大衛。大衛立即派人把烏利亞從前線叫回來，故意向他詢問前線情況，然後打發他回家休息。大衛派人給他家送禮物，誰知烏利亞並沒回家，而是同守衛一起睡在宮門口。大衛得知後，把他找來，問他為何出門這麼久，有此機會也不回去與妻子團聚。烏利亞說：「以色列和猶大戰士都在戰場作戰，法櫃也在那裡，我怎麼能回家吃喝並與妻子同床呢？」大衛就叫烏利亞再留一天，同他一起在宮中用餐，並把烏利亞灌醉了。但烏利亞還是不回家，仍睡在宮廷守衛住宿處。第二天大衛寫了一封信讓烏利亞帶給約押。信中指示約押把烏利亞派到最險惡處作戰，然後讓其他人撤下，讓他戰死。約押就派烏利亞到敵人防禦最強的城牆邊去作戰，結果敵方從城中出來，殺死了大衛的兵士，烏利亞也給打死了。

約押派人送信給大衛，匯報這次戰事失利情況，但特別叫送信人說：「王的軍官烏利亞也死了。」送信人按約押吩咐向大衛報告，大衛對來人說：「你回去鼓勵約押，叫他不要為此難過，因為戰場上的死活不可預料。」

烏利亞之妻拔示巴聽說丈夫戰死，便為他哀哭。喪期過後，大衛立即把拔示巴接進宮裡來，成為他的妻子，不久她就給大衛生下一子。

耶和華上帝對大衛幹的事很不高興，派先知拿單見大衛。拿單見到大衛，便說：「城中住了一富一窮兩個人，富人有成群牛羊，而窮人僅有一隻小羊。窮人愛小羊如同自己女兒。一天富人家來了一位客人，富人捨不得從自己羊群中選一隻去待客，而是搶了窮人家唯一的這隻羊待客。」大衛聽後，說這位富人該死，應該要叫他賠償四倍。拿單就對大衛說：「你就是那個富人。上帝說：『我立你為以色列的王，把掃羅的國及嬪妃都給了你，你還不夠，卻使烏利亞戰死疆場，借亞捫人之手殺死他，奪他的妻。我要使你的後裔死於非命，要你的仇人作亂攻擊你，把你的嬪妃給別的男人，讓他在光天化日之下與她們睡覺，把你在暗中犯的罪大白於天下，使全以色列人看到。』」大衛說：「我得罪耶和華了。」拿單說：「上帝饒恕你，你不會死，但你的兒子會死。」

大衛與拔示巴所生之子不久就得重病。大衛不吃不喝，整夜為他祈禱。過了一星期，孩子死了。他的臣僕不敢告訴他，怕他精神崩潰。大衛發現他們交頭接耳，就知道孩子已死，於是問他們，他們只得如實說了，大衛立即洗澡更衣，並吩咐準備食物吃喝起來。臣僕們深感奇怪。大衛說：「孩子未死，我禁食哀哭是為了求上帝憐憫我。現在孩子既已死，也就不能活了，我為什麼還要禁食呢？」

不久，大衛又使拔示巴懷了孕，生下一子，名叫所羅門，深得耶和華上帝的喜愛。

56 押沙龍反叛

大衛妻妾成群，他的兒女很多，皆爲同父異母所生。所有兒子中押沙龍長得最英俊，從頭到腳無一點瑕疵。尤其是他的濃密的頭髮，令人羡慕不已，每年剪一次，重達二公斤。他有一位同母的胞妹他瑪，長得也十分美麗可愛，兄妹倆感情甚篤。他瑪的異母哥哥暗嫩愛上了他瑪，爲她得了相思病。大衛的侄子約拿達看出暗嫩的心思，叫他裝病，等大衛探望他時提出要他瑪烤些餅給他吃。暗嫩便依言行事，大衛果然打發人叫他瑪去暗嫩處做餅。他瑪做了餅，暗嫩卻不吃，下令所有僕人都離開，然後讓他瑪到床前餵他。他瑪餵他時，他一把把她抓住，要與她睡覺。他瑪懇求他不要做出這等醜事，如眞愛她就向父王去說，父王定會把她許配給他。暗嫩不聽，強姦了她。事畢之後，暗嫩卻對他瑪產生了一種強烈的厭惡之情，叫她馬上滾開。他瑪說：「你這麼趕我走，比你先前所犯的罪更大。」暗嫩命僕人把他瑪趕出去。他瑪把自己所穿的未婚公主長袍撕裂了，用灰灑在頭上，雙手蒙臉邊走邊哭。押沙龍看到了胞妹受暗嫩的欺負，決心替妹妹報仇。大衛得知暗嫩做出此等事情，也十分生氣。

兩年後，押沙龍要去巴力夏瑣剪羊毛，他邀請諸王子與他同去，並請示大衛。大衛本不同意，但因押沙龍一再堅持，大衛也就讓兒子們與押沙龍同去了。到了巴力夏瑣，押沙龍準備了豐盛的酒宴，然後對手下說：「看暗嫩酒喝多了就下手殺他，不要怕，一切的後果我來承擔。」隨從們聽從押沙龍的命令，席間把暗嫩殺了，其他諸王子見狀紛紛騎驢逃走，押沙龍也逃往他鄉。

大衛爲失去暗嫩傷心了好久。等悲痛過去了，他又思念押沙龍。約押知道大衛的心思，就派一名聰明的婦人裝作居喪很久的寡婦去見大衛，對他說：「我丈夫早死，只有兩子。一天他們吵起來，一個把另一個打死了。現在我的親戚都要我把殺兄弟的那個交出來治死他。我如這麼做就無子可傳宗接代了。」大衛同意她不交出僅存的兒子，且答應保護她的兒子，不讓任何人動他一根毫毛。婦人又說：「爲什麼你讓你兒子流亡在外，不准你兒子回來？你剛才對我說的話似乎已定了自己的罪……」大衛一聽，就問婦人是否是約押叫她來游說的，婦人承認了。約押伏在地上，請求大衛讓他將押沙龍找回來。大衛同意了，但不准押沙龍住宮中。約押就把押沙龍從基述帶回耶路撒冷，住在押沙龍自己的房子裡。

押沙龍在耶路撒冷兩年沒見到大衛。他派人幾次去找約押，請他來，約押就是不來。押沙龍命人去燒約押田中的麥子，約押就去押沙龍家質問他，押沙龍便趁機請約押向他父親求情，使父子和好。約押去見大衛王，轉達了押沙龍的意思，大衛派人召押沙龍。押沙龍俯伏在地叩拜大衛，大衛抱住兒子親吻，恢復了父子關係。

押沙龍野心勃勃，想奪王位。他爲自己準備了大型馬車，還有五十人的衛隊。爲收買人心，他每天站在城門口，主動上前向百姓問長問短。如遇民事糾紛，有人要上訴，他就說：「你很有理，只是王沒委派人聽你的話。如我當士師必秉公辦事。」如有人要拜他，他就扶起他們，與他們親吻，就這樣他贏得了民心。

四年後，他覺得時機成熟，便請求大衛讓他去希伯崙，說他曾許願要去那裡敬拜上帝。大衛不知是計謀，就同意他去。押沙龍派使者去以色列各支派散布：「當你們聽到號角響，那就是押沙龍在希伯崙作王了。」

押沙龍到了希伯崙，大衛的顧問亞希多弗跟從了他，許多以色列人也支持押沙龍爲王，押沙龍決定帶人打回耶路撒冷。

押沙龍叛變的消息傳到大衛耳中，他只留下十名嬪妃守宮，帶上所有其他家人臣僕匆忙逃離京城。到了汲淪溪，他讓祭司撒督和亞比亞他把法櫃抬回耶路撒冷。他說：「如耶和華喜歡我，總有一天他會讓我回耶路撒冷；如祂不喜歡我，就讓祂隨意處置吧！」大衛哭著上了橄欖山。他光著腳，悲傷地蒙著頭，所有的人也都跟隨他蒙著頭邊哭邊走。

大衛剛過了山頂，忽見米非波設的僕人洗巴牽著兩頭驢子走來，驢背上馱著兩百個餅、一百個葡萄餅，一百掛夏天的水果餅和一皮袋酒前來迎接他，說：「這頭驢子給陛下，餅、水果、酒給隨從們吃。」大衛問他：「你主人掃羅的孫子米非波設在哪裡？」洗巴說：「他留在耶路撒冷，因爲他相信以色列人現在要重新把他祖父掃羅的國歸他。」大衛對洗巴說：「屬於米非波設的財產如今都歸你了。」洗巴說：「我是王的奴僕，願永遠蒙陛下垂顧！」

大衛到巴戶琳時，掃羅一位親戚——基拉的兒子示每見到大衛，就跟在他身後咒罵他，並對大衛及其臣僕扔石頭，邊扔邊罵：「你這殺人兇手，走開！你搶了掃羅的王國，現在耶和華因你殺戮掃羅的家族懲罰你。耶和華上帝已把這國給你兒子押沙龍了。你要遭殃了！」約押的兄弟亞比篩對大衛說：「爲什麼讓這隻狗咒罵你，讓我去砍下他的頭。」大衛立即制止，說：「不關你的事，若他的咒罵都是耶和華要他做的，誰有權去問他爲什麼這麼做呢？連我的兒子都要殺我，這人的行爲有什麼奇怪的，由他去吧！也許上帝會顧念我的苦難，降福給我來代替今天的咒罵。」示每就跟著他們，一路走一路罵，還不停地向他們扔石頭，一直跟到約旦河。

當大衛得知亞希多弗投奔了押沙龍，就向上帝祈禱使亞希多弗的計謀落空。他派他的忠誠朋友戶篩打入押沙龍內部，去破壞亞希多弗的計謀。於是戶篩返回耶路撒冷。

押沙龍帶領以色列人進入耶路撒冷，戶篩迎上前去高呼：「陛下萬歲！」押沙龍奇怪地問，他怎麼沒跟他父親走？戶篩說：「我只忠於被上帝和以色列民挑選的人，我不服侍主人的兒子還服侍誰？我要像對待你父親那樣照顧你。」押沙龍就把他留下。

亞希多弗建議押沙龍與大衛留在宮中的十位嬪妃睡覺。他說：「這樣就使每個以色列人都知道你與你父親是仇敵，那些跟從你的人就會大受鼓舞。」於是，他們就給押沙龍在王宮平頂上搭一帳篷。押沙龍在光天化日之下，走進帳篷與其父的嬪妃共寢。上帝對大衛的懲罰實現了。

亞希多弗向押沙龍建議，他今晚帶領一、二萬人去追趕大衛，趁他疲乏沮喪時抓住他，只殺他一人，把他的部隊帶回來歸押沙龍。押沙龍又問戶篩的意見。戶篩說亞希多弗的主意不好，因爲大衛是身經百戰的英雄，威信很高，他的部下也都是善戰的勇士，不如帶大部隊出其不意地攻擊他們，把大衛和他的部下統統殺了。押沙龍認爲戶篩的主意高明，便去調集軍隊。亞希多弗看到押沙龍不採納自己的意見，料定他必敗無疑，便騎驢回家，料理了一下後事，上吊自殺了。

戶篩急忙派人向大衛送信，讓他與部下今晚不要居留曠野，馬上渡過約旦河。送信人巧妙地躲過了押沙龍手下人的搜查，及時向大衛報告，大衛當即帶領隊伍渡過約旦河。等押沙龍趕到曠野時撲了個空，大衛早已帶人離開。

大衛把部隊集合起來，共分三隊，分別由約押等三位首領帶領。他本人要親自上陣，但將士們都紛紛勸阻。最後，他留守在城，目送部隊出發。他命令三位首領不得傷害押沙龍，全體兵士都聽到了。

當天大衛的部隊痛擊了押沙龍的以色列部隊。押沙龍的兵士陣亡至少二萬人，傷者不計其數。押沙龍騎在騾上逃跑，經過大橡樹下，頭髮被樹枝纏住，他的騎騾跑了，他被掛在樹上。大衛的部下見了，就去報告約押。約押叫部下把他殺了，部下不敢。約押便自己帶著三支矛刺著押沙龍的胸膛。十個侍從跑過去一齊把他殺死。約押叫人吹號停止攻擊。他們把押沙龍的屍體丟在樹林的一個大坑內，在上面堆了一堆石頭。

約押先後派兩人向大衛報喜訊。他們對大衛說：「今天耶和華上帝使你勝過了一切背叛你的人。」大衛又問押沙龍好嗎？第二個抵達的人答道：「願發生在他身上的事發生在陛下一切仇敵和背叛你的人身上。」大衛一聽，知道押沙龍被殺死，悲從心起，走到城樓哀哭，邊哭邊喊：「噢！我兒押沙龍，我恨不能替你死！押沙龍，我兒！」

大衛的哀哭沖掉了全軍勝利的喜悅，人人都在哀傷。軍隊靜悄悄地回城，就像敗陣。約押見後進入大衛的房中說：「你今天侮辱了你的部屬，不把他們放在眼中，你這一作法使仇者快親者痛。難道今天押沙龍活著，我們都死掉，你就高興？請你出去安慰你的部下，否則會無人跟從你。」大衛便停止為押沙龍哀哭，起身坐到城門邊，部下見他出來，都陸續來到他身邊。

押沙龍的死訊傳到以色列各地。人們又念及大衛的好處，紛紛重新承認大衛為王。耶路撒冷猶大人派人請大衛及臣僕反回，許多人到約旦河去迎接他，包括洗巴及其兒子、僕人。一些反對過他、罵過他的人都前來請罪，其中包括示每。他在大衛王要渡過約旦河時俯伏在他面前說：

「陛下，求你饒恕我在你離開耶路撒冷時所犯的悖逆罪。我知道我有罪，請不要再記住這件事……」亞比篩要求大衛處死他，大衛堅決反對。他說：「我是以色列的王，今天沒有一個以色列人會被處死。」他對示每說：「我保證不處死你。」

掃羅的孫子米非波設也來約旦河邊迎接他，在大衛離開耶路撒冷期間他沒洗過腳、修過臉，也沒洗過衣服。他對大衛說，他僕人製造謠言誣告他，他本叫僕人備驢隨王走的，但遭僕人的欺哄。大衛叫他不必舊事重提，讓他和洗巴共同分享掃羅的財產。米非波設則主動提出把財產都讓給洗巴，他只求陛下平安回宮就滿足了。

基列人巴西萊也從羅基琳來迎接大衛王過河。他已是八十歲高齡的老人，家境富有。當大衛在瑪哈念時，他曾供給大衛食物。大衛約他一同去耶路撒冷。巴西萊說，他年事已高，無法再去耶路撒冷，只求死後安葬在父母墓旁。他把他兒子金罕交給大衛，讓他按他的心願待他。王答應了，並與巴西萊吻別，爲他祝福。

大衛回到王宮後把十名與押沙龍共寢過的嬪妃打入冷宮，軟禁起來。她們都淒淒涼涼地度過了餘生。

57 大衛立所羅門爲王

大衛到了老年，身子發冷，雖整日蓋毯子也無用。他的大臣們爲他找了一位漂亮的書念少女亞比煞伺候照顧他，但大衛已無力與她親近。

大衛與哈及所生的兒子亞多尼雅長得很英俊，深得父王恩寵。不過他也是個野心勃勃的人，一心想奪取王位。他爲自己裝備五十個人的衛隊。約押和祭司亞比亞他都支持他。

一天他在隱羅結水泉附近的「蛇石」獻祭，請來了所有大衛王的兒子和大臣，只是不請其同父異母的弟弟所羅門以及反對他的先知拿單等人。

拿單去見所羅門的母親拔示巴，對她說：「你聽說哈及的兒子亞多尼雅自立爲王了吧？大衛王尚不知此事，如你要救你和你兒子的性命，最好立即去見大衛王，問他：『陛下，你不是鄭重答應過立所羅門爲王，怎麼現在亞多尼雅作了王？』然後我就進去爲你作證。」

拔示巴來到大衛那裡，向王跪下。王問她幹什麼，她就按拿單的話說，還告訴大衛王，亞多尼雅在隱羅結請諸王子和約押、亞比亞他等人及一些大臣們，卻沒有請所羅門和拿單等人。拔示巴並說：「我王，以色列人都眼巴巴等您宣布您的王位繼承人，否則在您千秋後，我和所羅門都必被列爲罪人了。」

還沒等拔示巴與王說完，先知拿單進入宮中，向王下拜說：「陛下，您宣布亞多尼雅爲王位繼承人嗎？今天他獻祭，大宴賓客，請了統帥約押和祭司亞比亞他。他們都高呼：『亞多尼雅王萬歲！』但是亞多尼雅沒請我、祭司撒督、比拿雅和所羅門。您是否同意了此事？怎麼不告訴大臣們誰繼承王位？」

大衛聽後，對亞多尼雅背著他自立為王十分氣惱。他向拔示巴發誓要所羅門繼承他的王位。他叫所羅門騎上他的驢，又命令祭司撒督、先知拿單、比拿雅護送所羅門去基訓水泉，膏立他為王，然後將所羅門護送回宮，登上他的寶座。他們都一一遵從。所羅門騎著大衛的驢子，到基訓水泉旁，祭司撒督用聖油膏立地，然後吹號，民眾都高喊：「所羅門王萬歲！」在所羅門回宮的路上，笛聲和民眾的歡呼聲連成一片，響徹雲霄。

此時正值亞多尼雅的宴席剛結束，賓客們聽見歡聲雷動，就問：「城裡發生什麼事？怎麼聲音這麼大？」話音未落，祭司亞比亞他的兒子約拿單衝進來說：「大事不好，大衛已立所羅門為王……所羅門已登基了。大臣們朝見大衛王說：『願所羅門的名聲比您更大。』大衛已為所羅門禱告祝福。」亞多尼雅和賓客們都驚恐萬分。亞多尼雅怕所羅門殺他，就到安放法櫃的聖幕，抓住祭壇的角說：「我要所羅門王向我發誓不處死我。」所羅門聽到後，派人向他傳話：「他若效忠我，我不會傷及他一根毛；如他要作亂，那就必死無疑。」所羅門讓人把亞多尼雅帶來見他，亞多尼雅向他下拜，所羅門就令他回家去了。

大衛立所羅門為王之後，心事已了，不久就去世了。臨終前他囑咐兒子所羅門要剛強，要遵守上帝的命令和誡命；不可放過約押，因他在和平時期濫殺無辜，故不容他壽終正寢；要善待巴西萊的兒子，因為他們在他危難時厚待過他；對咒罵過他的示每，他雖然發誓不殺他，但所羅門不可放過他，要找機會把他處死。大衛死後葬在大衛城。

亞多尼雅野心不死。他去見所羅門之母拔示巴，要她向所羅門提出，將大衛暮年時娶的書念女子亞比煞賜予他為妻。拔示巴不知亞多尼雅居心叵測，就為他向所羅門求情。所羅門一聽就知道亞多尼雅的用心。他對他母親說：「你為什麼要我把亞比煞給他？你不如索性叫我把王位讓給他吧。他已有亞比亞他和約押作後台啦！」所羅門深知只要亞多尼雅活著，就會對他的王位構成威脅，於是下命令叫比拿雅把亞多尼雅殺了。然後所羅門又把支持亞多尼雅的祭司亞比亞他遣返回家鄉亞拿突。

約押聽說亞多尼雅被殺，知道自己死期不遠，就逃到放法櫃的聖幕中抓住祭壇的角。比拿雅進入聖幕說：「王命令你出來。」約押說：「不，我要死在這裡。」比拿雅向所羅門匯報。所羅門說：「就按他的話殺了他。他瞞著我父親，把兩名比他好的無辜以色列統帥押尼珥和猶大統帥亞瑪撒殺了，他的殺人罪要永歸他的後代，大衛的後代不再為他的罪擔責。大衛的後代民將昌盛無窮。」於是比拿雅就去聖幕把約押殺死。所羅門委派比拿雅取代約押的位置，委派撒督代替亞比亞他的祭司職位。

所羅門又派人把示每召來，對他說，只准住在耶路撒冷，不准離開，一旦越過汲淪溪則必死無疑。示每便住在耶路撒冷。三年後，示每的兩名奴隸逃到迦特王瑪迦之子亞吉處。示每聽說後，就備了驢前往迦特，把兩名奴隸帶了回來。所羅門聽說示每離開耶路撒冷一事，就派人把他召來，以他違背王命為由，下令將示每推出去斬首。這樣，所羅門鏟除了他所有對手，徹底地鞏固了他在以色列的地位。

58 所羅門的智慧和財富

大衛為所羅門奠定了國富民強的基礎。所羅門登基後一片太平盛世。

一天，所羅門去基遍向上帝獻祭，那裡有很大的邱壇。耶和華上帝向他顯現，問他：「你要我賜你什麼？」所羅門說：「您挑選我為王，我的子民多不可數。求您賜給我智慧，使我能公正地治理他們。」耶和華上帝非常高興所羅門的選擇，便說：「你沒為自己求長壽、求財富，而只求智慧，能公正地治理人民。我要賜予你超過任何人的、空前絕後的聰明才智，我也要賜予你你所沒有求的長壽時日榮華富貴。」

此後，所羅門的智慧遠近皆知。他曾作了三千句箴言和一千零五首詩歌，他對各類植物和各種動物都很有研究，喜歡談論樹木花草，魚蟲鳥獸。世界各國君主都派人去聆聽他的智慧言論。

所羅門「智斷疑案」也成為以色列盡人皆知的言談——

一天，兩位妓女抱著一名男嬰來見所羅門。

第一個妓女說：「陛下，這女人與我同住一屋。我生一男嬰，過了兩天她也生一男嬰。一天晚上，她不小心壓死了自己的孩子，見我熟睡，就把死嬰放在床上，把我的孩子抱走放她床上。我醒來餵奶，才見孩子死了，仔細一看不是我的。」另一個妓女說，第一個妓女血口噴人，顛倒黑白，堅持這個男孩是她的。

所羅門見兩人爭執不下，就命令左右拿把刀來，並說：「把這活著的孩子劈成兩半，讓她們

兩人各得一半。」其中的一位聽後慌了，說：「陛下，你千萬別把孩子殺了，我不要了，你把他給那個女人吧。」另一個則說：「這孩子誰也別想要，把他劈了吧！」

所羅門聽了之後說：「不要殺這孩子，把孩子交給那位求我不要殺孩子的女人，她才是這孩子的眞正的母親。」人民對所羅門用智慧公正地判此疑案都非常欽佩。

上帝賜給了所羅門財富及國泰民安。所羅門在世時，全體以色列人和全猶太人民豐衣足食，生活很幸福。所羅門統治著幼發拉底河以西的所有大地，從該河沿非利士直至埃及邊境的所有國家都歸順他，向他進貢。他與鄰國均和平相處。埃及王將自己的女兒嫁給所羅門爲妻。

所羅門把他的國家分爲十二個地區，派遣得力的人充任官吏。他們按月供應所羅門宮廷一切所需和軍馬糧草等物。所羅門有四萬匹套戰車的馬匹和一萬二千匹騎兵用的馬。所羅門宮廷每天需要五千公升細麵粉、一萬公斤粗麵粉、三十頭肥牛、一百隻綿羊，還有鹿、羚羊、狍子和家禽等。

由於國富民強，所羅門有足夠的財力為耶和華上帝修建聖殿，這是大衛未實現的宿願。他與推羅王希蘭訂約，要求希蘭供應修建聖殿的木料，提供一流的能工巧匠；所羅門則供應他建築工人所需的麥子、橄欖油等物。聖殿在所羅門當以色列王的第四年第二月正式動工。直到他在位的第十一年第八月竣工，共用了七年零六個月。

聖殿共三層，十分雄偉壯觀。內部的壁和頂全用金子和香柏木板裝貼，地板是松木。安放法櫃的內堂是用純金貼的。還有兩隻用橄欖木做的外用金子包上的巨大的基路伯安放在聖所。聖殿所有的門也都用金包上，上雕刻著基路伯、棕櫚樹花卉等圖案。聖殿內還裝有銅柱、銅座、銅盆、金壇、金燈台等等。

一切就緒後，在七月住棚節時所羅門把上帝的法櫃抬入聖殿內，然後為民向上帝求福。他舉起雙手走上祭壇向上帝祈禱。再向上帝奉獻了二萬二千頭牛和十二萬隻羊。上帝第二次向所羅門顯現說：「只要你謹守律法，我必永立你及其後代為以色列王，直到永遠。如你們不服從我，去敬拜別的神，我將把以色列人趕出我賜予的土地……」

聖殿造完後，所羅門又花了十三年時間為自己造王宮，還為他的妻子——埃及公主專門新建一座王宮，王宮都修建得富麗堂皇。所羅門的寶座也是舉世無雙的，它全由象牙雕製而成，上面包上最純的金子，寶座前有六層樓梯，每層兩邊各有一對獅子，兩邊扶手也有一對獅子，寶座後面雕刻一個牛面。每年他都要收到二萬三千公斤以上的黃金及各種名貴貢品。

他的智慧和財富吸引了示巴女王。她帶著大批隨從和大隊駱駝，駱駝馱著香料、珠寶和大量黃金，來到耶路撒冷去見所羅門。她向所羅門提出各種最難回答的問題，所羅門都對答如流。示巴女王從沒見過如此智慧的人。當她參觀了王宮，見到桌上的美味佳肴及僕人們的衣著和聖殿的獻祭儀式後更是驚訝得目瞪口呆。

她對所羅門說：「我在國內聽到的不及見到的一半，你的智慧和財富要比別人告訴我的大得多。你的妻妾和臣僕多麼幸運，他們可以經常聆聽你的智慧語，讚美你的上帝，是祂使你做了以色列王，維持法律，伸張正義。」於是，示巴女王把她所帶來的禮物都贈給所羅門。所羅門也慷慨地回贈了她許多珍貴禮物。示巴女王帶著隨從滿意而歸。

59 所羅門王國分裂

所羅門晚年揮霍無度，妻妾滿堂。他共娶了七百位公主、三百個嬪妃。這些妻妾中有許多是外邦女子，她們引誘他去崇拜其他神明，於是所羅門不像他父親大衛那樣忠於上帝了，而去崇拜亞斯他錄、摩洛神等等，還爲那些神明建造崇拜場所，由此離棄了上帝。上帝兩次向他顯現，命令他不可去拜別的神，但所羅門都不聽。因此上帝發怒了，對他說：「你背棄我與你立的約，不守我的命令，我要把你的國奪走。但爲大衛之故，我不在你有生之年作此事，要等你兒子作王時才實現，但爲了耶路撒冷這座我選立的城，我會給他保留一個支派。」

上帝使以東王哈達與以色列敵對。哈達是大衛征服以東時逃往埃及的，他得到埃及的賞識，娶了皇后之妹爲妻。當大衛和約押去世後，他返回以東作王。上帝又使亞蘭人的王利遜與以色列人爲敵。

所羅門在位時最大的反叛者是他的臣子耶羅波安。他是十分能幹、工作極其負責的人。所羅門在修建耶路撒冷城牆時發現他是個人才，派他去監管以法蓮和瑪拿西支派的工程。一天耶羅波安從耶路撒冷出來，遇見先知亞希雅。亞希雅把自己穿的新衣服脫下撕成十二片，對耶羅波安說：「你拿十片去，因爲耶和華上帝說：『我要把所羅門的國奪走，給你十分支派，只要所羅門保留一個支派，因爲所羅門離棄了我，去拜外邦神……耶羅波安，我要立你作以色列的王……如你完全聽從我，實行我的命令，我就與你同在，就像我對大衛那樣。我要因所羅門的罪懲罰大衛後代，但這懲罰不是永遠的。』」

所羅門得知此消息後派人去殺耶羅波安，但耶羅波安已逃至埃及。不久所羅門去世。他共做以色列王四十年，死後被葬在大衛城。他的兒子羅波安繼位。

耶羅波安得知所羅門去世，就從埃及返回。當時新王羅波安正在示劍。耶羅波安與北方以色列各支派的人去見新王，對他說：「你父親所羅門使我們負重擔，如你減輕我們負擔，日子好過點，我們就歸順你。」羅波安說：「讓後考慮三天，再給你們答覆。」他去徵求元老們的意見，元老們都說：「王理應為民服務，民才會歸順效忠你。」但羅波安聽不進這些意見，他去問一些少壯派，他們主張加重人民負擔，狠狠鎮壓他們，於是他採納了他們的意見。

三天後，羅波安惡狠狠地對以色列北方各支派代表說：「我父親給你們重擔，我要給你們更重的擔；他用鞭子打你們，我要用蠍子鞭打你們！」以色列人民見他如此蠻橫無禮，就在耶羅波安領導下反叛了。北方以色列各支派擁立耶羅波安為王。羅波安只得從示劍逃回耶路撒冷。

羅波安不甘心，召集猶大和便雅憫支派的十八萬精兵要去攻打北方以色列支派。上帝派先知示瑪對他們轉告上帝的話：「不可攻打你們的兄弟以色列人，你們各自返家。」他們都聽從了。這次戰爭是避免了，但從此以色列國和猶大國一分為二。以色列國有十個支派，猶大國只有一個支派，即猶大支派和便雅憫支派。

60 獅子噬神人

耶羅波安作以色列王之後，在示劍城築堡壘設防。他怕人民仍上耶路撒冷獻祭，對他不忠心，於是鑄造兩隻金牛，一隻放在伯特利，一隻放在但，讓人民去敬拜。八月十五日，他向設在伯特利的金牛獻祭，並自己立祭司。

一位神人奉上帝之命從猶大趕往伯特利，對正在祭台前燒香的耶羅波安說：「祭壇啊！耶和華上帝說：大衛家族要生一孩子名叫約西亞，他要在異教祭壇前，即你的祭台前，把燒香的祭司殺了。這祭壇要被粉碎，上面的灰要傾倒下來。」耶羅波安聽見後，命人抓住他。但耶羅波安的手臂立即癱瘓，祭壇突然倒坍，灰撒了一地。

耶羅波安大驚，要求神人爲他禱告，治好他的手臂。神人爲他作了禱告，他的手臂頓時痊癒。耶羅波安請他共餐，神人說：「你就是把財產的一半給我，我也絕不與你一起吃喝。上帝命令我不得吃喝，也不得走原路返回。」說完他選擇另一條路揚長而去。

伯特利有位老先知聽說猶大來了神人發預言，就要兒子備驢，匆匆騎上去追趕他。他見到神人坐在一棵橡樹下，就問他是否是從猶大來的神人？對方說：「是。」老先知就盛情邀他回去與他共餐。神人說，上帝不許他跟他們吃喝。老先知騙他說：「我也是先知，剛才一位天使奉上帝之命，要我把你帶回去一起吃喝。」神人信以爲眞，當即與老先知返回，一起吃喝。席間，上帝藉著老先知之口說：「上帝說：你不聽上帝的命令，你在我不准你吃喝的地方吃喝，你會被殺，屍體都不能葬在你家族的墳中。」等神人吃喝完了，老先知為他備好驢，他騎上就走了。

在路上，他遇到獅子，被獅子咬死。但獅子並不吃他，而是與他的驢子共守在他的屍體旁。老先知聽說此訊後說：「那是違背耶和華上帝命令的神人，上帝讓獅子咬死了他。」於是他騎上驢匆匆趕到那裡，見獅子和驢子仍在旁守著，便把屍體放在驢背上葬在自己家族的墓地，對他兒子說：「我死後，把我也葬在這墳墓中。他奉耶和華之命所說的攻擊伯特利祭壇的話，定會在所有撒馬利亞和伯特利的壇實現。」

耶羅波安沒有因猶大神人的警告而有所收斂，仍繼續任意選立祭司。他的罪最終導致他的王朝沒落。

耶羅波安兒子在亞比雅得了病，耶羅波安讓其妻喬裝打扮，使人認不出來，然後叫她帶著禮物去示羅找先知亞希雅，求問其子命運。亞希雅年已老邁，雙目失明，上帝告訴他耶羅波安的妻子將到。不久喬裝打扮的耶羅波安妻子來到他面前。亞希雅說：「你為什麼要喬裝打扮？我有壞消息告訴你，你告訴耶羅波安，上帝說：『我挑選你為以色列王，你卻離棄我，造偶像，你比你以前的統治者犯了更大的罪。我要降災於你的王室，所有男子一律滅除。死在城裡的一定被狗吃了；死在郊外的則被老鷹吃掉。現在你回家去吧，你一進城，你兒子就死了……上帝要遺棄以色列，因為耶羅波安犯罪，他使以色列人民陷在罪中。」

耶羅波安的妻子回到得撒，剛進家門，兒子便死了。以色列人為他哀哭，把他埋了。耶羅波安在做王二十二年後也死去。此後他的繼承人——他的兒子拿答繼位，僅兩年就被薩迦人巴沙殺死，奪了王位，巴沙還將耶羅波安全家殺死。

61 先知以利亞和亞哈王

巴沙統治以色列二十四年。其子以拉只在位二年就被管理戰車的軍官心利殺死。心利篡奪了王位，但他僅在得撒爲王七天，統帥暗利便帶兵圍攻得撒。心利見城陷落，便放火燒宮殿，把自己也燒死了。暗利與提比尼爭奪王位，最後獲勝，作了以色列王。他在位十二年，修建了撒馬利亞城。暗利死後，其子亞哈登基。他犯的罪，超過以往任何一位以色列王。他娶了西頓王謁巴力之女耶洗別爲妻，敬拜巴力神，避在撒馬利亞城建造巴力廟。耶和華上帝對他的怒氣超過他對以前的以色列諸王。上帝懲罰他，長期不降雨。

一位居住基列的提斯比人先知以利亞去見亞哈王說：「我指著永生的耶和華起誓：這幾年內我若不祈禱，必不會降雨。」爲使以利亞逃避亞哈王的迫害，耶和華叫以利亞逃到約旦河東邊基立溪邊藏起來，說：「你可喝溪中的水，我已命令烏鴉送食物到那裡給你吃。」

以利亞聽從耶和華吩咐，就住在基立溪邊，喝溪中水，烏鴉每天早晚兩次給他送餅和肉。過了一段時間，因天旱不下雨，溪中的水也乾了。耶和華又叫他前往西頓的撒勒法，並說：「我已吩咐那裡的一個寡婦供養你。」

以利亞到了撒勒法，在城門口見一寡婦在撿柴，便向她要水喝，然後又向她要餅吃。寡婦說：「我確實沒餅，只有碗裡的一把麵粉和一點點橄欖油。我撿柴就是爲了要做我們母子倆最後這頓飯，以後只有等著餓死了。」以利亞說：「別擔心！去做你的飯吧，先給我做一塊小餅，再用剩下的給你和你兒子做，因爲耶和華上帝說：直到耶和華降雨的日子，碗內的麵粉不會少，油也用不盡。」寡婦就按以利亞的吩咐去做，果然麵粉和油始終取之不竭。

過了一段時間，寡婦之子得病死了。寡婦對以利亞說：「你是上帝重用的僕人，難道你來是使上帝記住我的罪，讓我兒子死的嗎？」以利亞從寡婦手中接過孩子，抱到樓上他的床上，大聲禱告說：「耶和華我的上帝，您爲何降災禍給這寡婦？她一直好好待我，您卻叫他兒子死！」以利亞三次伏在孩子身上求上帝使孩子還魂。上帝垂聽了以利亞的禱告，使孩子復活了。寡婦知道以利亞確實是上帝所重用的僕人。

到大旱第三年，耶和華上帝叫以利亞去見亞哈王，說祂要降雨了。以利亞前去見王。亞哈見到他就說：「原來你在這裡，你這個使以色列遭殃的人！」以利亞說：「我不是使以色列遭殃之人，你和你父親才是！你不聽從耶和華上帝的命令，去隨從巴力。現在你把所有以色列人都召集到迦密山見我，帶著耶洗別王后所供養的四百五十名巴力先知和四百名女神先知一起來。」

以色列人和巴力先知都聚集到迦密山。以利亞對民眾說：「你們要到何時才拿定主意？如果耶和華是上帝就敬拜祂，如巴力是上帝就去敬拜巴力。」民眾一言不發。以利亞又說：「現在耶和華上帝的先知只剩我一人，而巴力則有四百五十名先知。你們帶兩頭公牛來，一頭給我，一頭給巴力先知，然後各自把牛切碎後放在柴堆上，都不要點火，讓巴力先知向他們的神禱告我也向耶和華禱告，那降火應答禱告的就是上帝。」民眾都高呼贊同。

牛和柴堆都準備好了，以利亞先知讓巴力先知向巴力祈禱降火。他們不斷高呼巴力答應他們的請求，還圍著祭壇跳舞，巴力毫無反應。到中午時，以利亞挖苦他們說：「大聲點祈禱，也許祂上廁所，或外出旅行了，或睡著了，快把祂叫醒！」巴力先知們大聲狂呼亂叫，並按他們的儀式用刀劍把自己砍傷，血流滿身，但直到晚上也仍無一點音訊。

以利亞把民眾叫到他這邊。他先把毀壞的耶和華祭壇修好，用十二塊石頭代表以色列的十二支派，用它們修建敬拜耶和華上帝的祭壇，又在壇的四周挖了溝，然後把柴放在壇上，把牛切成碎塊放在柴上，又命人挑了四桶水倒在祭物和柴上，這樣連接倒了三次，使壇周圍的溝中都是水。以利亞在祭壇前向耶和華上帝祈禱說：「耶和華啊，亞伯拉罕、以撒、雅各的上帝，求您顯明是以色列的上帝，使這些人知道您耶和華是上帝，使他們回到您這邊。」

頓時耶和華降下火來，燒了祭牲、濕柴，燒焦了石頭和地面，燒乾了溝裡的水。民眾見了都撲在地上高呼：「耶和華是上帝！唯有耶和華是上帝！」

以利亞下令抓住巴力先生，不要讓他們逃跑，民眾一湧而上把他們抓住。以利亞把他們帶到基順河邊殺了。

以利亞叫亞哈王快去吃東西，因為雨將來臨。以利亞爬到迦密山頂，向上帝祈雨。不一會果然烏雲密布天空，接著大雨傾盆而下。以色列的旱情終於解除了。

亞哈王把以利亞如何處死巴力先知一事詳告耶洗別。耶洗別揚言要殺死以利亞。以利亞只得帶著僕人逃往猶大的別是巴。然後他留下僕人，隻身向前走了一天路程來到曠野，向上帝祈禱說：「耶和華啊！我受不了了，讓我死了吧！」他躺在樹下睡著了。天使把他叫醒，給他餅和水吃，他吃足喝飽後，又走了四十天來到聖山何烈山，在山洞過夜。當夜上帝對他說：「你回大馬色去，膏立哈薛作亞蘭王，膏立耶戶為以色列人王，膏立以利沙為先知接替你。」

於是，以利亞離開聖山，前去找以利沙。他見以利沙正在趕著一對牛耕地。以利亞走到以利沙身邊，脫下外衣披在他身上。以利沙就告別了父母跟隨他走了，成爲他的得力助手。

亞哈王宮附近耶斯列的地方有一片葡萄園，屬於百姓拿伯的。亞哈一直想把這片園子呑併了改成菜園子。他找拿伯商量，要給他一個更好的葡萄園作交換，或出價買下。但拿伯不肯出讓這塊祖產。亞哈爲此悶悶不樂，面對牆躺著，不吃不喝。耶洗別問他出了什麼事，他就把拿伯不肯轉讓葡萄園一事說了。耶洗別說：「嘿！你不是以色列王嗎？我一定把拿伯的葡萄園交給你。現在你起來，高高興興地去吃飯。」

耶洗別以亞哈的名義寫信給耶斯列的一些顯貴和長老，要他們宣告禁食一天，召集民衆請拿伯坐上位。然後她叫兩名無賴當面控告拿伯，說他辱罵了上帝和王，把拿伯拉出城外用亂石打死。他們就按耶洗別的指示辦，打死了拿伯。耶洗別得知拿伯已死，就讓亞哈去接受拿伯的那片葡萄園。

耶和華上帝叫以利亞趕到葡萄園去見亞哈傳神諭。亞哈見到以利亞很害怕，說：「我的冤家，你來找我嗎？」以利亞說：「是，我就是來找你的。你行了耶和華認爲惡的事。耶和華上帝對你說：『你殺了人，還想侵占他的產業嗎？狗在什麼地方舐拿伯的血！我要降災於你，滅除你和你全家所有男人。』耶和華上帝將讓狗把耶洗別的屍體吃了。你的親屬死在城裡的要給狗吃了，死在郊外的要給老鷹吃了。」

亞哈聽後撕裂了衣服，換上麻衣，不吃不喝，垂頭喪氣地來回走。耶和華對以利亞說：「你見亞哈在我面前這樣謙卑沒有？因此我不在他活著時降災，等他兒子執政時再降災於他家族。」

過了兩年，亞哈想約猶大王約沙法共同攻打基列的拉末。他召集四百名先知問該不該去攻打，他們都異口同聲表示贊成出師。他後來又去請教先知米該雅。米該雅預言此次出師必敗，並說：「耶和華上帝使你的先知說謊，祂已命定你落災禍。」亞哈聽了便命令將米該雅抓起來，說等他出師平安回來再與他算帳。

以色列王亞哈與猶大王約沙法共同去攻打拉末城。亞哈讓約沙法仍穿王袍，而他改穿普通軍服。亞蘭王吩咐三十二名戰車指揮官專打以色列王。他們見約沙法穿王袍就去圍攻他，但約沙法一喊叫，他們認出這不是以色列王亞哈，就轉身不再攻他。正值此時，亞蘭一士兵隨手發一箭，正中亞哈王甲衣接縫處，他傷勢很重，退出陣地。當他被扶到戰車上時，血流不止，傍晚時分便死了。他的屍體葬在撒馬利亞。

接替亞哈王位的是他兒子亞哈謝。一天他從撒馬利亞宮頂陽台上摔下來，受了重傷，派人去求問非利士以革倫城的神巴力西卜。耶和華上帝派以利亞見王的使者，責問他為什麼去求問非利士神。以利亞還叫使者轉告亞哈謝說：「耶和華說：『你的傷好不了，你必死！』」使者將此話轉告王。王問：「說此話的人什麼模樣？」使者說：「穿獸皮外衣，束著皮帶。」王說：「那就是以利亞。」於是他派一名軍官帶領八十人去捉拿以利亞。他們見到以利亞坐在山丘上，那軍官就說：「上帝重用的神人，王命令你下來。」以利亞說：「如我是神人，願火從天降，燒死你及你部下。」

大火立即降下，將他們燒死了。亞哈謝又派一名軍官帶五十名士兵去追，也都被燒死。他又派第三批軍官和五十人去追。這位軍官上山，跪在以利亞面前求他可憐他及其部下，因此沒被燒死。耶和華上帝的使者叫以利亞跟他們去見王，不要害怕。以利亞便當替王的面重複了耶和華的話。不久，亞哈謝便死了。

耶和華要接以利亞上天了。以利亞對以利沙說：「你留下吧，耶和華吩咐我去伯特利。」以利沙一定要跟他去伯特利。他們到了伯特利，以利亞又說要去耶利哥，叫以利沙留下。以利沙不肯，又一定要跟他到耶利哥；到了耶利哥，以利亞說要去約旦河，又要以利沙留下。以利沙堅持跟他走。來到約旦河邊，以利亞脫下衣服，捲起來用它打水，水就分開。

以利亞與以利沙從河床乾地上走到對面。以利亞問以利沙：「在我被接去前你要我爲你做什麼？」以利亞說：「請把你的能力雙份給我，使我成爲你的繼承人。」以利亞說：「這是很難的，但如果你看見我被接去，你就會得到，否則你就得不到。」他們一邊談一邊走。忽然，一匹火馬拉著火車來到他們中間，以利亞被一陣旋風接到天上去了。以利亞高呼：「我父呀！我父呀！以色列有力的保護者啊！」從此他再也見不到以利亞了。

以利沙悲傷地把衣服撕成兩半，撿起以利亞掉在地上的衣服。當他來到約旦河，用他師傅的衣服打水，水就分開了，他就走到河對岸去。從耶利哥來的五十個先知見了說：「以利沙的身上有以利亞的能力了。」

62 以利沙行神蹟

以利亞被接到天上後，以利沙就孤零零地一人來到耶利哥。有人來見他，說該城城內水不好，土產未熟就掉落，人畜也都流產。以利沙讓人拿一新碗，碗內放上鹽，然後他來到泉水邊，把鹽倒入水中說：「耶和華上帝說：『我使水純淨，不再造成死亡和流產。』」從那時起，水就純潔了。

他從耶利哥到伯特利，路上遇見一群年輕人譏笑他，大喊「禿子，滾開！」以利沙轉過身奉耶和華的名咒詛他們，立即有兩隻熊從樹林中出來，把其中的二十四人撕碎了。以利沙以後又到迦密山，撒馬利亞等地。

有一寡婦，其夫死前也是位先知。她去見以利沙，求以利沙幫助，因爲債主逼債，如還不清債務就要把她兩個孩子拉去當奴隸。以利沙問她家中還有什麼東西？她說只有一小瓶橄欖油。以利沙叫她向鄰居多借些空瓶，然後叫寡婦和她的兩個兒子進屋，關上門，把油倒進瓶子。他們依言行事，那一小瓶橄欖油竟源源不斷地流出，直到裝滿所有空瓶。以利沙讓他們把這些橄欖油賣了還債和維持生活。

以利沙每次去書念，一位有錢的婦人總請他吃飯。她還以爲以利沙準備了一間屋子，作爲他在書念的休息地。以利沙有心報答她，讓僕人去了解她需要什麼。僕人說：「她沒兒子，丈夫又老了。」以利沙就把婦人叫來，對她說：「明年此時你將抱兒子。」婦人深表懷疑。第二年她果然得子。

數年後，在收割農作物的一個早上，孩子忽然喊頭痛，到中午就死了。當時以利沙在迦密。婦人把兒子抱到她為以利沙準備的那間屋子的床上，然後匆匆騎驢前往迦密山找以利沙。以利沙見她愁容滿面地來到，問她發生了什麼事。婦人說：「我向你求過兒子嗎？我不是對你說，不要燃起我的希望？現在他卻死了。」以利沙命僕人快去拿手杖，叫他路上不要與人說話和回答任何人的問話，趕往書念把手杖放在孩子臉上。婦人和以利沙隨後上路。僕人把以利沙的手杖放在孩子臉上，卻不見一點動靜。過了一會兒以利沙趕到，他關上門，口對口，眼對眼，手對手地伏在孩子身上，孩子的身體開始變暖。以利沙站起來在屋內來回走動，再伏到孩子身上，孩子連打七個噴嚏，睜開了眼睛。婦人進來跪拜在以利沙腳下，感謝他的救命之恩。

以利沙還行了使毒湯變為無毒，用二十張餅餵飽了一百人等奇蹟。

亞蘭王的元帥乃縵長了大痲瘋病。一位他從以色列擄來的婢女告訴她的女主人，撒馬利亞有位先知必能治好主人的病。乃縵向國王報告，亞蘭王讓他去以色列治病，還叫他帶了一封給以色列王的信。信中要以色列王治好乃縵的病。乃縵帶著三萬塊銀子、六千塊金子和十套精緻的衣服前往以色列。

以色列王見到亞蘭王的信十分著急，撕裂了衣服，以為是亞蘭王尋釁，向他挑戰。以利沙得知後打發人去對王說，叫乃縵直接找他。

乃縵趕著馬車、帶著馬匹來到以利沙家門口。以利沙叫僕人對乃縵說，去約旦河洗七次澡，他的大痲瘋就會好的。乃縵十分生氣，說：「我想他至少應該出來見我，向他的上帝禱告，在我病患處摸摸，醫治我病。大馬色的亞罷拿河和法珥法河豈不比以色列的水好？我就不可以在那裡洗澡得痊癒嗎？」

說完就怒氣衝衝地走了。乃縵的僕人勸主人不妨先按先知的話去做。乃縵聽從了，按以利沙的吩咐去約旦河洗了七次澡，果然他的大麻瘋痊癒了，長出了新肉。乃縵帶著隨從和禮物，去感謝以利沙。他說：「我現在明白了，除了以色列的神外別無他神。請收下我的禮物。」以利沙堅決不收。乃縵說：「你不想的話，那就請讓我裝兩頭驢子所能馱的泥土回家去。從今後，我只向耶和華獻祭。只是當我隨我主人進臨門廟叩拜時，希望耶和華饒恕我。」說完乃縵就告辭了。

以利沙的僕人基哈西見主人不肯收乃縵的禮物，心懷不滿，便去追乃縵。乃縵問他有何事？他說：「沒什麼，只是我主人派我來告訴你，有兩位先知剛剛從以法蓮山地來，他希望你給他們三千塊銀子和兩套精緻衣服。」乃縵說：「你拿六千塊銀子去吧！」他便把銀子紮了兩口袋，連同兩套精緻衣服，叫自己的僕人在基哈西前面抬著走。當抬到以利沙住的小山時，基哈西把兩袋銀子搬進屋裡，然後打發乃縵的僕人回去。基哈西回到屋裡，以利沙問他去了哪裡，他說沒去哪裡。以利沙說：「那人從馬車下來見你時，我的靈不是在那裡嗎？這不是接受人家銀錢、衣服、橄欖園、葡萄園、羊群和牛群的時候！現在乃縵的大麻瘋病必長在你及你的後代身上。」基哈西退下時就全身患了大麻瘋。

亞蘭王攻打以色列數次，但他們的埋伏地以色列人都事先知道，使他們的計謀沒得逞。亞蘭王為此感到困惑，不知誰走漏了風聲。他的臣僕中有人告訴他：「是以利沙先知告訴以色列王的。他把你在屋內的私人談話都聽到了。」亞蘭王下令抓以利沙。有人告訴他以利沙在多坍，於是他們出動大批兵馬，包圍那城。

第二天，以利沙的僕人見到成千上萬的亞蘭人馬包圍了多坍城，非常害怕。以利沙說：「不要怕，我們的人馬比他們的多。」他祈禱上帝使僕人開眼，僕人向上一看，見以利沙周圍布滿了火車火馬。

亞蘭人進攻多坍時，以利沙祈禱上帝使他們眼睛變瞎，然後以利沙對他們說：「你們走錯了路，這不是你們要打的城，跟我來，我帶你們去找你們要找的人。」以利沙把他們帶到撒馬利亞後才使他們恢復視力。

撒馬利亞人見到亞蘭人，就問以利沙是否要殺他們。以利沙說：「不！戰場上的俘兵不可殺。要給他們吃喝，放他們回去。」於是，以色列王爲亞蘭人大擺宴席然後遣送他們回去。

過了一段時期，亞蘭王便哈達帶領全軍圍困以色列首都撒馬利亞城，城內糧食和食品奇缺，物價飛漲，二百公斤野　竟值五百塊銀子。一些貧民百姓互相易子爲食。王聽後十分痛心，穿上麻衣，把這一切都歸罪於以利沙，派人要把以利沙殺了。以利沙正與幾位長老在屋內說話。他已預知此事，便對長老說：「王派人來殺我，快把門關上，不要讓他進來。」話音未落，使者及王已到門口。王說：「耶和華降災於我們，我們爲什麼還要求幫助呢？」以利沙在屋內答道：「要聽耶和華的話，明天此時你們用一塊銀子就能買到三公斤最好的小麥或六公斤大麥。」一位王的侍者說：「這絕不可能，即使耶和華立即降下五穀也不可能！」以利沙對侍者說：「你一定能見到此事發生，但你本人吃不到。」

耶和華上帝使亞蘭人聽到大隊兵馬和戰車的聲音。亞蘭人以爲以色列人僱用赫人和埃及人的兵車攻打他們，於是丟下帳篷、馬匹、驢子及一應物資逃命。

有四位得大痲瘋病的瀕臨餓死的以色列人打算向亞蘭人投降以保命。當他們來到亞蘭人營地，見帳篷內空無一人，於是便坐下又吃又喝，然後去拿金、銀、衣服等。四人必上帝懲罰，趕快把這消息告訴撒馬利亞城人，由他們轉告了國王。國王懷疑是亞蘭人的計謀，但一臣僕說：「反正城內居民都快死了，何不打發幾人騎上五匹僅剩下的馬去看看究竟。」王同意了，派人察看，果然是一空營。撒馬利亞人湧出城外，把亞蘭人營地劫掠一空。一夜之間，撒馬利亞的三公斤最好的麥子，以及六公斤大麥只賣一塊銀子。

以色列王派他的侍從到城門口維持秩序，結果這位侍從竟被人群踩死。這正應了以利沙的話：「看得見，吃不著。」

以利沙去大馬色時，恰逢亞蘭王便哈達患病。王得知以利沙在該城，便讓他的大臣哈薛帶禮物去見他，求問他的病會不會痊癒。哈薛帶了大馬色最好的出產，用四十匹駱駝裝上，去見以利沙。以利沙對他說：「耶和華說，王會死，但你回去告訴他，他會好起來。」接著以利沙盯著哈薛看，然後落下眼淚。哈薛問他為何哭？以利沙說：「因為我知道你會十分殘忍地對待以色列人，會用火燒他們的堡壘、屠殺青年、摔死兒童、剖開孕婦。」哈薛說：「我算什麼，不過像條狗，怎麼能幹出此等大事？」以利沙說：「耶和華上帝告訴我，你將作亞蘭王。」哈薛回去後便對哈達說，他的病會好的。

第二天，哈薛拿一條浸過水的毯子把王悶死了，他便接替便哈達當了亞蘭王。

以利沙得了絕症。以色列王約阿施去看望他，邊哭邊喊：「我父啊！我父！以色列的保護者啊！」以利沙叫王去拿弓箭，打開朝東的窗戶。以利沙把手放在王的手上，下令射箭。王的箭一射出去，以利沙就說：「這是耶和華得勝的箭，是戰勝亞蘭人的箭。你必將在亞弗攻打亞蘭人，直到戰敗他們。」著以利沙叫王用其餘的箭擊地，王擊了三下就停了。以利沙很不高興地說：「你應擊打五、六次，才能徹底戰勝亞蘭人，現在你只能贏他們三次。」

以利沙死後摩押人侵犯以色列。一次，有人正在埋死人，忽見摩押人來犯，便把屍體丟進以利沙的墳墓跑了。屍體一接觸以利沙的骸骨立即復活，站了起來。

63 亞他利雅篡權

猶大王亞哈謝在二十二歲時登基，其母爲亞他利雅，是以色列王暗利的孫女。亞哈謝在耶路撒冷爲王一年，便與以色列王約蘭共同去攻打亞蘭王哈薛。

正值此時，約蘭手下的一位軍南曾耶戶反叛，自立爲王。約蘭駕馬出逃，被耶戶射中死去。亞哈謝見狀也騎馬從園亭之路逃跑。耶戶在後緊追，在靠近姑珥的以伯蓮地方，耶戶的部下射傷了他。馬帶著身負重傷的亞哈謝急馳，到了米吉多城他就死了。

亞哈謝之母亞他利雅聽說兒子被殺，便下令處死王室的繼位者，由她獨攬大權。唯有亞哈謝的兒子約阿施被亞哈謝的同父異母的妹妹約示巴救出。她把小王及其奶媽藏在聖殿的一間寢室內才躲過這場災難。約示巴偷偷地在聖殿內照顧小王子達六年之久。

到第七年，祭司耶何耶大在聖殿召見王室衛隊軍官們，要他們發誓按他的計畫行事。他把小王約阿施帶到他們面前，命令他們將安息日值班人員分爲三隊：一隊守王宮；一隊守蘇珥門；一隊守其餘的門。另外，不值班的兩隊要嚴守聖殿，保護幼主，不得讓人靠近他。

軍官們都遵照祭司耶何耶大之吩咐，各司其職。耶何耶大把以前大衛王放在聖殿的矛和盾交給軍官，派護衛守聖殿，保護幼兒。然後帶約阿施站在聖殿前，把王冠戴在他頭上，又把律法書交給他，膏立約阿施爲王。民衆均高喊：「願王萬歲！」

亞他利雅太后聽到守衛和民衆的歡呼聲，急忙趕到聖殿，見新王按規矩站在聖殿進口的柱子旁，軍官、號手、民衆都圍著他歡呼。她悲痛地撕裂衣裳，高喊：「反了！反了！」耶何耶大命令軍官抓住她，把她帶離聖殿殺了。

約阿施自七歲登基到去世爲止，共統治耶路撒冷四十年。

64 北國被滅、南國猶存

以色列王一個個地更迭。許多王效法耶羅婆女，行耶和華眼中爲惡之事，背棄耶和華，得罪了上帝。以色列的鄉村、城鎮、山崗、樹蔭下都修建了巴力神廟、亞舍拉女神像或金牛等。他們不遵守上帝誡命，敬拜偶像。耶和華上帝向以色列人發怒，決心趕散他們，只剩猶大國。

在何細亞當以色列王時，亞述王撒縵以色前來攻打以色列。何細亞投降了，每年向亞述王進貢。但過了幾年何細亞派人去見埃及王梭，向他求免，不再向亞述進貢。於是，撒縵以色帶兵前來，抓住何細亞，把他關押起來，並圍攻撒馬利亞達三年之久。他在何細亞在位第九年時攻陷該城，把以色列人擄往亞述，安置在哈臘與歌散的哈博河邊。

亞述王把巴比倫、古他、亞瓦、哈馬和西法瓦音等地的人民遷移到撒馬利亞等各城市，代替被擄的以色列人。這些外邦移民剛進以色列時不敬拜耶和華上帝，上帝就派獅子咬死他們中不少人。有人告訴亞述王說移民不懂當地神明的規矩，被神派來的獅子咬死，亞述王便下令讓一位被擄來的撒馬利亞祭司回以色列。他就住在伯特利，教導移民如何拜耶和華。

但這些移民仍在以色列各地建造偶像，並把各自的偶像帶到以色列人建的寺廟中。他們既拜耶和華上帝，也拜本國自己的神明。直到今天他們的子孫仍保持這一風俗。

亞述在滅了以色列以後，亞述王西拿基立又去攻打猶大設防城鎮，占領了它們。當時猶大由希西家任王。他效法先祖大衛，做耶和華喜悅之事：除去丘上的寺廟，拆毀石柱，砍倒亞舍拉女神木柱，打碎摩西所造的銅蛇，謹守耶和華上帝的一誡命。上帝使他一切順利，打敗了非利士人並占領了他們的土地。他也不肯屈服於亞述王，但如今見亞述大軍壓境，只得派人求和。亞述王提出要一萬公斤銀子和一千公斤金子，希西家便把聖殿和王宮中的銀子和包聖殿門和柱的金子等都刮下來，一起送給西拿基立。

儘管如此，亞述王仍派三位大將領兵去攻打耶路撒冷。當他們到達該城城牆外，就派人召希西家王。王派了三位大臣與他們談判。亞述一員大將用亞蘭語對他們說，亞述王想知道希西家為什麼有這麼大的自信。他還代亞述王問道：「誰能幫你反叛亞述？言語不能代替軍事實力。你期望埃及人幫忙無異是用蘆葦當手杖，它會折斷並刺你的手……你以為我沒有耶和華上帝的幫助就能毀滅你的國家？是耶和華親自告訴我來攻打、毀滅你的地方。」

希西家的三位大臣請他們不要用亞蘭語說，因為城牆上有許多百姓聽不懂。於是，亞述的一員大將站起來，用希伯來語對百姓高喊：「你們要聽亞述王的話，不要受希西家欺騙，他不能救你們。也不要聽信他去依靠耶和華，耶和華不會救你們，也不會阻止亞述軍隊占領你們的城市。亞述王命令你們出來投降……有哪一個國家的神明救過他們的國家脫離亞述王的？……誰救過撒馬利亞？……難道耶和華能救耶路撒冷？」猶大百姓都遵照希西家的命令，安安靜靜地聽著，一言不發。

希西家聽了大臣匯報，非常悲憤，撕裂了衣服，披上麻衣，進入耶和華聖殿。他派人穿著麻衣去請先知以賽亞，說：「今天是國難日，我們都在恥辱永生的罰中……亞述王差元帥侮辱永生的上帝。請你求告上帝，看顧我們殘存的人民。」以賽亞請來人回覆國王，叫他不必驚惶，說亞述王將聽信謠言返回本國，他將在本土被殺。

亞述王帶領部分人馬去攻打附近的立拿城，並寫信給猶大王希西家，叫他別受他信靠的神的騙，趕快投降。希西家在聖殿把亞述王的信向耶和華展開、向上帝禱告。以賽亞派人告訴希西家，耶和華上帝已垂聽了禱告，亞述王和他的軍隊絕對進不了城。

當晚，耶和華的天使進入亞述人營中，殺了十八萬五千名兵士。第二天，遍地是屍首。亞述王西拿基立只得帶殘兵返回尼尼微。不久他在膜拜尼斯洛神時，他的兩個兒子殺了他，並逃到亞拉臘去了。他的另一子繼承了王位。就這樣耶和華上帝保全了猶大國。

65 耶路撒冷陷落、聖殿被毀

希西家去世後，其子瑪拿西作猶大王，又行耶和華眼中爲惡之事：修復丘上寺廟、築壇拜巴力、造亞舍拉女神像、拜星辰。他領著猶大人拜偶像，敵對耶和華。他還殺了許多無辜百姓，使耶路撒冷血流成河。耶和華藉著先知宣布：「瑪拿西王做了這些可惡的事，比迦南人還壞……我要懲罰耶路撒冷，清除它的居民，就像我懲罰撒馬利亞一樣……」

瑪拿西在位共五十五年。在他之後的幾位猶大王有惡有善。

在約西亞作猶大王時，大祭司希勒家在聖殿發現了律法書。他與王室祕書沙番向王念了律法書後，約西亞大爲驚慌，撕裂了衣服，因爲他沒按律法書去做，怕受上帝懲罰。

約西亞馬上在聖殿召集猶大和耶路撒冷首領及全體人民，高聲宣讀律法書，當即向耶和華立約，決心服從，人民也樂意遵守。於是在全國掀起一場大規模的摧毀寺廟和各種異教偶像崇拜的運動。在他以前從沒有一個國王像他這樣盡心、盡意、盡力侍奉耶和華上帝，遵守摩西律法的。在他之後也找不出第二個像他這樣的。但耶和華上帝並沒因此而息怒。瑪拿西的罪行已使上帝決心驅逐猶大人民。

在約雅敬爲猶大王時，巴比倫王尼布甲尼撒侵犯了猶大，迫使猶大王臣服他三年。約雅敬又背叛了他，耶和華上帝使巴比倫、亞蘭、摩押、亞捫人共同攻打約雅敬。正值此時，約雅敬死了，他的兒子約雅斤繼位。尼布申尼撒親自領兵攻占耶路撒冷。約雅斤帶著全體王室向巴比倫投降。尼布甲尼撒奪走了聖殿和王宮一切財寶，摧毀了所羅門聖殿中的金器，俘虜了約雅斤、所有王族和領袖及耶路撒冷的工匠、鐵匠等共一萬人，把他們押送到巴比倫。

臨行時，尼布甲尼撒立約雅斤的叔叔瑪探雅爲猶大王，給他改名爲西底家。幾年後，西底家背叛巴比倫王尼布甲尼撒。尼布甲尼撒又帶兵圍攻耶路撒冷。他們在城外築堡圍困該城長達一年半，城內糧盡，人民無物可食。城牆被打破，西底家帶著全家連夜棄城朝亞拉巴方向逃。巴比倫軍隊追上了西底家，把他帶到在利比拉城的尼布甲尼撒王那裡。尼布甲尼撒當著他的面處死了他的衆子，然後把他的雙眼剜去，用鏈子拴住帶往巴比倫。

尼布甲尼撒進入耶路撒冷，燒毀聖殿、王宮及一切要員的房子，還拆毀了城牆，然後把剩下的匠人和投降他們的人都擄往巴比倫，留下最貧困的無產業者，叫他們在葡萄園和田裡勞作。巴比倫士兵擊碎了聖殿中所有銅柱、銅座等，把能帶走的銅器和金銀器皿席捲而空。

約雅斤被關押在巴比倫獄中長達三十七年，直到以未米羅達爲巴比倫王，他才被釋放。以未米羅達恩待他，賜以高位，並讓他與他同桌進餐。

66 重建耶路撒冷

波斯王古列登基第一年，耶和華的靈激發他下令重建耶路撒冷聖殿，讓耶和華子民重返猶大耶路撒冷。於是猶大、便雅憫的族長、祭司和利未人以及許多猶大百姓都紛紛去重建聖殿。返回者達四萬二千多人。古列王將尼布甲尼撒從耶路撒冷掠奪來放在神廟中的器皿都還給他們。他們在巴比倫的鄰居也都慷慨解囊，拿出金銀財寶等資助他們。有些族長自願獻上禮物，以幫助重建聖殿。猶太人總共籌得金子五百公斤，銀子二千八百公斤，祭司禮服一百件。在他們返回後的第二個月就在聖殿的原址上開始動工。所有二十歲以上的利未人都被派來監督此工程。

當地其他敵視以色列人的民族想方設法阻制以色列人重建聖殿。有人還去賄賂波斯的政府官員，要他們出面阻止。

在亞達薛西任波斯王時，猶大的敵人比施蘭、米特利達、他別及其同黨上奏，向波斯王控告耶路撒冷人，文中提到——「從其他區遷來住在耶路撒冷的猶太人正重建那座可惡、叛逆的城……這城一旦建好，城牆完工，那些人就不肯交納各種捐稅了，陛下的國庫收入一定會減少……這城一直是叛逆的，從古以來，一直煩擾列王和各省。這裡居民一直都是難治的，因此城被拆毀了……如果城重建起來，陛下再也不能控制河西之地了。」

亞達薛見信後，派人調查，發現耶路撒冷自古以來確實有反叛王權的傳統。因此，他給河西地區省長們寫信，要他們發布命令，制止重建後該城。這樣重建聖殿的工作也只得停止。波斯王大利烏執政第二年，耶路撒冷猶太人在兩位先知哈該和撒迦利亞的帶動下，又開始重建聖殿。河西地區的省長及一批官員們來責問他們是誰准許建造的？以色列人便把聖殿被毀及波斯王古列准許他們重修等情況一一講明。河西省官員們將此事向大利烏王寫了詳細奏本，並請王查閱巴比倫皇室紀錄，核實古列王是否下令重建耶路撒冷聖殿。

大利烏派人查證，在瑪代省的亞馬他城的宮內古卷中確實發現有關記載，於是下令河西省省長及官員不要干涉建殿工程，並要求他們供應耶路撒冷祭司所需要的一切，積極支持修殿工作。

河西地區各省長及官員們接到波斯王命令後都徹底執行，猶太人在先知哈該和撒迦利亞鼓動下建殿工作進行得很順利。在大利烏統治的第六年，聖殿完工。同年，亞達月第三日以色列人民在聖殿舉行了隆重的獻祭儀式。

在尼希米任省長時，精通摩西律法的文士、祭司以斯拉拿著波斯王亞達薛西的詔書，帶領一批以色列人，包括祭司、利未人、聖殿歌手、守衛、工人等離開巴比倫，回到耶路撒冷。所有人都帶了祭物向聖殿獻祭，還把波斯王詔書交給河西地區的省長尼希米，尼希米非常支持人民在聖殿敬拜。

以斯拉把人們集合在耶路撒冷水門廣場上，向民衆宣讀律法，從上午直讀到中午。人們都很仔細聽，並都感動地哭了。以斯拉說：「讚頌上帝，祂是偉大的上帝！」所有的人都舉起手應聲：「阿門！阿門！」然後跪下，臉伏地敬拜。

過了幾天，以色列人聚集在一起禁食。

以斯拉得知返回的以色列人中，有不少人與異族通婚，娶了外族女子。他痛苦得撕裂衣服，又拔頭髮和鬍子，憂傷地呆呆坐著，因爲耶和華上帝曾說過，他要對付流亡回來者所犯的罪。許多人得知上帝的話後都很害怕，戰戰兢兢地圍著以斯拉坐下。獻晚祭時，以斯拉站起來穿著撕裂的衣服，跪下向上帝祈禱，哭泣，承認以色列人犯了大罪。許多以色列人也都悲傷地痛哭。一位娶了外族女子的以色列人示迦尼當場表示，他發誓將這女子和孩子送走，聽從以斯拉的忠告，奉行律法。其他人也紛紛發誓，要效法示迦尼。

他們通告全耶路撒冷和猶大，要所有返回者三天內聚集耶路撒冷，不到者，必抄其家，並驅逐出他們的團體。三天後所有猶大和便雅憫境內的人都趕到耶路撒冷，在聖殿的廣場上集合。那天，雨下得很大，人們又冷又緊張，渾身都在顫抖。以斯拉站起來說：「你們不忠誠，娶了外族女子，使以色列犯了罪。現在你們要向耶和華上帝認罪，做祂喜悅之事，與外族人斷絕關係，離開你們的外族妻子。」民衆都大聲回答：「你怎麼說，我們就怎麼做！」

由於會衆多，雨又大，這事又不是一、二天內辦得完的，民衆建議讓他們的官長留在耶路撒冷，叫那些娶了外族女子的人在指定時日與城內領袖和審判官一起來，以消除上帝的怒氣。這一建議除兩人反對外，都一致通過。

以斯拉從族長指定專人從事這項工作，三個月內將所娶外族女子的人數調查得一清二楚。這些人都離了婚，送走了外族血統的妻兒。

爲防止不忠於上帝的事再發生，在省長尼希米的支持下，以色列人與上帝鄭重立約：發誓按摩西律法生活，服從耶和華上帝；不與外族人通婚；守安息日；交什一稅等等。

省長尼希米是一個十分忠於耶和華上帝的人。他不僅在修建耶路撒冷城牆時立下了汗馬功勞、與那些破壞重建耶路撒冷城牆的人展開鬥爭，而且是個大公無私的、秉公辦事的好長官。他實施了一系列改革，重整了聖殿，使它成爲眞正聖潔的崇拜之地。每到安息日，他就下令關閉城門，不准從事買賣活動，督促以色列人嚴守安息日。此外，他還爲祭司和利未人制訂了規例，使每個人都明白自己的職責。

67 王后以斯帖

波斯和瑪代王亞哈隨魯統治著從印度到古實共一百二十七個省分的遼闊國土。他在位第三年時，他在首都書珊城的王宮花園內召開了爲期七天的盛大宴會，邀請全城人參加。在盛會的第七天，國王酒喝得興奮，想向臣民展示王后瓦實提的美貌，便命太監去傳王后來，但遭到王后的拒絕，爲此國王十分氣憤。

事後國王與七位精通法律的大臣們商量，王后拒絕國王命令該如何處置？大臣米母干說：「王后這麼做會給全國婦女帶來不良影響，使她們都會瞧不起自己的丈夫，這就會引起許多麻煩。因此瓦實提王后今後不准再見王，並把此條律法用御旨寫下，定爲波斯和瑪代的法律。御旨發到全國，每個女子就都會好好尊重其丈夫了。」國王和大臣們都認爲米母干言之有理，於是照此辦理，王后瓦實提被廢。

過了一段時間，國王怒氣消了，又想念瓦實提。王的親信向王建議從全國少女中挑選王后，代替瓦實提。王就採納此意見。

書珊城內有一猶太人叫末底改。他有一堂妹叫以斯帖，長得聰明美麗。由於她自幼父母皆亡，末底改收養她爲女兒，一手把她撫養大。這次國王選后，以斯帖自然也在其列。她被帶進宮內，等待國王召見。

她終於盼到了國王召見的時日，便按總管太監希該建議，穿戴好去見王。國王見她嫵媚多姿，美麗端莊，喜愛異常，便將王后冠冕給她戴上，立她為后。她記住了末底改的教導，始終沒在國王面前透露自己的家族和親戚關係。

末底改在朝廷中也謀得一官職。一次他發現有兩位太監要謀殺國王，他於是趕快將此事告訴以斯帖，以斯帖及時轉告給國王。國王經查證，事實確鑿，就將兩位陰謀者吊死。國王把末底改的這次功績記在官方史冊上。

不久亞哈隨魯王提升哈曼為宰相。哈曼是和以色列勢不兩立的亞甲人（亞瑪力人）。王下令所有的宮廷侍衛都要向哈曼跪拜，以示尊重。但末底改拒絕服從此命。一些官員問他為何不服從王命？他私下對他們說，因他是猶太人，不能向亞甲人低頭。

此話傳到哈曼耳中，他決心將國內所有猶太人滅絕。他抽籤抽出十二月（亞達月）的十三日實施他的滅猶計劃。哈曼向國王散布流言，說有個民族散居王國各省，其風俗與其他民族不同，又不遵守法令，要求滅絕他們。為此他還提出他本人願意交納三萬四千公斤銀子入國庫。國王聽信了他的讒言，就把刻有其印章的權戒交給他，由他全權處置，並答應把沒收的財產都歸他。哈曼就命人在全國張貼文告，下令亞達月十三日處死所有猶太人，並沒收他們的財產。

末底改得知此消息後悲痛欲絕，撕裂了衣服，披上麻衣，又把灰撒在頭上，大聲哀哭。其他猶太人也都像他一樣，禁食穿麻衣，躺在灰裡，哀哭不止。

末底改託人給以斯帖帶信，要她向國王懇求，為自己的同胞請命。以斯帖要末底改召集書珊城內猶太人，為她禁食禱告三天，決心拼一死去見國王，因為按法律，如王沒召見而自行去見王者，無論是誰都要被處死，除非國王伸出金杖，以示赦免。

以斯帖本人也帶著宮女禁食數天。到第三天，她穿上王后禮服站在王宮內院，面對王的寶座。國王看見以斯帖，心生愛憐，便伸出金杖。以斯帖走上前去，摸了杖頭。王問她有何事相求，並說：「就是王國的一半，我也願意答應給你。」以斯帖要求王國和哈曼出席她準備的酒宴。國王滿口承應，並命令哈曼出席。

第二天以斯帖爲他們舉辦了酒宴，喝酒時，國王又問以斯帖有什麼要求，並說即使她要半個王國，他也願給她。以斯帖提出讓王和哈曼第二天再出席她的酒宴。哈曼滿心喜歡地離開王宮。當他經過宮門口又見末底改坐著，不向他跪拜致敬，不禁怒火中燒，回到家就對家人和朋友說：「連王后以斯帖都專爲我開宴會，而且明天還請我去，但猶太人末底改卻坐在王宮門口，從不向我敬禮。我一見到他就覺得一切榮華富貴對我毫無意義。」他的家人和朋友建議他造一個十二公尺高的絞刑架，明天一早把末底改處死。哈曼認爲這是好主意，就叫人造絞刑架。

當天晚上，國王難以入眠，便命人把官方史冊拿來念。當他們念到末底改揭發暗殺國王陰謀一事時，國王問：「我們爲此事賜予末底改什麼榮譽和報賞沒有？」僕人說：「沒有。」正在此時，哈曼進宮想要求王處死末底改。王見哈曼到，就問他：「我想賜榮譽給一人，該怎麼做。」哈曼想，王賜榮譽的人非他莫屬。

於是，他就說：「要命令王最尊貴的一位大臣替他穿上王袍，扶他騎上御馬，領他在城內廣場遊行，邊走邊宣布：『看哪！王這樣報賞自己要賜榮譽的人。』」國王一聽，馬上叫哈曼把王袍和馬帶來，讓他給末底改穿上王袍、扶他上馬，牽著馬在前面一邊走一邊高呼：「看哪！王這樣報賞自己要賜榮譽的人。」

遊行完後哈曼垂頭喪氣地回到家。正當他在和家人談話時太監到了，催他去王宮赴宴。

席間，國王又問以斯帖：「現在，以斯帖王后，告訴我你要什麼？就是我王國的一半，我也會賜與你。」以斯帖說：「我若蒙陛下恩寵，請答應我一個小小的請求：饒了我的命，也饒了我同胞的命。我和我的同胞都被出賣在劊子手手中。如果我只是被賣爲奴，我一定會保持緘默，絕不張口煩你；可是我們要被滅絕，遭滅種之禍！」國王忙問：「誰敢做此事？此人在何處？」以斯帖指著哈曼說：「迫害我們的敵人就是這個惡人哈曼。」

國王聽後憤怒地站起來到外面花園中去了。哈曼驚惶失措，伏在以斯帖躺坐的椅子上求饒命。王從花園回來見到此情景後大怒，說：「這人竟敢在王宮中當我的面對王后非禮。」太監們立即上去蒙住哈曼的臉，把他扣押起來。其中一人告訴國王，哈曼已在家建造十二公尺高的絞刑架要處死末底改。國王下令把哈曼吊在他自己造的絞刑架上。

當天，亞哈隨魯王把哈曼的財產都賜予以斯帖。以斯帖告訴王末底改是她親屬，王就把給哈曼的印章權戒授給了末底改，准許他隨時可進宮見王。以斯帖又求國王撤消哈曼以王的名義發出的滅絕猶太人的通告。王說通告已無法撤消，但可再發新的通告：王准許各城市猶太人爲自己的生存而組織起來，無論受到哪一地區的武力攻擊，都可反擊、殺戮、滅絕那些人及其妻子兒女，並奪走他們的一切財產。

這一新通告迅速發到全國。各地猶太人都歡慶這一日子，到處充滿了歡聲笑語。

亞達月十三日，各地猶太人組織起來，攻擊想害他們的人。各省省長、行政長官等因得知末底改在宮中的權勢，也都幫助猶太人，故無人敢公然對抗猶太人。猶太人殺死了他們的許多仇敵。僅書珊一城他們殺死仇敵五百人，其中包括哈曼的十個兒子，並把他們的屍體掛在絞刑架上示衆。他們的財產也都被沒收。同月十四日書珊僕人又殺了三百名仇人。然後在十五日停止殺戮，將這天定爲節日。其他各省猶太人在十三日共殺死他們的仇敵七萬五千人，但到十四日就停止了殺戮，慶祝他們的勝利。

因此，除了書珊城以外，其他小城鎮的猶太人都把亞達月的十四日定爲節日。這個節日稱爲普珥節。普珥是抽籤之意，因爲哈曼定殺害猶太人的日期是靠抽籤定下的。以後猶太人都遵重末底改的意見，把每年亞達月的十四、十五兩天定爲普珥節。在這兩天中他們開宴會慶祝，互贈禮物，並救濟窮人。

68 堅持真理的約伯

在烏斯，有一位正直、敬畏上帝、從不做壞事的品德高尚的人，名叫約伯。他有七子三女，成千頭牛、羊、駱駝，婢僕成群，在當地屬首富。

一天，上帝的衆子侍立在耶和華前，撒旦也在其中。耶和華上帝問他最近在哪裡？他回答在地上到處走走。上帝問他：「見到我的僕人約伯沒有？世上再沒有人像他那樣完美、正直和敬畏我。他是從不做壞事的人。」撒旦說：「約伯敬畏您是有緣故的，因爲您保護他及他的家。您賜福給他使他萬事如意。他的牛羊成群，多得不可勝數。如果您奪走他的一切，看他是否詛咒您！」上帝說：「好吧，我把他的一切都交給你，聽任你擺佈，只是不許害他本人。」

一天，約伯的子女們都去他大兒子家歡宴，他一人坐在家裡。不一會先後四位僕人飛奔而來向他報告噩耗。第一位報告示巴人搶走他的牛、驢子，殺死了所有的僕人。第二位報告雷電擊殺了他所有的羊群和牧羊人。第三位報告迦勒底人搶走了他的駱駝，殺了他的僕人。第四位報告說他長子家房屋倒坍，壓死了所有在他家歡宴的兒女。

約伯聽後，悲傷地撕裂了自己的衣服，剃掉頭髮，伏在地上說：「我赤條條生，也必赤條條歸。耶和華賞賜，耶和華也收回，願祂的名受稱頌！」約伯喪失了一切，但毫不埋怨上帝。

一天上帝又見到撒旦，問他是否見到約伯，並說：「我准許你無緣無故打擊他，但他仍像以前一樣對我忠誠。」撒旦說：「人爲保全生命可以捨棄一切。假如您傷害他身體，看他還不當面詛咒您！」上帝說：「好吧！他在你手中，只是不要殺死他。」

撒旦就使約伯從頭到腳長滿毒瘤。約伯坐在垃圾堆旁，用瓦片刮身上的瘤。他妻子說：「你至今還守你的忠誠？爲什麼不咒罵上帝，然後死了？」約伯說：「耶和華上帝賜福給我們的時候，我們高興。祂降禍時，我們就埋怨嗎？」約伯遭受種種痛苦，他仍不開口埋怨上帝。

約伯的三位朋友提幔人以利法、書亞人比勒達、拿瑪人瑣法聽到約伯的種種災難，便一同去探望他，安慰他。當他們見到他時幾乎認不出他了。三人放聲大哭，撕裂了衣服，向自己頭上揚灰，然後坐在地上七天七夜，不說一句話。

約伯終於首先打破沉默，開始詛咒自己不該出生在這世上。他說：「……爲什麼不胎死母腹，或一出母胎便斷了氣？……要是我那時候死去，如今就享得安息。」約伯如今認爲死是最美的事。他說：「爲什麼悲愁的人繼續生存？爲什麼憂傷的人仍然看見光明？他們求死不得；他們寧願進墳墓，不願得財寶。他們要等到死了，埋葬了，才有眞正的喜樂。上帝使他們前途渺茫，從周圍困住他們。」他又說：「我沒有平安，得不到安息；我的煩惱無止境。」

以利法聽後，責備他沒有勇氣去應付災禍。他說：「你的敬虔沒有給你信心嗎？你那無可指責的生活沒有給你盼望嗎？」

以利法相信上帝所行無不公義，說：「想一想，有哪一個無辜的人喪亡？有哪一個正直的人遭殃？」他又說：「在上帝面前，誰配稱爲義人？在造物主面前，有誰純潔？上帝不信賴天上的僕人，祂指出天使的過失，難道祂會信賴用泥土所造跟蛀蟲一樣會被壓碎的人？」以利法相信惡有惡報，言下之意約伯的禍是他的罪造成的。他說：「忿恨殺死無知的人；嫉妒使愚妄人喪生……上帝提拔卑微的人，賜歡樂給憂愁的人。祂破壞狡猾之徒的奸計，使他們的作爲一無所成……上帝使窮人有盼望，叫邪惡的人閉口無言。」以利法還對約伯說，上帝對約伯的懲罰是有福的，不可輕看。

約伯指責他的朋友全無慈愛之心，他們的話不僅沒有安慰他，反而加重了他的痛苦。他說：「但願有人把我的災難和煩惱放在天平上稱一稱，它們比海沙還重……上帝爲何不聽我的禱告？但願祂把我殺了……我沒有可求援的地方。不管我是否已離棄全能的上帝，在這患難中，我需要忠心的朋友。但我的朋友們，你們像溪水一樣欺騙了我……公正的語言使人信服，但你們的議論簡直荒謬。我絕不當面說謊，因爲我正直無僞，然而你們以爲我在撒謊，分不清是非。」約伯陳述他渾身皮膚腐爛、一身蛆蟲、夜不能眠、生命只剩一口氣的苦楚。他說：「我毫無生趣，厭棄了生命。」約伯責問上帝：「爲什麼把我當靶子射擊，難道我的罪傷害了您？」

約伯的一個朋友比勒達批評約伯說：「你這空洞的話要講多久？難道上帝會顛倒是非，違背正義嗎？一定是你的兒子得罪了祂，所以受懲罰。你應懇求上帝，如果你純潔正直，上帝就會幫助你。」他還說：「上帝永遠不會丟棄無可指責的人，也不會幫助邪惡的人。」

約伯承認上帝的大智大能。他說：「誰能抗拒祂而生存？」但他認爲人遭難，並非都因罪，他堅信自己的無辜。他責問上帝爲什麼用這麼殘酷的方法去懲罰一個無辜的人。他說：「我不畏懼，因爲我知道自己無辜……耶和華上帝呀，請指示我，我犯了什麼罪？……這樣殘酷合理嗎？您知道我沒有罪；您知道沒有人能救我脫離您的手……現在我知道您的旨意，早已存心害我。您在監督我是不是犯罪；您定意不寬恕我。我一犯罪，立刻受懲罰，不犯罪也不敢抬起頭來。我飽受恥辱，吃盡苦頭……」

約伯的第三個朋友瑣法指責約伯胡說八道。他說：「你自以為你的話都對，以為你在耶和華上帝面前乾乾淨淨，但願上帝開口駁斥你。……上帝對你的懲罰還不及你所應得的呢！……約伯，你要存心正直。尋求上帝，徹底清除那污染了你的邪惡，不要讓不義滯留在你家中……」

約伯回答說：「我與你們一樣聰明，沒有比不上你們的地方；你們的高論誰不會說？我正直清白，但現在連我的朋友都在譏笑我……上帝既有智慧，又有能力。上帝拆毀的，誰能重建？上帝所囚禁的，誰能釋放……祂使居高位者蒙羞，使有權勢者失掉權力……這一切我都見過，你們知道，我也知道。我是要向全能者論理，不是向你們論理，是向上帝辯明我的案情。你們的謊言掩飾了你們的無知……你們為何要替上帝撒謊？你們的假話對祂有益嗎？……不管會有什麼後果，我準備冒生命危險。我已喪失了一切希望；即使上帝殺我，我仍要在祂面前為我自己申訴……我究竟犯了什麼罪？做了什麼錯事？請讓我知道我的過錯，我的罪名。」

以利法指責約伯說：「你連敬畏上帝的心都沒有了，你的話顯示出你的邪惡……你的每句話都可以判定你的罪……你是在向上帝發怒；你竟敢用這樣的話頂撞祂……欺壓別人的壞人，終生得經歷痛苦……因為他反抗上帝，瞧不起全能者……不敬畏上帝的人將無子嗣；靠賄賂建造的房屋將被火燒毀。」

約伯回答說：「這樣的話我聽了許多，你們的安慰反而給我帶來煩愁……如果我的境遇與你們調換，我也會說你們所說的話……然而我講話無濟於事；沉默也不能消除我的痛苦。上帝啊！您使我疲乏不堪，使我家破人亡。您抓住了我，敵對我，如今我只剩皮和骨，別人卻以此來證明我有罪……大地啊！不要掩蓋我的不幸，不要使我求公正的呼聲被淹沒！我的證人在天上，祂要起來為我說話。我的朋友責備我；我在上帝面前眼淚汪汪。我希望有人為我向上帝抗辯，像人為上帝抗辯一樣。……到處有人嘲弄我；我整天面對他們的冷笑。上帝啊！求您為我作保；除您以外，沒有別人肯證實我的話……我的朋友們指黑夜為白晝，他們說光明已近，其實還是黑夜……我的希望在哪裡？……」

比勒達指責約伯喋喋不休，叫他少說幾句，再次強調惡人將有惡報，因為這是不敬畏上帝的人的下場。

約伯說：「你們自以為比我善良，把我的禍患當作我犯罪的證據，難道你們看不出這是上帝的作為嗎？祂撒下羅網來圍困我。我鳴冤喊屈沒人聽，我要求公正無人理……上帝使我的兄弟背棄我、親人離開我、朋友忘了我、婢僕不理我……我的妻子不能忍受我的氣味；我的親族不願走近我。連兒童都嘲笑我；我一起來，他們就侮辱我……我僅有的是一口氣息。你們是我的朋友，可憐我吧！上帝的手臂把我擊倒了，為什麼你們像上帝一樣懲罰我，你們加給我的痛苦還不夠重嗎？……但我知道我的維護者還活著；祂最後要來為我伸冤。即使我的皮肉被疾病侵蝕，我仍將以此身覲見上帝……」

瑣法說約伯的話使他心煩。他說自古以來惡人得意都是暫時的，不虔誠敬畏上帝的人也不可能長久得歡樂，最終都要受上帝的懲罰。

約伯反問說：「那上帝為什麼讓邪惡人活著、享長壽、興旺發達？他們的兒孫滿堂，家庭平安，上帝懲罰的杖不臨到他們……邪惡的人燈熄滅過嗎？他們中有人遭遇過災難嗎？上帝在忿怒中懲罰過壞人嗎？……你們說，上帝爲了父親的過失而懲罰兒子；我說，上帝要懲罰罪人本身，讓他們承擔自己的罪孽……在上帝忿怒和懲罰的日子，惡人往往得以逃脫。有誰當面指責那邪惡的人？有誰因他的惡行報復他？……你們都用荒唐的話安慰我。」

以利法責備約伯竟膽敢責問上帝。他勸約伯要與上帝親善友好，上帝才會賜福於他；人要謙卑，才會得拯救。

約伯說，他但願能找到耶和華上帝，與祂論理。他說：「我沒詭計，我可以與祂論理；祂會宣判我無罪，我一定會勝訴……如果祂考驗我，就會知道我純潔。我緊跟祂的步伐，恪守祂的命令……全能者爲什麼不定下審判日期？爲什麼不使認識祂的人見到正義來臨？……」

比勒達駁斥約伯說，在上帝面前，誰能算是正直、純潔的？

約伯回答說：「我絕不承認你有理；有生之日，我堅持我無辜，永不放棄這一立場。我的良心清白。」約伯又回憶昔日的佳境，覆述了今天的苦難：「我的覺榮隨風飛逝，富貴如過眼煙雲，……上帝把我摔在污泥中，我跟灰塵泥土沒有差別。」他又說：「上帝啊，我向您呼求，不應我；我向您禱告，您不加理會。您對我變心，待我殘忍；您用大能的手逼迫我……我盼望得福卻遭遇災禍；我期待光明卻遇到黑暗……我曾聽到歡悅的音樂，如今只聽見哀號、哭泣。」

約伯自言他從沒做過不義之事，從沒作惡、欺詐別人，從沒對他人之妻有過淫念。他總是公道地對待僕人，救濟孤兒寡母和一切窮人流浪漢。他也從沒因錢財而驕傲，因富足而欣喜；他也從不以敵人的苦難爲樂，幸災樂禍；他也從不隱瞞自己的過失，或怕人笑話而不敢作聲。他說：「我發誓，我的話句句眞實；願全能的上帝回答我！」

約伯堅持自己無辜，他的三個朋友也無話可再勸他，只能沉默不語。

有個叫以利戶的青年見三位朋友無法回答約伯，便生氣了，主動參加他們的爭論。他說約伯堅持自己無辜、沒犯過罪、是上帝找機會打擊他的說法是錯誤的。他說上帝給人苦難的做法是要他們離棄罪行，使人不至自高自大，走向死亡。他說：「上帝用疾病糾正人的過失，用身體的痛苦管教他……上帝接二連三地做這一切，是為了救人脫離死亡的深坑，使他享受生命的亮光。」

以利戶還批判約伯的這種說法本身就是不敬上帝，因為上帝絕不會做惡事、顛倒是非，上帝也絕不會厭惡公道。他認為約伯對上帝的指責是無知的。他說：「他的反抗更增加了他的罪過，他在大家面前侮辱上帝。」

由於約伯曾責問上帝：「我的罪跟您有什麼關係？我若不犯罪有什麼好處？」以利戶便批判約伯說：「假如你犯罪，對上帝有什麼損害呢？難道能加害於祂嗎？即使你公正，上帝也沒有從你得到什麼益處。你的罪只能使跟你同樣的人受苦；你的善行也只使世人受益。人在受壓迫時哀鳴，在受虐待時求救。但他們不知道轉向黑暗中給予他們希望的上帝。他們哀求，上帝沒回應是因為他們狂傲邪惡，所以上帝不聽……約伯，你以為上帝不施懲罰，不理會罪惡？」

接著以利戶勸約伯要順從上帝，敬畏上帝，記住上帝的權能有多大，想想上帝的奇妙作為。

此時耶和華上帝在旋風中與約伯對話。祂詰問約伯，祂創世時約伯在哪裡？大海江河、日月星辰、雷電、雨露、彩虹雲朵、光明黑暗從何而來，誰為它們定界？世間各種禽鳥畜獸又是誰為牠們定性？上帝說：「約伯啊，你向全能者抗辯，跟上帝爭論，現在你答覆吧！」約伯向上帝承認自己卑賤，無言以對。

上帝列舉了祂的無限的能力，祂所造之獸的兇猛怪異。祂詰問約伯能否對付牠們？約伯回答說：「我知道您事事都能，無知的我怎能夠懷疑您的智慧；我講論自己所不明白的事，奇妙異常，不能領悟。從前我聽別人談論您，現在我親眼見到了您。我對我自己說過的話感到慚愧，坐在塵土和爐灰中懊悔。」

上帝又對約伯的三個朋友說：「我對你們很不滿意，因爲你們對我的議論，不如約伯所說的眞實。現在你們要拿七隻公牛和七隻公羊去約伯那裡，爲自己獻上燔祭，讓約伯爲你們祈求，這樣我就悅納，不按你們的糊塗責罰你們。」三位朋友順從上帝之言，各自將牛羊送約伯處向上帝獻祭，約伯爲他們禱告。

在此之後，耶和華上帝又恢復了約伯從前的佳境。到約伯晚年，耶和華使他比早年更興旺，牛羊駱駝都比原來多了一倍。他又有了七子三女。約伯於一百四十歲時壽終正寢。

69 以賽亞

在烏西雅、約坦、亞哈斯和希西家當猶大王時，上帝默示亞摩斯的兒子以賽亞關於猶大和耶路撒冷之事。

在烏西雅王逝世那年，以賽亞正獨自在聖殿沉思默想，忽然見到耶和華高高地坐在寶座上，祂的長袍覆蓋了整個聖殿，在祂周圍有天使侍立，每個均有三對翅膀，一對用於遮臉，一對用於遮體，另一對用來飛翔。他們彼此呼應地唱道：「聖哉！聖哉！聖哉！萬軍之耶和華的榮光充滿全地。」歌聲雷動，震撼了大地，聖殿內煙霧繚繞。

以賽亞見狀大驚失色，心想他必死無疑，因爲他出言不潔，並親眼見到耶和華上帝。有一位六翼天使向以賽亞飛來，用火鉗夾住祭壇上燃燒的炭，碰了一下他的嘴唇說：「這塊紅炭碰了你的嘴唇，你的罪過消除了，你的罪得赦免了。」他聽見耶和華問：「我可以派誰去爲我傳話？」以賽亞立即說：「請差遣我去。」耶和華就派他去告訴他的子民：「你們聽了又聽，但不明白；你們看了又看，但不了解。」又說：「讓這些人頭惱糊塗，耳朵重聽，眼目昏花，以致看不見，聽不懂，想不通；這樣他們就會回心轉意地歸向我而得到醫治。」以賽亞問：「主啊！這種情況要持續多久？」耶和華說：「直到城市毀滅，人煙絕跡，房屋無人居住，土地荒涼。我要把人民放逐到遠方，整塊土地要廢棄。如果境內十人中還剩一人，那人也要被消滅；他要像橡樹被砍掉，卻留著殘幹（殘幹象徵上帝子民的新開端）。」

以賽亞便在猶大和耶路撒冷向人民宣上帝的話，譴責這邪惡的國家和人民棄絕了耶和華上帝。他說：「你們為什麼一再背叛呢？你們所受的責罰還不夠嗎？以色列呀！你們頭破血流，你們的心、你們的頭腦都有毛病……」以賽亞預言耶路撒冷將因它的罪惡像所多瑪和蛾摩拉那樣遭毀滅。他說：「這城原來忠貞的，現在竟跟妓女一樣！以往的居民都是公平正直的人，現在卻只有兇手。耶路撒冷啊，你一度像純銀，現在卻不值分文；你曾像美酒，現在卻變成淡水。你們的長官是叛徒，跟盜賊為伍，一個個貪圖不義之財，接受賄賂，從不保護孤兒，也不替寡婦申冤。」「耶路撒冷要遭殃了！猶大要崩潰了！他們所說、所行的無一不違背耶和華，他們公然侮辱上帝……他們與所多瑪人一樣公然犯罪。他們將自食其果。」

以賽亞譴責猶大和耶路撒冷所有的人，包括他們的英雄和戰士、法官和先知、預言家和政治家、軍事家和民間領袖、法官和術士，人人都想占別人便宜，青年藐視老人，卑賤的侮辱尊貴的。他還對耶路撒冷的婦女進行抨擊，說她們驕傲、目中無人、鼻子朝上、整天擠眉弄眼、裝腔作勢、腳上還掛滿叮叮噹噹的腳鐲。

以賽亞為以色列人編了一首葡萄園之歌，大意是說在一座肥沃的小山上，有一人開闢了一個葡萄園。他挖土，清理石頭，種植了品種優良的葡萄。他還在園內造了瞭望葡萄的高台和踩踏葡萄的池子，期待著好收成，結果事與願違，結出的葡萄顆顆又酸又澀。以賽亞說：「以色列就是萬軍之耶和華的葡萄園，猶大人民就是祂細心栽培的葡萄樹。祂希望他們實行正義，他們卻殺人流血！祂盼望他們行為正直，他們卻為非作歹。」以賽亞相信上帝會作出公正審判，定惡人的罪：「你們破壞了葡萄園，屋內堆滿了從窮人那兒搶來的東西。你們無權虐待我的子民，無權欺詐窮人。」「行爲正直的人將有喜樂，事事順利；他們要享受自己工作的成果。作惡的人卻要遭殃；他們要因自己所作的壞事遭報應。」

耶路撒冷的腐敗招致國力衰弱。在烏西雅的孫子、約坦的兒子亞哈斯作猶大王時，亞蘭王利汎和以色列王比加要聯合攻打耶路撒冷。消息傳來，引起耶路撒冷全城驚惶。以賽亞鼓勵耶路撒冷人民不要害怕，說上帝必因以色列的驕傲而懲罰它，讓亞蘭人從東面，非利士人從西邊吞滅以色列。上帝也將懲罰亞蘭人：「大馬色（今天的大馬士革）將不再是一個城市；它要變爲荒蕪的土堆。亞蘭人所有城鎮將永遠荒涼，成爲牛羊盤踞的地方。以色列將失去屏障；大馬色將失去獨立；留給亞蘭人的將是羞辱。」

事後，以賽亞的預言都實現了。以色列和亞蘭並沒構成對猶大的眞正威脅。以賽亞向亞哈斯王和人民指出猶大國將面臨的大敵是亞述人的進攻。他對王說：「耶和華上帝要使亞述王攻擊你，降災於你及你的人民和王室，這一災難之大是自以法蓮和猶大分裂後沒有發生過的。耶和華要吹哨呼喚埃及人來，他們像蒼蠅從遙遠的尼羅河源頭飛來；他也要呼喚亞述人像黃蜂那樣飛來，充塞山谷和草原……」

耶和華上帝命以賽亞取一塊大板，在上面寫「瑪黑珥沙拉勒哈施罷斯」（「快搶、速奪」之意）。不久以賽亞得子，耶和華讓他給孩子取了這個名字，並說在孩子還不會叫爸媽之前，大馬色的所有財寶和撒瑪利亞的戰利品都將被亞述洗劫一空。

此後亞述征服了許多國家，也征服了以色列的首都撒瑪利亞和亞蘭人的大馬色。當亞述攻下了耶路撒冷附近的艾城、密抹、挪伯村，直取錫安山耶路撒冷城時，耶和華上帝默示以賽亞說：

「我要在我的土地上毀滅亞述人，在我的山上踐踏他們，使我的子民從亞述的枷鎖下得自由，從他們所負的重擔下得解放。」

人民想擺脫亞述人的壓迫，但他們不去向耶和華上帝呼求，而是向埃及人求救，與他們簽訂條約。以賽亞轉達了上帝的默示，反對這麼做。他說：「耶和華上帝說：『治理猶大的人要遭殃了，因爲他們背叛了我，不跟從我，跟人簽訂違背我旨意的條約，罪上加罪。他們沒求問我，而是向埃及尋求保護……但埃及無能爲力，埃及的保護終究招來禍患……猶大人民終要因信賴一個靠不住的國家而後悔。他們沒有得到任何好處，只有羞恥，失望。』」

爲了說服猶大人不要與埃及結盟，在亞述人攻打非利士人的亞實突城前三年時，耶和華上帝要以賽亞脫下麻衣和鞋子，赤身光腳行走三年。上帝對他說，這預示著亞述王將要從埃及和古實擄去他們的人民，剝光他們的衣服，到那時，無論老少都只能赤身光腳，整個埃及將蒙羞。在以賽亞勸阻下，猶大最終沒有與埃及結盟。

在希西家作猶大王第十四年，亞述王西拿基立帶領軍隊攻打猶大城邑，抵達耶路撒冷城牆下。亞述王派三位將領和希西家三位大臣談判。這三位將領目空一切，蔑視耶和華上帝，並謾罵希西家和猶大人民，要他們立即投降。亞述王還寫了一封十分傲慢無理的信諷刺耶和華上帝。

希西家和大臣們十分悲憤，他們穿上麻衣，進入聖殿。希西家向上帝虔誠地祈禱，並派人請以賽亞向上帝祈禱。

以賽亞給希西家覆信，說以色列的上帝已垂聽了他的禱告，耶和華上帝說：「亞述王西拿基立啊，耶路撒冷城在譏笑你，藐視你，向你搖頭。你知道你侮辱、諷刺、藐視的是誰？是我耶和華上帝。你誇口說你的戰車曾削平高山、征服最高峰、砍下了最高的樹、深入到森林最深處，你的士兵把埃及河流踏乾。難道這一切不是我早計劃好的嗎？如今我要使你的城堡變廢墟，使那裡的人束手無策、驚惶失措。你要什麼，去哪裡，我都知道。我也早知道你驕傲，向我發怒。現在我要用鉤子穿過你的鼻子，拿嚼環套住你的嘴；你從哪裡來，就回哪裡去。」

以賽亞還對希西家說：「我給你一個預兆。今明兩年，你只可吃野生植物。到後年，你可播種、收穫葡萄，也可吃園中出產的葡萄。猶大國劫後餘生的人會像植物一樣紮根、結果。他們將仍會住在錫安山、耶路撒冷城。至於亞述王、上帝說他進不了城。」當晚，天使將亞述兵殺十八萬五千人。第二天亞述王只得退回尼尼微城，不久就被其子所殺。

希西家得了重病將死，以賽亞去見他，對他說：「耶和華上帝讓你處理未了之事，因爲你不能康復，快準備後事吧！」希西家很傷心，向上帝祈禱：「耶和華上帝啊！求您記得我一直忠心侍奉您，您要我做什麼我就做什麼。」說完嚎啕大哭。耶和華上帝命以賽亞再去見王，對他說：「我耶和華上帝聽見了你的禱告，見到了你的眼淚，我要讓你多活十五年，我要從亞述王手中拯救你和耶路撒冷，繼續保持這城。」

以賽亞吩咐國王的僕人做一個無花果餅，放在國王瘡口上，王的病就治癒了。希西家問以賽亞有什麼兆頭可證明上帝的應許。以賽亞說：「在亞哈斯王所造的台階上，耶和華上帝將使日影後退十步。」希西家果然發現台階的日影後退了十步。希西家痊癒後給上帝寫了一道讚美詩。

巴比倫王米羅達巴拉旦聽說希西家病了，特意派使節送禮物和問候信。希西家爲表示歡迎，把全國庫藏物及軍備都向他們顯示。等使節們走後，以賽亞去見王，問他給他們看了什麼？希西家說：「他們什麼都看到了。」以賽亞說：「萬軍之耶和華說：時候到了，你王宮中每件物品，祖宗留下的每件東西都要給搬到巴比倫，一件也不會留下。連你的後代也要被擄去，在巴比倫王宮當太監，服侍他們。」希西家得知在他有生之年尚不會發生這一切，便放心了。

雖然以賽亞預言由於以色列人犯罪，必將受上帝懲罰，但上帝使他看到將來會從大衛的後代中出現一位理想的君王。早在亞哈斯為王時，以賽亞就根據上帝的旨意去見亞哈斯王，對他說：「大衛的子孫啊！你們聽著，難道你們使人厭煩還不夠，還要使上帝厭煩嗎？上帝要親自賜予你們一個兆頭：必有童女生子，取名『以馬內利』（上帝與我們同在之意），到他能辨別是非時，他將以乳和蜜為食物。在這之前，你所憎恨的二王國土將廢。」

此後，他又預言這位君王將會帶領以色列人擺脫罪惡，永享和平。他說：「黑暗中行走的人已見到了天光。住在死蔭幽谷的人已被光華普照。耶和華呀！您給他們增添了無限的喜樂和歡愉……因為您粉碎了他們的枷鎖，扭斷了抽打他們的鞭子，折斷了壓迫者的棍子……侵略者的鞭子，染滿血跡的戰衣都要被火燒掉。有一個嬰孩為我們而生！有一個兒子將賜予我們！他將擔起治國的重任。他的名字叫賢明的導師、全能的上帝、永恆的父親、和平的君王……他要繼承大衛的王位，永遠以眞理和正義為治國的基礎。萬軍之耶和華將成就這一切。」

以賽亞的這一預言與同他同時代的先知彌迦不謀而合。彌迦也預言將從大衛後代中出現一位偉大君王，使國家獲得長治久安。他說：「耶和華上帝說：『以法他地區的伯利恆啊！在猶大國內你是個小城。但是我要從你那裡，從古代的望族中，為以色列選立一位統治者。』所以，耶和華上帝要把祂的子民交給他們的敵人，直到那快生產的婦人生下她的兒子。然後祂的同胞要從流亡的地方回來，跟所有的以色列人再度聯合。他來臨的時候，要以耶和華所賜的大能，又奉耶和華——他的上帝的威嚴統治他的子民。他的子民會安享太平，因爲全世界的人都會承認他是偉大的。他會帶來和平。」

耶和華上帝使以賽亞對未來的以色列和耶路撒冷的前途充滿信心。他說：「在將來的日子，聖殿坐落之山將聳立在群山之巔，高拔出群，萬國要蜂擁而至。各民族將聚集在此說：來吧！我們一起去耶和華的山，前往以色列上帝的聖殿，祂會指引我們走該走的路。我們要在這條路行走，因爲耶和華的教訓從耶路撒冷發出，祂的信息由錫安傳播。祂必在列國中施行審判，調解紛爭。他們將把刀劍鑄成犁頭，把槍矛打成鐮刀，列國間不再有戰爭，也不必再整軍備。」

以賽亞所預言的這段世間和平的話與先知彌迦看法一致。彌迦只增添一句話：「人人都要在自己的葡萄園中、無花果樹下享受太平。」

70 飽經磨難的耶利米

在耶利米尚未出生時，耶和華上帝已挑選他爲萬國的先知。當他長大成人後上帝要他去宣傳上帝的命。耶利米說自己還太年輕不會說話。上帝叫他不要自以爲年輕，並伸手摸摸他的嘴唇說：「我要把你該說的話交給你。我今天授權給你：你要向萬國萬民做根除、拆毀、破壞、推翻、重建和樹立的工作。」上帝使耶利米見到兩個異象：一個是一根杏樹枝。在希伯來語中「杏樹」與「時常警覺」一詞發音相近，這預示著上帝要時常警覺使祂的話實現；另一個是北方一個鍋，滾沸著向南面倒來，預示著上帝要召集北方所有國家，淹沒南國，他們的君王要在耶路撒冷及猶大境南人建立政權。上帝將懲罰祂的子民所犯的一切罪惡，因爲他們拜別的神。上帝預言耶利米將受到猶大全國上下的攻擊，但耶和華上帝叫耶利米不要怕，因爲上帝將保護他。

從約西亞當猶大王第十三年開始，耶利米就不斷向耶路撒冷的猶大居民宣傳上帝的話。他講述了上帝是何等地眷顧以色列人，把他們視爲聖民（子民），但他們從其祖先起就不斷犯罪，不忠於上帝，不敬拜上帝而受到懲罰。他預言如以色列民不悔改，繼續崇拜偶像和別的神明，將大禍臨頭。上帝將用戰爭、飢荒去毀滅他們，並把他們交到巴比倫王尼布甲尼撒手中；耶路撒冷聖城將毀滅，聖殿將變廢墟；人民有的被殺、有的將被擄往巴比倫城。他還預言約西亞王位繼承人約哈斯將被擄，永遠不能返故里。猶大王約雅敬的屍體要被人拖走，抛到耶路撒冷城外。約雅敬的兒子約雅斤也將被巴比倫尼布甲尼撒的軍隊俘虜，被放逐到巴比倫，永遠不能返回。但當以色列人痛定思過，痛改前非時，耶和華上帝將會把被放逐到各國的殘餘子民召集起來，回歸故里。以後事實證明，耶利米的預言都實現了。

猶大和耶路撒冷居民不聽耶利米的話，繼續作惡，崇拜偶像，還指控耶利米。耶利米為同胞的頑固不化而痛心疾首。他根據上帝的旨意買了一個瓦瓶，帶著幾名長老和祭司到欣嫩子谷，向他們宣布：上帝因他們犯罪，把欣嫩子谷改名為「殺戮谷」，即耶和華要使敵人戰勝他們，殺死猶大和耶路撒冷人。城內的人因受敵人圍困將無糧可食而吃親生兒女的肉。他當著那些人的面打碎瓦瓶，說：上帝要消滅這人民，粉碎這城，就像打碎這瓦瓶一樣，不能修補。人們的屍體將埋在欣嫩子谷（又稱陀裴特）。

祭司的兒子巴施白珥是位聖殿的總管。他聽見耶利米說這些預言就毆打耶利米，而且將他關押在聖殿北面的便雅憫門，第二天才將他釋放。耶利米說：「耶和華已不叫你巴施戶珥了，而是叫你瑪歌珥米撒畢（「四周恐怖」之意）。耶和華上帝說：『我要使你恐怖，也要使你的朋友因你而恐怖；你要親眼看見他們死在敵人的刀劍下。我要把所有猶大人交給巴比倫王統治，把他們擄去或處死他們。我要讓敵人洗劫城內財富……至於你，巴施戶珥，你及你全家都要被擄到巴比倫，你將死在那裡，葬在那裡。』」

在約雅敬當猶大王時，耶利米根據上帝的命令站在聖殿院子中，向猶大各城鎮前來禮拜的群衆傳達上帝之言說：「我——耶和華上帝這樣說：你們要遵循我賜予你們的律法，聽從我的僕人——先知們的話，服從我。我一再派遣我的僕人向你們傳話，你們總是不聽。如果你們再不聽，我就毀滅這聖殿，像我從前毀滅示羅那樣。世界各國都要用這城名作為詛咒。」聖殿內的祭司、先知和群衆聽見耶利米說此話，便把他包圍起來，圍攻他說：「你眞該死！竟敢指著耶和華的名宣布這聖殿像示羅一樣毀滅，難道這城要成爲無人居住的廢墟嗎？」猶大官員聽見此事也從王宮趕來，在聖殿新門口開庭。祭司和群衆要求處死耶利米，耶利米申辯是耶和華上帝命他說的。一些官員和長老們倒有心救耶利米，他們列舉了猶大王希西家如何善待先知彌迦的例子，反對處死耶利米。在沙番的兒子亞希甘的保護下，沒把耶利米交給人民處死。

此後不久，巴比倫王尼布甲尼撒侵犯了猶大，迫使約雅敬臣服。但猶人和耶路撒冷人沒有引以爲戒，繼續作惡。耶利米按上帝指示去找利甲人，把他們都帶進聖殿，然後遞給他們酒喝。利甲人都說：「我們不喝酒，我們的祖先利甲之子約拿達曾吩咐我們及我們的後代不喝酒，終生住帳篷。我們服從先祖約拿達的命令，遵守他的一切指示。我們進耶路撒冷是由於尼布甲尼撒侵犯這地，爲逃避他們的軍隊才來此住。」

耶利米對猶大和耶路撒冷人民轉達上帝的話說：「我——耶和華上帝問你們爲何不聽我話？……利甲的兒子約拿達的子孫一直遵守他們祖先的命令，而你們竟不聽從我。我要降大災難於猶大和耶路撒冷……而利甲的兒子約拿達家將始終會有男丁侍奉我。」

約雅敬在位第四年，耶和華上帝要耶利米把有關以色列、猶大和列國的每件事都記錄下來，把祂對耶利米說過的話也記錄在書卷上，然後向人民宣讀，期望他們聽到耶和華說要降災於民的話，從而改邪歸正，這樣上帝就可赦免他們的罪惡。耶利米請尼利亞之子巴錄當記錄，逐一將他口授的話記在書卷上。由於耶利米當時被禁止上聖殿，他只得委託巴錄去那裡宣讀書卷。

在約雅敬統治的第五年的九月，耶路撒冷人和從猶大各地來此城的人宣布禁食，巴錄就在聖殿宣讀這一書卷。有人把此事向宮廷文士報告，他們把巴錄帶來，叫巴錄念書卷。巴錄照紀錄逐字逐句地念了，他們聽後十分驚慌，便說：「必須將此事呈報國王。」他們先讓巴錄和耶利米躲起來，然後向約雅敬王報告。當時正值冬天，國王坐在火爐前烤火。他派人取來書卷，念給他和左右官員聽。每聽完三四段，王就用小刀把書卷割下丟進火內燒，直到整本書都割完燒完。

一些文士勸王不要這麼做，但他一意孤行。約雅敬和官員們聽完後毫不害怕，亦無任何傷心悔改之意，反而下令逮捕耶利米和巴錄。幸虧他們倆已躲起來了。耶和華上帝又命耶利米把祂的話重新由巴錄記下，並加上上帝對約雅敬的詛咒：「你的後代不會繼承大衛的王位，你的屍體要被抛在野外，白天受烈日燒灼，夜間受寒霜侵襲。而且由於你的罪過，我要懲罰你及你的子孫和官員，你與耶路撒冷人和猶大人不理會我的警告，所以我要按我所說的降大災於你們。」

不久，尼布甲尼撒帶大批人馬重新圍攻耶路撒冷，約雅敬被殺死，猶大國被滅。約雅敬的王位繼承人、其子約雅斤及王室其他成員和官員、工匠等一萬人被擄往巴比倫。聖殿內的一切器皿也都被劫奪到巴比倫。尼布甲尼撒立約雅斤的叔叔西底家爲王。

西底家和耶路撒冷人及猶大人繼續作惡。在西底家統治第四年時，上帝讓耶利米用皮帶和木頭做一個軛，掛在脖子上，然後去見西底家的使臣們，讓他們轉達給他們的君王——以東王、摩押王、亞捫王、推羅王、西頓王，耶和華要把這些國家交給巴比倫王尼布甲尼撒統治。如有任何一國不肯臣服巴比倫王，不肯揹負他加在他們脖子上的軛，耶和華將降戰爭、飢荒和瘟疫懲罰他們；如肯臣服於他，上帝將讓那國的國民留在本土，安居樂業。耶利米又去見猶大王西底家，也要他臣服，揹負巴比倫王加給他們的軛，否則必遭大禍。他還警告西底家，不要聽信那些說聖殿的寶物不久要從巴比倫搬回來的先知，他們在騙人。耶路撒冷人要生存，必須臣服巴比倫。

同年五月，先知哈拿尼雅在聖殿中當著祭司和群衆面對耶利米說，耶和華上帝告訴他已粉碎了巴比倫王轄制，在兩年內尼布甲尼撒掠奪的聖殿器皿將會全部運回，被擄到巴比倫的猶大王約雅斤以及所有猶大人都要回歸耶路撒冷。耶利米對他說：「但願耶和華實現你的預言。自古以來，在你我以前的先知們已預言有戰爭、飢荒和瘟疫降臨到許多民族和強國，但預言和平的先知要等到預言實現，人們才承認他確是耶和華所差派的先知。」

哈拿尼雅把耶利米套在脖子上的軛取下來，把它折斷了，向群衆說：「耶和華說，祂要在兩年內折斷尼布甲尼撒加給各國的軛。」事後，耶和華上帝叫耶利米對哈拿尼雅說：「雖然你能折斷木頭的軛，但祂要做個鐵的軛來代替，把鐵軛加給各國要他們臣服巴比倫王尼布甲尼撒。哈拿尼雅呀！耶和華並沒有差遣你，你卻叫人們相信你的謊言，所以耶和華上帝要消滅你。今年年內你必喪命，因爲你鼓動人背叛耶和華。」果然，當年七月，哈拿尼雅死了。

耶利米寫信給流亡在巴比倫的猶大人，說上帝指示他們在那裡生兒育女，爲被放逐城市的繁榮盡責，因爲他們流放的時間將長達七十年。七十年後上帝將把他們帶回耶路撒冷重建家園。

在巴比倫的一位假先知示瑪雅見到耶利米的信後，假借耶和華上帝之名寫信給耶路撒冷祭司們和全體人民，說耶利米自封爲先知，給巴比倫的猶大人寫信。示瑪雅要耶路撒冷聖殿祭司西番雅把耶利米關押起來。西番雅把此信讀給耶利米聽，耶利米預言示瑪雅及其子孫不會活著見到上帝賜予子民的福樂。

在西底家統治第十年時，西底家把耶利米抓起來，因爲他預言上帝要把耶路撒冷城連同西底家本人交給巴比倫王，西底家還將被擄到巴比倫。在獄中耶利米的侄子哈拿篾來見他，要他買下便雅憫境內亞拿突城的那塊田地。耶利米根據耶和華上帝的指令立即買下，付給侄子十七塊銀子，請證人作證簽了一式兩份的地契，當著監獄中猶大人的面交給巴錄說：「耶和華上帝命令你把這兩份地契放在櫃子裡，長久保存。因爲耶和華上帝說過，人們要重新在這地方購買房屋，田地和葡萄園。」在獄中，上帝再次向耶利米應許祂將使猶大人返回耶路撒冷，重建家園。

不久，巴比倫王尼布甲尼撒圍攻耶路撒冷。猶大王西底家要求埃及出兵援助。當巴比倫軍隊聽說埃及出兵，他們就主動撤退了。西底家以爲大難過去，但上帝要耶利米去對西底家說：「從埃及開來的援軍將中途折返，巴比倫軍隊還要來攻城，他們要占領這城，並放火燒毀它。」

耶利米見巴比倫軍隊暫時撤離耶路撒冷，打算離城回便雅憫親屬處，去繼承他所分得的家產。但到了城門口他被守衛隊長逮捕，罪名是他企圖向巴比倫人投降。耶利米堅決否認這一指控。但他們不由他分說，將他抓起來關在宮廷文士約拿單的地牢中。過了些時日，西底家私下派人把他提到王宮，問他是否有來自耶和華上帝的信息。耶利米說：「你已被交到巴比倫王手中。」耶利米請求王不要把他送回約拿單的地牢中，於是西底家下令把他關在王宮的獄中，每天給他一塊餅充飢。

尼布甲尼撒又帶領軍隊圍攻耶路撒冷。西底家把耶利米釋放了。耶利米在城內向人民宣傳上帝的旨意：「誰留在城內，誰就死於刀劍、飢荒、瘟疫；誰向巴比倫人投降，誰就可以保全生命，不會被殺。耶和華上帝已把這城交給巴比倫軍隊，他們將占領它。」一位官員聽了就去報告西底家，說耶利米煽動士兵和人民投降巴比倫。國王表示聽任他們處置耶利米，於是耶利米再次被捕。他們把他扔進太子宮監獄的一口井中，此井無水，但井底積滿淤泥。耶利米陷在泥中，宮廷太監以伯米勒同情他，向西底家報告說：「他們對耶利米太惡，把他墮入井中，他定會餓死在那裡。」王就派以伯米勒帶了三人把耶利米從井中救出，關在宮廷牢中。

西底家王悄悄叫人把耶利米提到聖殿第三道進口處，要耶利米老實告訴他該怎麼辦，並向耶利米發誓他說什麼話都沒關係，絕不會殺他。耶利米說：「你如向巴比倫的將軍投降，你和你全家不會死，城也不會毀，否則這城將被燒毀，你也無法逃脫。」西底家說，他怕巴比倫人把他交給投降巴比倫的猶大人，讓他受折磨。耶利米說：「巴比倫人不會把你交給他們……」西底家叫耶利米不要把此次談話告訴任何人，如其他官員問起就說：「我向王請求不要將我送回牢中，以免死在那裡。」耶利米就照此說了。

西底家最終還是沒聽從耶利米勸告，他不肯投降。當耶路撒冷城牆攻破時，他帶領衛隊連夜逃出城外，被巴比倫軍隊追獲。他們當著西底家的面殺了他所有兒子，挖去他雙眼，用鐵鏈鎖住他帶到巴比倫去。他們還殺死了猶大所有貴族，拆毀了耶路撒冷城牆，放火燒城內房屋，把城內向巴比倫王投降的猶大人擄到巴比倫，只留下最貧窮者和無財產者在此時重莊稼和葡萄。

巴比倫王尼布甲尼撒命令護衛長尼布撒拉旦善耶利米。他們把耶利米放出監獄，交給亞希甘的兒子基大利，使他回到同胞中。

巴比倫人立基大利為猶大省省長。一些沒有投降巴比倫的猶大官員和殘部都來米斯巴投奔他，其中包括以實瑪利、約哈難等人。約哈難告訴基大利，亞捫王巴利斯打發以實現利來刺殺他，並自告奮勇表示他可以去殺死以實瑪利。基大利卻不相信他的話。

那年七月，以實瑪利帶了十人到米斯巴見基大利，在進餐時他們拔劍把基大利殺了，還殺了在場的其他以色列人和巴比倫軍人。由於他們幹得很祕密，無人知曉。第二天，有八十人從示劍、示羅和撒馬利亞來，路過米斯巴要去耶路撒冷聖殿獻祭。以實瑪利迎出來，說他們去見基大利。他們不知是計，就跟他進城。一進城立即被以實瑪利及其部下殺死，只有十人願把藏在田間的大量食品給他們，才換取了生命。以實瑪利把殺死的人都扔在大坑中。

約哈難及跟隨他的軍官聽說以實瑪利犯下的罪行，就去追擊他們，救出了被以實瑪利劫持的米斯巴人，但以實瑪利本人及八名部下卻逃到亞捫去了。由於基大利被殺，這批猶大人得不到保護。爲了逃避巴比倫人的奴役，他們決定逃往埃及。途中，他們找去耶利米，要求他代向上帝祈禱，看上帝如何指示。十天後，耶和華上帝對耶利米講了話，耶利米把約哈難等人召集起來，向他們轉達了上帝的旨意：上帝命令他們不要去埃及，留在這裡，他會救他們脫離巴比倫王的轄制，讓他們回歸故里。如果他們執意要去埃及，那就將死於戰爭、飢餓或瘟疫。

當耶利米轉達了上帝之言後，以約哈難爲首的一批人卻不相信，說耶利米在撒謊，是想要把他們交給巴比倫人。於是，約哈難和其他軍官要殘留的猶大人和各國返鄉的難民都帶到埃及，還強行把耶利米和巴錄也帶到埃及答比匿。耶利米在埃及預言所有逃往埃及的以色列人中只有少數人能存活、從埃及重返猶大，其他人將都會死去，不是戰死，就是病死。耶利米還預言了尼布甲尼撒將進攻埃及，懲罰埃及。摩押、亞捫、以東雖也將受懲罰，但以後他們會復興。上帝最終會審判巴比倫，以色列人會返回故鄉。這些預言以後都實現了。

71 但以理釋夢

猶大王約雅敬在位第三年，巴比倫王尼布甲尼撒攻下耶路撒冷。他吩咐太監長亞施毗拿選一批英俊、無殘疾、聰明、學識豐富的以色列王室和貴族出身的青年專攻三年迦勒底（巴比倫）的文字語言，然後在宮廷中服務。太監長選中了一批少年，包括但以理、哈拿尼雅、米沙利、亞撒利雅四位猶大族青年，把他們改名為伯提沙撒、沙得拉、米煞、亞伯尼歌。

巴比倫命這些青年每天吃與王同樣的飯菜和酒，使他們健康，面色紅潤。但是但以理等四人卻不想食用這些以色列人認為不潔淨的膳食和酒玷污自己，他們要求太監長改供應素菜和清水。太監長怕他們因此而營養不良，變得面黃肌瘦，王怪罪下來會有殺身之禍，因此不准。但以理又去求太監長手下的委辦，請他讓他們試吃十天素食和清水，如其面容與食用王膳的人同樣紅潤，就滿足他們的要求。委辦同意了。十天後，他們的面容比用王膳者看起來更健康。於是委辦每天給他們吃素菜，喝清水。上帝使這四位青年精通文學，哲學，又賜予但以理解釋異夢的本領。

三年期限到了，太監長把這批青年帶到巴比倫王尼布甲尼撒面前。王逐一召見談話，發現在聰明才智方面，無人能與但以理他們四人相比，於是把他們留在王宮內作侍從。

尼布甲尼撒在位第二年，做了一夢，心煩意亂。第二天，他把全國術士和迦勒底人召來說：「我昨夜做一夢，使我心神不定，但夢我已忘了，你們必須把夢和夢的解釋告訴我。如果你們能做到，我將大大地獎賞你們。否則就把你們殺了，你們的房子也將成糞堆。」他們一再要求國王能把夢告訴他們，以便他們解夢，國王說：「你們是故意拖延，因爲你們知道那夢我已忘了。」迦勒底人說：「世上沒有人能做到重複別人的夢，除非超人的神明。」國王大怒，要殺死所有的術士哲人，包括但以理及其朋友。

但以理見國王的護衛長亞略要執行國王命令去殺他們，他們便求他再寬限幾日，說自己將設法解夢。

但以理回到居所，把此事告訴其同伴哈拿尼雅、米沙利、亞撒利雅，要他們一同向耶和華上帝祈求，將夢的奧祕啓示給他們，免他們一死。當晚耶和華上帝在異象中向但以理顯示了奧祕。但以理稱頌耶和華上帝。第二天，但以理去見亞略，求他不要殺巴比倫術士哲人，帶他去見國王，爲王解夢。

亞略急忙把但以理領到王前，但以理對尼布甲尼撒說：「王所問的奧祕，術士哲人都講不出，唯有耶和華上帝能顯明奧祕，祂向你指示了日後的事。你夢見一個大像。這像甚高，發出耀眼的光，形像可怕地站在你面前。此像的頭是精金的，胸和臂膀是銀的，肚腹和腰是銅的，腿是鐵的，腳趾是鐵和泥混合做的。你正在觀看時，山岩上突然滾下一塊非人工所爲的巨石，擊中那像，把鐵泥混合的雙腳砸碎，那土、鐵、銅、銀、金都立即粉碎，像灰塵那樣被風吹散，無影無蹤。而那巨石竟越變越大，成爲一座大山，覆蓋整個世界。以上就是你所做的夢。這夢的意思是：像的金頭是你，上帝使你作帝王，給你統治世界和人類的權柄。銀手臂和胸代表在你之後將有另一個帝國出現，但是沒你的王國那麼大。後來又有第三個帝國，即銅帝國統治世界。再後面是鐵的帝國，它能擊碎、打垮所有以前的帝國。而泥鐵混合的腳趾代表分裂的帝國的出現，那帝國將部分強盛，部分衰弱。統治者要想以通婚來統一各民族，但做不到，就像泥鐵無法相混一樣。當這位統治者在位時，天上的上帝將要建立一個永久的王國。這一王國絕不會被征服，反而徹底毀滅所有帝國，永遠存在。這就是你夢見的那塊滾下的巨石，它砸碎一切金、銀、銅、鐵和泥做的像。」

但以理為王解了夢，尼布甲尼撒立即向但以理下拜，向他獻供物、焚香，並說：「現在我知道你們的上帝是眾神中最偉大的，是位啓示奧祕的上帝。」國王賞賜但以理許多貴重禮品，並要委派他管理巴比倫省，任王家顧問的首領。但以理請求讓他三位朋友去管理巴比倫省事務，自己仍留宮中。

尼布甲尼撒王造了一座金像，像高二十七公尺，寬三公尺，豎立在巴比倫省杜拉平原。尼布甲尼撒要大臣們和各級官員參加此像的揭幕典禮。當樂聲一起，所有人都向金像跪拜，唯獨但以理的三位朋友不向金像下跪。有人把此事報告國王，國王一聽大怒，下令把三人帶到他面前說：「不向金像敬拜的人，要立即扔進火窯內。你們以為會有神明來救你們脫離我的掌握嗎？」三人回答：「陛下，我們不願為自己辯護。若我們敬拜的上帝能救我們脫離火窯和你的權勢，祂一定會救我們。即使祂不救我們，我們也絕不拜你立的神明——金像。」

尼布甲尼撒一聽暴跳如雷，立即命令左右將火窯燒得比原來熱七倍。又命令最強壯的兵士把三人綁起來扔入窯內。由於窯內火勢凶猛，冒出的火焰當場將執行命令的士兵燒死。而國王則驚奇地發現窯內竟有四人在火中走來走去，火焰絲毫沒有灼傷他們，其中第四個看起好像是神。於是尼布甲尼撒大聲喊：「沙得拉！米煞！亞伯尼歌！至尊上帝的僕人，請出來吧！」三人立即從火中出來，絲毫沒受損傷。

國王說：「願沙得拉、米煞、亞伯尼歌的上帝得到稱頌！祂派天使來解救信靠祂的僕人。他們寧願冒生命危險違抗我命也不肯敬拜其他神明，一心敬拜他們的上帝。現在我命令，凡誹謗他們三人的，不管是那一族人都要斬斷四肢，他的家要成廢墟，因爲無一神明能這樣施行拯救。」於是，國王提拔三人擔任更高的職位。

不久，尼布甲尼撒又做了第二個異夢。夢見大地中心有棵大樹，越長越多，直達到天頂，世上人都能看見。這棵樹枝茂葉盛，青翠美麗，樹上結滿了沉甸甸的果子。足夠供應全世界人食用。飛鳥在枝頭築巢，野獸在樹蔭歇息，各種動物都吃它的果實。正值此時，一位守望天使從天上下來，大喊：「把樹砍倒，劈斷樹枝，搖落樹葉，打下果子，把樹下野獸趕跑，把枝上飛鳥轟走，只留下殘株在地裡，用銅、鐵條圍住，跟草一起。」天使又說：「把那人留在野外，讓他跟野獸一起吃草，受露水浸濕。有七年之久，他不再有人的心智，不再有人的想法；他只像野獸。這是守望天使所發的令，爲要使世人知道，人的國度是至尊上帝所掌管的；上帝有權把國權賜予祂所選之人；即使是最卑微者，上帝也可使他掌權。」

尼布甲尼撒又將全國術士、占星者找來，讓他們解夢，但無人能解。這時，但以理（又名伯提沙撒）進來了，國王便對他說：「王室的術士哲人無一人能解，但你能，因爲上帝的靈與你同在。」

但以理一聽此夢，驚惶萬分，國王叫他別怕，告訴他眞情。但以理說：「陛下，但願此夢是指你的仇敵。那棵高大參天的樹就是你。你的權力高於天，統治了全世界。而天使所言表明上帝已將發生在你身上的事宣布了。你將從人群中被趕走，與野獸生活七年，像牛一樣吃草，睡在野外。然後你將會承認至尊上帝掌管人類所有的國家。那殘留在地裡的就說明當你承認上帝統治全世界後，你將再度作王。所以陛下，請聽我勸告，不可再犯罪，要秉行公義，憐憫窮人，這樣你才會繼續昌盛。」

十二個月後，這一夢兆變成現實，當尼布甲尼撒在王宮涼台上散步見到整個巴比倫城時說：「看哪，巴比倫城多麼雄偉，我用權勢建造這城作京城，顯示了我的光榮和威嚴。」話音未落，他就聽見天上有一聲音說：「尼布甲尼撒，你的王權已被奪走，你要被趕出人群，與野獸為伍，像牛一樣吃草達七年之久。以後你就會承認至尊的上帝有權掌管人的國度，有權把國權賜予祂所選擇的人。」

此話立即實現了。他被推翻，趕出了人群，只得逃到野地裡與野獸為伍。他的頭髮長得像老鷹羽毛，指甲長得像鳥爪。七年中尼布甲尼撒飽嘗了痛苦，恢復了理智，眞正認識到永生上帝的偉大，自己的渺小。他舉目望天，讚美稱頌上帝，說：「我尼布甲尼撒稱頌、尊崇、榮耀天上的君王。祂的作為正直公平；祂能貶低驕傲的人。」

在尼布甲尼撒被趕走時，他的兒子伯沙撒繼承了父親的王位。一天晚上，伯沙撒王邀請一千名達官貴人參加盛大宴會。正當眾人開懷暢飲時，伯沙撒想起了父親曾從耶路撒冷聖殿中搶來的金杯銀碗，立即命人取出，用它們盛上酒，讓大臣、妻妾、妃嬪喝，還稱頌用金、銀、銅、鐵、木製的神明。就在此時，忽然，在王宮燈光最亮的粉牆上出現了一隻人手，寫了一串他們不認識的字。國王見了那隻手嚇得臉色蒼白，雙膝發抖，馬上命召全國術士哲人前來。他們一到，國王宣布：「誰能讀出牆上的字，並解釋其意思，我就賜他穿王的紫袍，戴榮譽的金項鏈，並封授他高居王國第三位。」但這些術士哲人無人能認。國王非常失望，面無人色，坐立不安。百官不知所措。太后得知此消息後，進入宴會大廳，叫國王不要驚惶失措，因為她想起了但以理，相信他肯定能解釋牆上的字。

國王馬上宣但以理進宮，答應賜予他高官和榮譽，要他解釋牆上的字。但以理說：「請陛下將獎賞留下或賜予他人。」但以理以尼布甲尼撒當年顯赫的權勢以及失去王位後的遭遇告誡伯沙撒。他指責伯沙撒不知謙卑、驕傲自大、目無上帝，竟用聖殿中搶來的杯碗當器皿酒喝，還稱頌偶像，以致觸怒了上帝。所以，上帝派遣一隻手來寫字。他說：「這些字是『數算、數算、稱一稱、分裂。』『數算』的意思是上帝已數算你國度的年日，使國運終止。『稱一稱』的意思是你被放在秤上稱，稱出你太輕了。『分裂』的意思是你的國家要分裂，歸於瑪代人和波斯人。」

伯沙撒命令給但以理穿上紫袍，戴上榮譽項鏈，宣布他在國內高居第三位。

當晚伯沙撒被殺，六十二歲的瑪代人大利烏奪取了政權。

大利烏很賞識但以理，任命他及另外兩人總管全國一百二十個省長。很快，但以理的卓越才能遠超過另外兩人，國王想委派他管理全國，這引起這兩人及省長們的嫉妒。他們設法在國事上尋釁，但沒成功，因為但以理辦事嚴肅認真，一絲不苟。於是，他們就在宗教上設下陷阱。他們相約去見大利烏王，說所有官員希望陛下下一道禁令，要求任何人在三十天內不得向任何神明祈禱，只准向陛下祈求，違者要扔進獅坑內。此禁令要蓋上玉璽，使之生效，任何人不得更改。大利烏王不知是計，就發了這一禁令，並加蓋了玉璽。

但以理不顧這一禁令，仍一日三次在他屋頂上，在朝向耶路撒冷方向的窗戶前跪下向上帝禱告，但以理的人就向國王報告說但以理違反禁令，要國王按禁令的規定處罰但以理。國王心中很難過，一心想救但以理，無奈這批人盯著國王說：「根據瑪代和波斯的法律，王所發的詔令不得更改。」國王無法，只得把但以理帶來，扔進獅子坑。

王對他說：「願你忠心侍奉的上帝救你。」他們把坑口用石頭堵住，還加封了有國王玉璽和大臣們印的封條，使人不能搭救他。但上帝派了天使將獅子的口封住了，使牠們不能傷害他。國王回家後不吃不喝，整夜轉輾難眠。

天一亮，國王趕到獅子坑，焦急地高喊：「但以理，你忠心侍奉的上帝有沒有救你脫離獅子之口？」但以理回答：「陛下，上帝知道我無辜，沒做冒犯陛下的事，派天使將獅子之口封住了。」國王非常高興，把但以理放了出來。國王下令逮捕控告但以理的人及他們的妻兒，把他們扔進獅子坑餵了獅子。從此但以理萬事順利。他在大利烏和波斯王古列手下服務了多年。

72 在魚腹三日的約拿

有一天，耶和華上帝叫亞米太的兒子約拿去尼尼微大城，斥責城中居民，因爲他們做了許多邪惡之事。但約拿不想去，他來到約帕港，找到一條開往他施的船，上了船，付了船費，想躲避耶和華。

耶和華上帝使海上刮起大風，狂風急浪把船擊打得上下激烈顛簸，船幾乎被擊穿。船員們驚恐萬分，紛紛向各自的神明呼救，並把貨物拋進海中，以求減輕船身重量。此時約拿卻在船艙底睡著了。船長發現了他，把他叫醒，要他也向他的神明呼救。

船員們懷疑船上有人犯罪，致使他們遇此災難，於是讓每個人抽籤，看誰犯了罪。結果表明約拿有罪。船員們追問他從哪裡來，是否是他給他們帶來了災難。約拿說：「我是希伯來人，敬拜耶和華上帝，祂是海洋和陸地的造物主。」

接著，他又告訴他們，他是爲了逃避上帝才來乘他們的船。船員們一聽十分害怕，問他如何處置他才能使浪平靜下來。約拿說，只要把他拋入海中，就能平息風浪。船員們最初不忍心這麼做，他們拼命划槳，想把船划到海岸去，但風暴越來越大，船寸步難行。

出於無奈，他們只得呼求耶和華不要因懲罰約拿而殃及他們。他們把約拿抬起來，說：「這一切都是你自作自受的。」然後他們把他扔進大海。頓時，風浪停止，海面恢復一片平靜。船員們見到耶和華的大能都許願要敬拜祂，並爲祂獻了祭。

約拿被拋進海後，耶和華上帝讓一條大魚將約拿吞下。約拿在魚腹中過了三天三夜。他向上帝祈禱，感謝上帝救了他。上帝命令大魚把約拿吐到沙灘上。於是，約拿又回到了陸地。耶和華上帝再一次要約拿前往尼尼微大城，向城中百姓宣講上帝的話。這次約拿服從了耶和華上帝之命。

尼尼微是個大城，需要走三天才能穿遍全城。約拿在城內走了一天，向民衆宣布：「再過四十天，尼尼微將被毀滅。」尼尼微人非常害怕，決心改邪歸正，聽上帝的話，並決定人人禁食，披上麻布表示懺悔。尼尼微王也離開寶座，脫下王袍，披上麻布，坐在灰中懺悔。王還向全城人發出通告：「人和牲畜都不可以吃任何東西……都要披上麻布！每個人必須懇切地向上帝祈禱，停止邪惡行爲不做強暴的事。也許上帝會因此改變祂的心意，不再發怒，我們就不致滅亡。」

他們這種棄惡從善的悔罪表現感動了上帝，使祂改變初衷，不再降災於他們。爲此約拿非常生氣，認爲上帝使他在尼尼微人面前丟了臉。他向上帝祈禱：「耶和華上帝啊，在我離開家鄉前，就知道您一定會這樣做，正因如此我逃往他施，因爲我知道您是位慈悲憐憫的上帝。您有耐心、仁慈，隨時會回心轉意不去懲罰人。所以耶和華，您不如讓我死了，死了還比活著好。」

約拿就到城東面的郊外坐下，搭了帳篷，坐在背陰面，看尼尼微城到底會發生什麼事。耶和華上帝使約拿住所附近一夜之間長出一棵蓖麻樹，讓樹蔭爲約拿遮擋陽光，使他涼爽。約拿非常喜歡這棵樹。

第二天清晨，上帝讓蟲子來咬樹，使樹很快枯死。毒辣辣的太陽出來了，上帝又讓熱風從東面吹來。強烈的陽光直射約拿的頭頂，幾乎把他晒昏了。他對這棵死去的蓖麻樹十分生氣，又要求死，並說：「死了比活著好。」上帝說：「你怎麼能對這棵蓖麻樹這麼生氣？」約拿說：「爲什麼我不可以生它的氣呢？我都要氣死了。」

上帝說：「這棵樹在一夜之間長成，第二天就枯死了，你既沒有栽種它，又沒有培養它，你尚且爲它死去感到可惜，那我不就更應該憐憫尼尼微這座大城嗎？畢竟城內有十二萬無辜的孩子，還有衆多牲畜呢！」上帝的這番話，使約拿茅塞頓開。

D. Maclise, R.A.　T. Landseer.

1 天使報佳音

在希律當猶大王時，有位祭司名叫撒迦利亞。他的妻子叫以利沙伯，是摩西之兄亞倫的後裔。夫婦兩人十分虔誠，事事遵奉上帝的誡命和禮儀，行上帝眼中的善事。他們唯一遺憾的事是兩人年事已高，但始終無子，夫婦倆常爲此事向上帝祈禱，盼望上帝能賜一子。

一天，撒迦利亞像往日一樣在殿堂中盡祭司職，衆百姓在殿外禱告。當他抽籤抽到由他上祭壇前進香後，便恭敬地上前焚香。他突然看見上帝的使者站在香壇的右邊，頓時慌了手腳、驚恐萬分。天使對他說：「撒迦利亞，不要害怕！你的祈禱上帝已垂聽了。你的妻子以利沙伯將要給你生子，你要給他取名約翰。他不僅給你帶來歡樂，還將給其他人帶來歡樂。他將成爲一位偉人，滴酒不沾。在母腹中他就將被聖靈充滿。他將使許多以色列人改惡從善，回歸到他們的主——上帝身邊。他將具有先知以利亞的能力。他還能叫父子隔閡冰消雲散，叫悖逆的人回心轉意，走上正義理智之路。他還爲主預備合用的百姓。」

撒迦利亞聽後，簡直不相信自己的耳朵，說道：「我憑什麼相信這事會發生呢？我已老了，我妻子也已老邁，失去了生育能力了。」

天使說：「我是上帝面前侍奉的加百列，奉上帝之命將此好消息告訴你的。到時候此話必然靈驗。只因你不相信此事，你將成爲啞吧，直到你得子後才能重新開口。」

殿外等候撒迦利亞舉行禮儀的百姓見他在殿內久不出來，而出來後竟成了啞吧，就知道他在殿內見了異象。當撒迦利亞供職時日滿了，他就返回家中。

過了些時日，以利沙伯果然懷孕。爲此她深深感激上帝使她老年得子，除去了她在人間的羞恥。但懷孕一事直到五個月後外人才知道。

在以利沙伯懷孕第六個月時，天使加百列受上帝差遣前往加利利的拿撒勒城，去見一位童女馬利亞。當時馬利亞已許配了大衛的後裔、木匠約瑟爲妻，只是還未過門。天使見到她後，便說：「蒙大恩的女子啊，我向你問安！主與你同在。」馬利亞十分驚慌，不知天使問安是何意思。天使說：「馬利亞不要怕，你在上帝面前已蒙恩。你要懷孕生子，你可給他取名耶穌。他將成爲最偉大的，可稱爲是至高者的兒子。主上帝要把他祖上大衛的位給他，要他作雅各家的王直到永遠。他的國將永無窮盡。」

馬利亞說：「我還沒出嫁，怎麼會有這等事呢？」

天使說：「聖靈要降臨到你身上，至高者（上帝）的能力要蔭庇你，因此你要生的聖者必稱爲上帝的兒子。你的親戚以利沙伯年已老邁，本不會生育，但現已有身孕六個月，因爲出於上帝的話沒有一句不靈驗的。」

馬利亞說：「我是主的女僕，甘心情願讓你的話在我身上實現。」天使聽後滿意地飛走了。

馬利亞急忙動身前往猶大的撒迦利亞家，要向以利沙伯問安。當以利沙伯她一聽到馬利亞的問安聲，胎兒就在她懷中跳動，她本人也被聖靈充滿，向馬利亞高喊：「你是婦女中有福的，你所懷的胎也是有福的。我主的母親到我這裡來了。你的問安聲一入我耳中，我的胎兒就喜歡得直跳動，因爲主對他所說的話都要應驗。」

馬利亞說：「我的心尊主爲大，我的心靈以上帝的救主爲樂，祂始終顧念我——祂的卑微的僕人。從此萬代人都要稱我有福，因爲全能的上帝成全了我的大事。祂的名是神聖的。祂將世世代代向敬畏祂的人施以恩惠。祂將用祂的臂膀施展無比的神力，驅趕狂傲者心中的妄想。祂將叫有權柄的人失位，叫卑賤者升高，叫飢餓者得飽美食，叫富足者空手而歸。祂將扶助祂的僕人以色列，以紀念亞伯拉罕及其後裔……」馬利亞與以利沙伯同住了三個月便回家了。

以利沙伯產期到了，生下了一個兒子。周圍鄰里及親朋好友都爲她高興，前來慶賀。產後第八天，他們按以色列人的規矩爲男嬰施割禮，並要沿用其父的名字爲他取名撒迦利亞。孩子的母親以利沙伯不同意。她說：「不可取此名，應叫他約翰。」他們說：「但你的親屬中沒有人取過此名的。」於是他們就打手勢，問撒迦利亞應給他兒子取什麼名字。撒迦利亞要了塊寫字的書板，寫上：「他的名字叫約翰。」他們都深感驚訝。突然，撒迦利亞舌頭功能恢復，他能說話並開口讚美上帝了。所有在場的人無不爲此充滿敬畏之情。不久此事傳遍了猶太山地，所有聽說者都對這孩子刮目相看，不知他將來會成爲什麼人，因爲上帝與他同在。

撒迦利亞被聖靈充滿，預言將在大衛的後裔中出一位非凡的救主，將帶領他們脫離一切仇敵。他並預言他的兒子約翰將是位上帝的先知，成爲主的先驅，爲祂開闢道路，向祂的子民宣告：他們的罪將得赦免，從而都將得救。上帝的目光將照亮坐在黑暗中死蔭裡的人，把他們引往平安之路。

約翰在父母關懷中，一天天健康成長。他住在曠野中，直到向以色列人公開布道。

2 耶穌降生

馬利亞的未婚夫約瑟是個十分正直的人，當他得知馬利亞未婚先孕時，以爲馬利亞行爲不端。儘管如此，他並不想公開羞辱她，準備私下悄悄地把馬利亞休了。正值此時，天使在他夢中顯現說：「大衛的子孫約瑟，不要怕，只管娶過你的未婚妻馬利亞，因爲她懷的孕是從聖靈來的。她將生子，你應給他取名耶穌，因爲他將把百姓從罪惡中救出。這一切事都應驗了先知以賽亞說的『必有童女懷孕生子，要稱他的名爲以馬內利。』」約瑟醒後就遵照天使的吩咐把馬利亞娶過來，但並不與她同房。

在居里扭作敘利亞巡撫時，羅馬皇帝亞古士督有旨，要在全羅馬境內作一次人口普查，所有國民均要返回故鄉，登記上冊。約瑟必須從加利利的拿撒勒返回祖籍大衛城——伯利恒去登記。他帶著有很重身孕的妻子馬利亞抵達伯利恒時，因旅店已滿員，只得暫住旅店馬廐內。當晚馬利亞產期到了，生下一子。因馬廐條件惡劣，馬利亞只得用布把新生兒包上後放在馬槽內。

當夜，在伯利恒野地裡的牧羊人見到天使站在他們身邊。主的榮光照顧著他們的四周，都十分驚慌。天使說：「不要怕！我給你們報特大喜訊，這關係到萬民，因爲今天在大衛城中你們的救主降生了，這就是主基督。你們會見到一個嬰孩包著布，躺在馬槽中，那就是一個標誌。」突然，一大隊的天兵和天使出現，他們高唱讚美上帝的歌：「光榮歸於至高的上帝，地上的平安歸於祂所喜愛的人。」不一會天兵天使們升天了，牧羊人互相商量進伯利恒城尋找這一孩子。他們

在馬廄中親眼見到馬利亞、約瑟和安詳躺在馬槽的嬰兒，於是把天使說這孩子的話都給傳開了。所有聽到牧羊人話的都深感驚訝。馬利亞則把此事牢記在心，並反覆思量。過了八天，他們就爲孩子施了割禮，並按天使先前所告知的取名耶穌。

馬利亞和約瑟根據摩西的律法，在馬利亞滿了潔淨日之後，就帶孩子去耶路撒冷的聖殿向主獻祭。

耶路撒冷城內有位十分正直虔誠的人叫西面。他得到聖靈啓示，得知在他未死前必見到救主基督。當他進聖殿時正見耶穌父母抱著耶穌進殿，西面馬上用手接過孩子：「主啊！如今可兌現您的諾言，讓僕人安然去世了，因爲我已親眼見到您的救恩，這是您爲萬民所預備的，他是照亮外邦人的光，又是您以色列民的榮耀。」西面又對馬利亞：「這孩子是上帝挑選的，他將造成許多以色列人興起或衰敗，他也將遭許多人詆毀。他會將人們醜惡的思想暴露在光天化日之下。至於你，馬利亞，你也會遭受萬箭穿心般的痛苦。」

在聖殿內禁食祈禱、夜夜侍奉上帝的女先知，八十四歲的亞拿在耶穌被抱進聖殿時也前來稱謝上帝，並向耶路撒冷城內熱切盼望救主降臨的人報告喜訊：救主已降生了。

在耶穌降生之日，東方三位博士見天空中出現了一顆明亮的新星，他們根星的方位追尋到耶路撒冷，向人們四處打聽：「猶太人的新生王在何處？我們在東方見到他的生，特來敬拜他。」

當時的猶太王是大希律，他和耶路撒冷全城的人聽到此消息後都深感不安。於是大希律將全城的祭司長和文士召來，問他們：「基督應該降生何處？」

他們說：「應是猶大伯利恒，因爲先知書記載：『猶大地的伯利恒啊，你在猶大諸誠中並不是最小的，因爲將來有一位君王要從你那裡出來，牧養我以色列民。』」

大希律王又暗暗傳召了那幾位博士，詳細詢問那顆星是何時出現的，並打發他們前往伯利恒去仔細尋訪此孩子，要他們找到後就給他報個信，以便他去拜訪。這幾位博士聽了大希律的話就直奔伯利恒方向而去，忽見前面出現了他們在東方曾見到過的那顆星，一直把他們領到聖嬰所在地的上方停下。幾個人歡天喜地地進了屋子，見到小孩及其母親馬利亞倒身便拜，然後打開了他們的寶盒，獻上了黃金、乳香和沒藥。當晚，上帝在夢中告訴他們不要回去見大希律，於是他們就從別的路返回本地。

博士們離開後，天使在夢中向約瑟顯現，讓他帶著孩子和妻子逃往埃及，因爲希律將尋找孩子並處死他。約瑟連夜帶著馬利亞和耶穌逃往埃及。

大希律等著幾位博士回音，卻不見他們蹤影，方知受他們的愚弄，於是大發雷霆。他擔心新生的猶太王將危及他的統治，便下令將伯利垣城及其周圍的兩歲以內的男嬰一律處死，為此伯利恒全城一片哭聲。這應了先知耶利米的預言：「在拉瑪聽見嚎啕哀哭的聲音，是拉結哭他的兒女。她不肯接受安慰，因為他們都死了。」

以後，大希律死了，天使又向約瑟夢中顯現，要他帶著孩子和妻子返回以色列，因為要害孩子的人已經死了。約瑟和馬利亞把耶穌從埃及帶回以色列。到了以色列境內，約瑟方得知現已由大希律之子殘忍的亞基老接替王位，心中十分擔憂。當晚，上帝在夢中指示約瑟，帶著全家前往加利利的拿撒勒。於是，約瑟帶全家定居拿撒勒，故耶穌又被稱為拿撒勒人。

3 少年時代的耶穌

馬利亞在生耶穌之後，又生了雅各、約西、猶大、西門四兄弟。此外，耶穌還有姊妹。一家人僅靠父親約瑟一人當木匠維持生計，日子相當艱辛。

約瑟和馬利亞都極爲虔誠，每年逾越節他倆都要去耶路撒冷聖殿朝聖，每星期的安息日也都要帶孩子們去附近會堂聽文士讀經。耶穌每次聽經十分認眞。

耶穌十二歲那年，根據摩西律法的規律，父母帶著耶穌去耶路撒冷守節。等守滿了日子，馬利亞和約瑟找不著耶穌，以爲他跟著其他孩子先走了，於是他們也隨著人群走了。

到了晚上，他們在同行的親族和熟人中找耶穌，但怎麼也找不到他，這下慌了神。馬利亞傷心地落下眼淚，約瑟雖安慰了她幾句，但心裡也十分擔憂。等他們冷靜下來、仔細考慮以後，認定耶穌仍留在耶路撒冷。

於是，第二天一早兩人又返回耶路撒冷。到第三天上午，他們來到聖殿，只見耶穌坐在教師中間，和他們一起探討許多深奧的問題。對教師們的問題，他都能應答如流。而他提出的問題往往難倒教師。人們都爲這位少年的聰穎所傾倒。

約瑟和馬利亞在旁見了又驚又喜。馬利亞走上前去對耶穌說：「我兒，你爲什麼這麼做呢？我和你父親都爲你著急傷心，到處找你。」

耶穌看著她說：「你爲什麼要找我？你豈不知我應以我父的事爲念麼？」此話的意思是指，

他應以上帝的事為己任，但他父母親不明白他的話意。

耶穌又跟隨父母回到家，盡起長子的責任：孝順父母、照顧弟妹，並逐漸學會了父親的全套木匠手藝。空餘時他就熟讀經文。隨著年齡增長，身體也健康成長，智慧與日俱增，上帝和人們對他的喜愛日益加深。

4 施洗約翰

在羅馬皇帝提庇留在位第十五年時，猶大的巡撫是本丟彼拉多。當時猶大全地由三位分封王統治：加利利的分封王名叫希律基督是前面的猶太王大希律之子）、以土利亞和特拉可尼的分封王為希律的兄弟腓力，亞比利尼的分封王為呂撒聶。

那年祭司撒加利亞的兒子約翰受聖靈感召開始布道。他身著駱駝毛衣服，腰束皮帶，吃的是蝗蟲和野蜜，在耶路撒冷、猶太全地和約旦河一帶曠野裡呼喚人們悔改，接受洗禮，以使罪得赦免。這應了先知以賽亞的話：「在曠野，有人呼喊：預備主的道，鋪平祂的路……凡有血氣的，都要見到上帝的救恩。」

當時許多人都來跟從約翰，承認他們的罪，並在約旦河受他的洗。約翰見到許多法利賽人和撒都該人也來受洗，就對他們說：「毒蛇的種類，誰說你們受洗就可逃避將來的懲罰？你們只有用自己的行為來證明自確確實改邪歸正。你們不要以為自己是亞伯拉罕的子孫就了不起。我告訴你們，上帝用這些石頭就可為亞伯拉罕造出子孫後代。斧子已架在樹根上，隨時要砍下不結果子的樹，扔進火裡燒掉。」

有人問約翰，如何做才能罪得以赦免。約翰：「凡有兩件衣服的，就要分一件給那沒有衣服的；凡有食物的人就要把食物拿出來與他人分享。」

有些稅吏要求約翰為他們施洗，並問他：「我們該怎麼做？」約翰說：「收稅要老實，不可多取一文。」

又有士兵前來問他該怎麼做。他說：「不可暴戾，不可敲詐勒索，有錢糧就當知足。」

人們見約翰布道以理服人，明澈清楚，就猜測他是救世主基督。約翰說：「我是用水替你們施洗。但有位比我能力更大的將要來臨，我與他相比，我連替他解鞋帶都不配。他是用聖靈和火爲你們施洗。他手持簸箕，要揚淨穀物，把乾淨的麥子收入穀倉，而把秕糠用他那永不熄滅的火燒盡。」

正値此時，耶穌從加利利來到約旦河，他見到約翰就要請他施洗。

約翰拉住他說：「我應當受你的洗，怎麼反倒你要我爲你施洗？」

耶穌說：「我們暫且這麼做吧。因爲這是要履行一切應做的事。」

約翰只得同意爲耶穌施洗。

耶穌剛受完洗從水中出來，天門立即爲他打開了。約翰和他都看到了上帝的靈像鴿子一樣降落在他身上。接著天上傳來了聲音：「他是我的愛子，是我最鍾愛的。」

第二天，約翰見耶穌向他走來，就向群衆說：「上帝的羔羊們，快戒除世上的罪孽吧！這就是我說的那位比我更偉大的人，因爲在我出世前他就已存在……那差遣我用水爲人施洗的上帝曾對我說：『你將看見聖靈降臨，停落在一個人身上。』那人就是用聖靈施洗的人。我現已看見了，他就是上帝的兒子。」

加利利的分封王希律作惡多端，他與其兄弟腓力的妻子希羅底通姦，後來又娶了她。按摩西的律法，這是不允許的。約翰前去見他，指責他犯了罪。希律王老羞成怒，把約翰關入監獄。

約翰在獄中得知耶穌自受洗後就開始傳教，並卓有成效，就派了他的門徒去見耶穌，問他：「你是否就是約翰說的將要來臨的那一位，或是還要我們等待另一位呢？」

耶穌回答：「你們回去，把你們所聽到、所見到的報告約翰，就是瞎子復明、跛腳的行走、患痲瘋的潔淨、聾子復聰、死人復活、窮人也聽到福音，那些對我有堅定信念的人有福了。」他們回去把這話回覆了約翰，約翰在獄中也就放心了。

對約翰刻骨仇恨的倒不是希律王，而是他的妻子希羅底，她一心要除掉約翰。但因爲約翰是位德高望重的人物，在群衆中威信很高，甚至有時連希律也很想聽約翰的說教，不敢輕易殺死約翰，因此，希羅底只能等待時機用計謀殺死他。

一天，希律王過生日。他大擺酒宴宴請賓客，出席酒宴的都是政府要員、軍事首領和地方頭面人物。席間希羅底讓其女兒出來跳舞助興，以取悅希律王。希律見女兒的優美舞姿果然龍顏大悅，就對她說：「我起誓，你要什麼都可以，那怕是半片江山我也給。」於是，女兒跑去問母親她應要什麼。

希羅底見索約翰之命的時機已到，就對女兒說：「要施洗約翰的人頭。」女兒就按母親的話答覆父親說：「請您把施洗約翰的頭放在盤子裡端來給我。」希律雖十分苦惱，但已當著衆賓客面起了誓，無法再拒絕，只得派侍衛取約翰的首級。侍衛奉命去獄中砍下了約翰的頭，並把它放在盤子中端給希律的女兒，她又把此頭交給其母親。希羅底終於達到了目的。

約翰的門徒得知此消息後，將他的遺體偷偷抬走，安葬在墓中。

耶穌聽到約翰死訊，十分悲哀，因爲約翰在他心目中占有很高的地位。他曾對群衆說：「你們去曠野裡找約翰時是想著什麼？是看一個衣著華麗的人嗎？……是看一位先知嗎？我告訴你們，你們見到的不只是一位先知，他就是聖經上所提到的那一位。上帝說：『看吧！我要差遣我的使者；他要做你的先驅，為你開路。』我告訴你們，在人們沒有比約翰更偉大的人；但在上帝的國裡，最微小的一個都要比約翰偉大呢！」

耶穌在約翰去世後，深感身上的擔子更重了，便更全身心地投入傳教工作中——這是後話。

5 耶穌受試探

耶穌在約旦河受洗後內心被聖靈所充滿。聖靈把他引領到曠野，讓他接受魔鬼的試探。在那裡他與野獸為伍，足足禁食四十天，堅定信念，抵制魔鬼的各種誘惑。四十天禁食，堅定信念，抵制魔鬼的各種誘惑。四十天禁食日子過了，耶穌頓感飢腸轆轆。魔鬼又趁機引誘他說：「假如你是上帝的兒子，可以吩咐石頭變食物。」

耶穌說：「經上記著：人活著不只靠食物，乃靠上帝口中所說的一切話。」

魔鬼又把他帶到高山頂上，把天下萬國都指給他看，並說：「這一切權勢、榮華富貴都是我的，我願給誰就給誰，只要你向我下拜，我就把這一切給你。」

耶穌說：「經上記著：當敬拜主你的上帝，而且要單單侍奉祂。」

魔鬼把他帶進聖城，叫他站在殿頂上，對他說道：「你若是上帝的兒子可以跳下去，主要派使者保護你，用手托著你，免得你的腳碰在石頭上。」

耶穌說：「但經上也說：不可試探主的你上帝。」魔鬼見各種試探對耶穌均不見效，只得訕訕地離開他，以尋找其他機會腐蝕他。

耶穌在聖靈帶領下開始在加利利從事傳教工作。他也像約翰那樣宣傳日期滿了，上帝之國近了，要人們趕快悔改，相信福音。他的名聲很快傳遍四方，贏得了不少信徒。一次，耶穌帶領信徒去猶太地區傳教，為人施洗。約翰也在該地區的哀嫩為人施洗。約翰的一位門徒說：「拉比

（老師），你以前在約旦河東岸為他作見證的人，現在正為別人施洗，人們都找他去了。」

約翰說：「如果不是上帝賜，人就不能得著。我早說過我不是基督，我只是奉差遣為他來開闢道路的。娶新娘的是新郎，而新郎的朋友站著聽見新郎的聲音就非常高興，所以我現在心滿意足了。他必興旺，我必衰微。」——不久約翰就被希律王關押起來。

耶穌聽說約翰下獄，心中不免悲傷，但這更堅定了他傳教的信心，他來到了他自幼長大的地方拿撒勒傳福音。安息日，他像以往一樣進了會堂，然後站起來，拿起《聖經．以賽亞書》就念：「主的靈在我身上，因為祂用膏膏我，叫我傳福音給貧窮的人，差遣我宣布：被俘的將得釋放，瞎眼的將復明，受壓迫的將得自由。並將宣布上帝將悅納人的禧年。」念完他就把書合上交給執事，對會場內眾人說：「今天你們所聽的經文將應驗。」

會眾見他這麼說都很驚訝，互相交頭接耳說：「他不是木匠約瑟的兒子嗎？他母親不是馬利亞嗎？他不是雅各、約西、猶大、西門的長兄嗎？他妹妹們不也在我們這裡嗎？」

耶穌接著說：「我知道你們會引用俗語說：『醫生，你醫好你自己吧！你既然能在迦百農行奇蹟，那麼在自己家鄉也該行給我們看看。』只是我老實告訴你們，先知在家鄉是絕不會受歡迎的。他們也不會受本地親屬、本家人的尊敬。例如先知以利亞時代，以色列遭大旱災達三年之久，飢荒使大批人死亡，以色列寡婦眾多，但以利亞並沒有奉派去幫助她們，而是被奉派去幫助西頓的撒勒法一名寡婦。先知以利沙時代，以色列有許多人長大痲瘋，但內中除了敘利亞國的元帥乃縵一人外，其他人都沒有得到醫治。」耶穌的這番話激起了公憤。憤怒的人群把他拖出會堂，拖到城外懸崖邊，推了下去。他卻安然無恙，從容地離開人群，去迦百農等地傳教了。

6 召選門徒

一天，耶穌站在革尼撒勒湖邊，周圍聚集了大批民眾，你推我擠，爭相聽他布道。他見湖邊停泊兩條小船，漁夫們正在岸上洗網。他跳上了西門的船，叫他把船划得稍離岸邊，然後坐在船上向岸上群眾布道。布完道後，耶穌叫西門把船划到深水區去撒網，並說：「你必大有收穫。」

西門說：「老師，我們通宵達旦捕魚卻一無所獲，現在撒網能有收穫嗎？但你既然這麼吩咐，我們姑且再試一次。」說著就向湖中撒下網。

一網下去果然網得一大群魚，收網時網都險些裂開，他們只得招呼另一船上的同伴前來幫忙，結果兩條船上都裝滿了魚，把小船壓得幾乎沉下去。

西門見狀，立即跪倒在耶穌腳下說：「主啊，請離開我這個罪人吧！」

在場的其他人，其中包括西門的弟弟安德烈、西庇太的兒子雅各和約翰，見西門捕到這麼多的魚都十分驚訝。耶穌對西門說：「不要怕，從今後你將得人。」船一靠岸，四人撇下一切都跟從耶穌這是耶穌最早召選的四個門徒。

以後耶穌把西門改名爲彼得（磐石之意）並說：「你是彼得，我要把我的教會建立在這磐石上，陰間的權柄不能勝過他，我要把天國的鑰匙給你。凡你在地上捆綁的，在天上也要捆綁；凡你在地上釋放的，在天上也要釋放。」

從此，彼得一直被認爲是耶穌十二門徒中最大的一位。

第二天，耶穌決定去加利利，他遇見了腓力，就對他說：「來吧，跟從我吧！」腓力與彼得和安德烈是同鄉，都是伯賽大人。腓力又找到了拿但業，對他說：「摩西律法書上所記載的，以及衆先知所預言的那一位聖者我已遇見了。他就是約瑟的兒子拿撒勒人耶穌。」

拿但業說：「拿撒勒還能出什麼好人？」

腓力說：「你來看吧！」

耶穌見拿但業向他走來，就說：「看哪，這才是位眞正的以色列人，心中無詭詐，內心坦蕩蕩的。」

拿但業十分奇怪，就問耶穌：「你怎麼知道我呢？」

耶穌說：「在腓力招呼你以前，你站在無花果樹底下時我就看見你了。」

拿但業立即意識到耶穌絕非凡人，馬上說：「拉比，你是上帝的兒子，是以色列的王。」

耶穌說：「難道就因爲我說在無花果樹下見到你，你就信我了麼？你將要見的比這事重大得多。告訴你們實情吧，你們將要見到天堂之門洞開，還將見到上帝的使者飛臨在人子身上。」

於是，腓力和拿但業也忠心跟隨了耶穌。

耶穌邊布道邊替人治病。一次他來到迦百農，在治療一名癱子後便離城繼續向前趕路。他走了一段，見一名稅吏馬太正坐在稅關上，就召呼他：「來跟從我。」馬太立即起身，追隨了耶穌。

當晚，耶穌和門徒在馬太家吃飯，在場的還有其他的稅吏和行爲不端者。法利賽人知道此事後，便來責問耶穌的門徒，說：「你們的老師爲什麼與稅吏和行爲不端者共桌吃飯？」

耶穌聽見了就對他們說：「健康人不需要醫生，有病者才需要他們。《聖經》說：『我喜愛有憐憫心的人，而不喜愛獻祭。』請你們細細琢磨此句的含意。我來這世界不是叫義人悔改，而是叫罪人悔改。」

就這樣耶穌一邊布道一邊召選了一批門徒。他把他們帶到山上，從中挑選十二個人，要他們與他常在一起，並派他們去傳教，給他們趕鬼的權柄。這十二人是西門（又名彼得）、西庇太的兒子雅各和約翰、安德烈、腓力、巴多羅買、馬太、多馬、亞勒腓的兒子雅各、達太、奮銳黨人西門，和以後出賣耶穌的猶大。

耶穌讓門徒們兩兩成雙地出去傳福音，並吩咐他們除了手杖，腳穿的一雙鞋及帶一套衣服外，其他的錢財食品一概不帶，每到一處要住在樂意接待他們的人家。他說：「異族人的路你們不要走，撒瑪利亞人的城你們不要進，寧可在以色列人中尋找離開上帝的迷途羔羊。你們要邊走邊傳『天國近了』的訊息；你們要醫治病人，讓死的復活，治癒痲瘋病人，驅趕邪鬼……身邊不要帶錢財，因爲受你們幫助的人自然會供應你們。到一地要住在好人家中。入人家門就要爲他全家祝福平安。如他家配得這一福祉，闔家就會得平安；如不配得，平安就歸於你們。在你們離開那些不願接受你們、不聽你們教誨的人時，要抖掉腳下的灰塵，以示警告。到審判來臨時，這些人將比所多瑪和蛾摩拉城人還要遭罪。我派你們出去，猶如把羊送入狼群，你們要靈巧如蛇，靈活像鴿子。有人會捉你們上法庭，在會堂鞭打你們，還會爲我而被帶到君王官兵面前受審，你們不要有顧慮，我到時會賜給你們該說的話。這個世界到一定時候，兄弟會自相殘殺，父親會出賣親生骨肉，兒女也會叛逆父母，但堅持到底一定能得救。你們如在一城受迫害，就轉到另一城去。」

耶穌又對他們說：「學生不能超過老師，僕人也不能大過主人。學生與老師一樣，僕人與主人一樣也就算了。連主人都要被人罵作魔王，何況他的家人呢？你們不要害怕迫害你的人，因爲若要人不知，除非己莫爲，凡事都不可能掩蓋。我在私下告訴你們的事，你們都可在明處大聲傳播。那些只能殺害你們的身體、但不能殺害你們的靈魂的人，不要怕他們，要敬畏的是既能毀滅你的身體又能毀滅你的靈魂的父神。只要父神不准許的，就連不値錢的麻雀也不會掉在地上，你們豈不比麻雀貴重得多。所以你們絕不要害怕。凡公開承認我的，我在父神面前一定承認他，凡公開否認我的，我在父神面前必不認他。」

「你們不要以爲我來是要天下太平。我來不是叫天下太平，而是叫地上動刀兵：兒女背叛父母，婆媳反目，家人成仇敵。凡愛父母勝於愛我者，不配作我的門徒；愛兒女勝於愛我者不配作我的門徒；不願背負十字架來跟我的也不配作我的門徒。那些看重生命的反而失去生命；而那些爲我捨棄生命的，反而能得到生命。」

「凡是接待你們的就是接待我，也就是接待那差我來的聖父。只因他是上帝的先知就恭敬地招待他，這人定會得到與先知同樣的賞賜；因一個義人名接待義人的也必得賞賜。因你們是我的門徒而接待你們的，那怕只送一杯清水給你們中最小的一位，此人也必得賞賜。」

十二門徒聽了耶穌教導後就四處去傳教，規勸人們離棄罪惡，改邪歸正。你們還驅走許多邪鬼，用橄欖油膏在病人身上，治好了許多病人。

過些時候，耶穌又另選了七十二人，派他們兩人一組地前往自己選定的城鎭鄉村傳教，並對他們說：「現在是莊稼多工人少，你們應要求莊主多派工人去收割莊稼。」並把對十二門徒的要求向他們說了一遍：路上不帶錢財，住在哪裡應爲哪家祝福，人家供什麼吃什麼。要爲人治病，如遇到不歡迎他們的人，則要把腳上塵土跺掉，並警告他們將來必受懲罰。

七十二人按耶穌要求外出傳教，過了一段時期，他們都興高采烈地回來了，對耶穌說：「主啊，當我們以你的名義發布命令時，連邪靈都服從了我們。」

耶穌說：「我看見撒旦像閃電一樣從天上墜下。你們聽著，我已賜給你們權柄，去踐踏蛇和蝎子，並具有戰勝一切仇敵的能力，再沒有什麼能加害你們的了。但不要因爲邪靈向你們降服而高興，而要因你們的名字記錄在天上而歡樂。」

7 治病救人

耶穌不僅教會了門徒驅鬼治病，他本人也用此法治癒了無數病人。

一天，他帶著門徒來到迦百農，恰逢安息日，他就進了會堂向群衆布道。他的教誨和生動的比喻吸引了在場所有人。此時，一位被鬼附體的人來到會堂高呼：「拿撒勒的耶穌，你爲什麼來干擾我們？你想要滅除我們嗎？我知道你是誰，你是上帝的聖者。」

耶穌命令污鬼說：「住口，快從這人身上出來！」鬼使那人抽搐、大喊一聲，最後竟離開了他。病人馬上恢復了理智。

在場之人都驚訝不已，紛紛讚嘆道：「這眞是前所未聞之事，此人竟然有指揮邪靈之能力。」耶穌的名聲很快傳遍了整個加利利地區。

耶穌離開會堂到西門（彼得）家去。西門的岳母正發高燒，躺在床上。他們把病情告訴耶穌，耶穌立即去看她，拉著她的手，扶她起來，她的熱就退了，完全康復了。

傍晚，太陽下山時，許多人把各種病或被邪靈（鬼）附身的人帶到耶穌跟前，城裡的人也都來了，聚在門前。耶穌治好了患各種病症的人，驅趕了許多邪靈，並不准他們說話，因爲他們知道他是基督。

耶穌走遍了整個加利利。他在各會堂傳天國的福音，爲百姓治療各種疑難病症，他的名聲遠揚，傳遍整個敘利亞，那裡的人把患各種病症的人、經受病痛折磨的帶到他面前，有被鬼附身的、得癲癇病的、癱瘓的等等，他都一一治癒。成群的人從加利利，低加波利、耶路撒冷、猶太、約旦河外前來跟隨他。

驅鬼治病最有名的一例：是他在格拉森人的地方。當耶穌乘船到達那裡時，一下船就遇見一位剛從墓穴裡出來的人。他因被鬼附體常以墓穴爲家。他力大無窮，無人能攔住他，每次他都能設法打碎鐐銬，扭斷鐵鏈，跑到荒山墳地，晝夜不停地大喊大叫，並用石頭向自己亂砍亂砸。當他遠遠見到耶穌，就狂奔而來。

耶穌見他就命令道：「污鬼！從這人身上出來！」

那人即刻跪在他面前，大聲高呼：「至高上帝的兒子耶穌，你爲什麼來干擾我呢？我指著上帝求你，不要折磨我。」

耶穌問他：「你叫什麼名字？」他回答：「我叫『群』，因爲我們數目衆多。」他一再哀求耶穌不要把他們趕離那地。恰逢此時，在山坡附近有一大群豬（約二千隻）在吃東西，鬼就央求耶穌把他們趕進豬群，讓他們附在豬身上。耶穌答應了。於是這群鬼就從那人身上出來，進了豬群，這群豬發瘋似地衝出山崖，投入海中全淹死了。牧豬的人都嚇得逃跑了。等人們聞訊趕來，只見原來那個被鬼附體的人穿好了衣服，神志清醒地坐在那裡。當地人見狀都十分害怕，要求耶穌離開。耶穌上船時，那個被治癒的人要求跟從耶穌，耶穌叫他留在本地爲耶穌在他身上行的事作見證。於是那人就在低加波利到處傳揚耶穌的作爲，聽到此事者無不驚嘆不已。

耶穌對那些對他堅信不移的人都有求必應。一次，他回迦百農布道，許多人都慕名而來聽道，屋內外擠得水泄不通。正值此時，有四人抬著一位癱瘓病人來，希望耶穌救治。他們見人多無法進屋，就把屋頂拆了一個洞，把病人包在褥墊內，用繩紮住，縋入耶穌布道的地方。

耶穌見他們對他充滿信心，就對癱瘓病人說：「你的罪已得赦免。」

有幾位猶太經師坐在那裡，聽見耶穌之言，心想：「這人怎敢口出狂言，除上帝外，誰能有赦罪權。」

耶穌看透了他們的心思，就說：「你們為什麼這麼想？是對病人說『你罪已得赦免』容易呢？還是對他說『起來，拿起你的被褥走。』容易呢？我要叫你們知道，人子在地上也是有赦罪權的。』接著耶穌就對病人說：「站起來，拿起你的被褥回家去吧！」那人頓時站了起來，拿起了被褥，當著眾人面便回家去了。

耶穌在加利利的加拿傳教時，一位大臣聽說了，就前去見他，懇請耶穌為他病危的兒子治病。耶穌說：「你們這些人不看見神蹟奇事就不會相信我。」

大臣說：「先生，請你在我兒子未死之前跟我去吧！」

耶穌說：「你請回吧，你的兒子不會死。」

這位大臣十分相信耶穌，就走了。

在途中，他遇見了家僕，特來向他報告好消息：他兒子病已好。他問僕人其子是何時見好的？僕人答道，從昨天午後一點開始退燒的。大臣想起這正是耶穌對他說「你兒子不會死」之時。於是他們全家都相信了耶穌。

迦百農有位百夫長，他最喜愛的僕人得了重病快死了。他聽說耶穌的種種事蹟後就託猶太的幾位長老請耶穌為他僕人治病。長老們來到耶穌處，懇切請求耶穌。他們說：「這位百夫長熱愛人民，還給我們蓋會堂，他確實值得你的幫助。」

於是，耶穌就跟他們前往百夫長家，走到離他家不遠處，百夫長派了幾位朋友迎上前來，轉達他的話說：「主啊，不要勞動您的大駕到我寒舍來。您親自來我實在不敢當，我認爲自己不配見您，只要您說句話，我僕人的病定會痊癒。」

耶穌聽了這話，對百夫長有如此強烈的信心十分驚訝，轉身對身後的百姓說：「我告訴你們，像他那樣有如此強烈的信心的人，就連以色列人我都沒見過。」當百夫長的朋友們返回百夫長家時，見他的僕人已完全康復了。

耶穌來到推羅、西頓境內，走進一戶人家，本不想讓人知道他的到來，但消息仍傳了出去。一位婦女聽說他來了，便立即來見他，跪倒在他腳下，請求耶穌治癒他那被鬼附身的女兒。耶穌知道她是外國人（希利尼人），生在敘利亞的非尼基，於是對她說：「要先讓兒女們吃飽，不能把兒女的餅去丟給狗吃。」言下之意，是他先要顧本國人民。

這位婦女聽後馬上回答說：「主啊！不錯，但狗在桌子底下也吃孩子們的剩渣。」言下之意是外國人也可得到耶穌所施給以色列民的剩餘的恩惠。

耶穌聽後對他說：「就因你這句話，你可以回家去了，鬼已離開你女兒。」

婦人回到家，果然發現其女兒安詳地躺在床上，恢復正常了。

耶穌還治癒了許多痲瘋病人。一次，一位身患可怕的痲瘋病的人來見耶穌，跪在他腳下乞求幫助，說：「你若肯幫助我，就能使我痊癒。」

耶穌充滿了憐憫之情，伸出手摸了他一下，並說：「我願意，你馬上就能潔淨。」頓時病人的痲瘋全消，皮膚光滑如初。耶穌嚴肅地對他說：「不可以把此事告訴別人，說話要謹慎，可到祭司那裡去讓他檢查一下你的身子，以證明你身體潔淨了，可以獻上摩西所規定的祭品。」那人一出去就把耶穌的事傳揚出去。

耶穌在去耶路撒冷的途中，在撒瑪利亞和加利利交界處一個村子遇到了十位患嚴重痲瘋病的人。他們遠遠地站著，對耶穌高喊：「耶穌，老師，可憐可憐我們吧！」

耶穌對他們說：「你們到祭司那裡給他們檢查一下你們的身體是否已潔淨。」

當他們給祭司檢查時，發現個個都已痊癒。其中一個飛奔回來。口中大聲讚美上帝，見耶穌倒頭便拜，感激不已。這人是位撒瑪利亞人。

耶穌說：「被治好的是十個人，爲什麼只有這位異族人回來稱頌上帝？其他九人呢？」耶穌對那人說：「起來吧，是你的信念救了你。」

耶穌爲人治病經常是在安息日，按猶太人律法，安息日不得爲人看病，爲此，耶穌常遭猶太律法衛道士法利賽人的攻擊和迫害。

一次，耶穌在安息日走進一所猶太會堂，見一位一隻手已枯萎的病人，耶穌毫不猶豫地要上前爲他治病。當場有人對耶穌說：「安息日治病是不允許的。」

耶穌回答說：「假如你們的一隻羊在安息日掉進坑裡，你們該怎麼辦？難道會不把羊拉出來嗎？人比羊要貴重得多。所以安息日行善是完全符合律法的。」

於是，耶穌走到病人面前，叫他把手伸出來；他一伸出手來，手立即復原。法利賽人見了非常生氣，走出會堂商量對付耶穌的辦法，要設計害他。

耶穌前往耶路撒冷去過猶太人的一個節日時，在安息日路過耶路撒冷靠近羊門的一個名叫華士大的池邊。那裡有五條走廊，走廊中躺著成群的病人，有瞎子、跛子、癱子。其中有一位病人病三十八年。耶穌見那人躺在那裡，患病多年，就上前問他：「你想康復嗎？」

那人說：「先生，水動時沒有人幫我、把我放進池內，等我移動身子想下池子時，已有人搶先下了。」（那時的人都相信水動是天使攪的，最先下池的病人才能得治癒，此病人的意思是因爲他總在別人後面，故病始終好不了。）

耶穌對他說：「起來，拿起你的被褥走吧！」這位病人立即痊癒了。

耶穌沒留姓名轉身就離開了。正當這位康復的病人取被褥要走時，一些猶太人對他說：「今天是安息日，你拿被褥是違反律法的。」

那人說：「那位治癒我的人吩咐我這麼做的。」他們就問他那人是誰？他說不知道。事後，那人來到聖殿，恰逢耶穌在此。這才知道救他的叫耶穌。耶穌對他說：「你已完全康復，不可再犯罪，以免遭來更大禍患。」

與耶穌告別後，那人告訴猶太人，是耶穌治好了他的病。於是，猶太人就迫害耶穌，說他竟違反誡命，在安息日爲人治病。耶穌說：「我的父神一直在工作，我也該工作。」這使猶太人更加痛恨耶穌，因爲他不僅違反了猶太誡命——在安息日工作，而且還把上帝稱爲自己的父，把他與上帝相提並論。

又一個安息日，耶穌正在猶太會教誨民衆，一位婦女因鬼附身病了十八年，整天佝僂著身子無法直腰。耶穌見了就把她叫住說：「婦人，你將從病痛的折磨中解脫出來！」

他把手放在婦人身上，頓時她的身子直立起來。口中稱頌上帝。猶太會堂主管見到後十分惱怒，對群衆說：「我們是六日工作，要治病也在那六日內，而不可在安息日進行。」

耶穌答道：「你這僞君子，難道你在安息日不解開槽邊的牛驢、牽牠們去喝水嗎？這位好人是亞伯拉罕的後裔，她被魔鬼折磨了十八年，難道在安息日就不能爲她解脫這一道鏈嗎？」耶穌這話使他的對手感到羞慚，群衆爲他所行的一切深受鼓舞。

一次，耶穌在安息日去法利賽人的首領家吃飯。有些人窺視他的行動。恰巧在他前面有一位患水腫的病人。耶穌故意問律法師和法利賽人，安息日是否能治病？他們都默不作聲，於是耶穌治療了這位病人，把他打發走了。他對他們說：「你們中有誰有一頭驢或牛在安息日掉入水中而不立即把牠拉出來的？」他們個個張口結舌，無言以對。實際上耶穌在爲人治病的同時積極宣傳了福音。

8 啞巴開口、聾子復聽

耶穌不僅治療了許多癱瘓、痲瘋等疑難病症，還使許多聾子復明、啞巴開口。

一天，耶穌回到了門徒那兒，看見一大群人圍著他們，有幾位文士正在與門徒爭論。群衆見到耶穌來了，就向他跑去迎接。耶穌問門徒在爭論什麼？其中有一人回答說：「老師，我帶了兒子來看你，因爲他被啞巴鬼附身，不能說話。這鬼時刻捉弄他，使他口吐白沫，牙關緊咬，渾身僵直摔倒在地。我請求你的門徒驅趕此鬼，他們卻無能無力。」

耶穌對他們說：「世人哪，你們太沒有信心了。我還能與你們一起待多久，容忍你們到幾時呢？快把那孩子帶來。」於是那人立即把兒子領來。附在孩子身上的鬼一見耶穌，立即使孩子抽搐倒地，並在地上打滾，口味白沫。耶穌問他父親，孩子生此病有多久了。父親回答說：「自小就有，鬼多次要殺死他，把他扔進火裡，推下水中。假如你能夠的話，求你憐憫、幫助我。」

耶穌說：「假如你能相信有信心的人，那什麼事情都能做到。」

孩子的父親立即大聲喊道：「我相信，但我的信心不夠，請你幫助我。」

耶穌見衆人圍上來，就嚴厲斥責那污鬼說：「你這啞巴鬼，我命令你脫離他，不准你再進入他的身體。」那鬼大叫一聲，使孩子猛烈地一陣抽搐，然後就離開了孩子，孩子頓時像死去一樣。人們都認爲他已死了，便議論紛紛。耶穌上前拉著孩子的手，把他扶起來，他立即活過來。站了起來，並開口說話了。

耶穌完成此事後回到屋內，門徒們尾隨其後，然後問他，爲什麼他們趕不走這鬼？耶穌說：「只有祈禱才能趕走這鬼，此外別無他法。」

經耶穌治癒的啞巴絕不只此一人。在他從低加波利境內來到加利利海時，有人將一名聾啞人帶到他身邊。耶穌把他單獨帶到一邊，用自己的指頭探他耳朵，又用沾著口水的手觸摸他的舌頭，然後仰天呼叫「以法大」（意思是「開口吧」）。那人馬上聽見了，僵硬的舌頭也能動了，而且開口說話了。所有聽見此事的人都讚揚耶穌居然能使聾子復聰，啞巴開口。

耶穌還醫治了其他的啞巴，人們都說以前這在以色列都是聞所未聞之事。但痛恨耶穌的法利賽人卻誣蔑耶穌是靠鬼王別西卜趕鬼、做出這等奇蹟的。耶穌得知後對他們說：「任何國家如自相紛爭則必然失敗，一城一家如自相紛爭也必然破裂。如撒旦驅逐撒旦那就是自相紛爭，他的國怎麼站得住呢？如果我趕鬼是靠別西卜，那你們的弟子趕鬼又靠誰呢？這樣你們的弟子也會斷定你們不對。如果我靠上帝的靈趕鬼，這就是上帝的國臨到你們了。」耶穌又說：「沒有人能進壯士家搶奪他的財產，除非把他捆住，才能下手搶奪。那不與我同道的就是反對我的；不與我相聚的就是背道而馳的。我要告訴你們，人所犯的一切罪和所說的一切誹謗話都可得到赦免，冒犯人子的也可得到赦免，但褻瀆聖靈的則不能得到赦免，而且永遠得不到赦免……好果樹才有好果子，壞果樹必定結壞果子，從一個果子的好壞就能識別出果樹的好壞。你們這些毒蛇原本就邪惡，怎麼能說出好話來？因爲你們心裡想著，口裡說出來了。好人從他心中積的良善就發出善來，惡人從他心中所積的邪惡就發出惡來。我告訴你們，在審判的日子，每人說的閒話句句都會供出來，上帝將用你們的話來定罪，也因你的話而宣判死罪。」

9 瞎子復明

耶穌還醫治了許多瞎子，尤其是那些對他有信心的瞎子，使他們復明。一次耶穌正往前趕路，有兩個盲人跟著他，口中喊道：「可憐可憐我們吧！大衛的子孫！」

耶穌進了屋，兩個盲人也隨之入內。耶穌問他們：「你們相信我能作成此事嗎？」他們說：「主啊！我們信。」

耶穌就摸了摸他們的眼睛，說：「那就讓你們的信念成為事實吧！」兩人的眼睛立即復明了。耶穌叫他們不要把此事張揚出去，但他們一出去就把耶穌的事蹟傳遍四方。

耶穌及門徒來到伯賽大。有人將一名盲人領到耶穌面前，求耶穌摸摸他以治好他的病。

耶穌用手拉著那盲人，把他帶到村外用口水吐在他的眼睛上，用手按在他身上，問他：「你能看清東西嗎？」

他抬起頭看，說道：「我看見了人，但他們就像會走路的樹一樣。」

耶穌又把手放在他眼睛上，那人用力一睜眼，視力完全恢復，能看清任何東西了。耶穌就打發他回家，叫他不要進村。

耶穌治癒盲人巴底買和一位天生瞎子的事也都傳為佳話：

一次耶穌與門徒和許多人到耶利哥城傳教。當他們出城時，有一名討飯的瞎子巴底買坐在路邊，也聽見耶穌的聲音就大喊：「大衛的子孫耶穌啊！可憐可憐我吧！」許多人不准他喊，他卻喊得更響：「大衛的子孫耶穌啊！可憐可憐我吧！」

耶穌聽到他的叫聲就停住了腳步，叫人把瞎子領過來。他們就去對瞎子說：「你放心，來！他叫你呢！」巴底買馬上扔掉了外衣，跳了起來，摸索著走到耶穌跟前。耶穌問他：「你要我爲你做什麼？」

瞎子說：「拉波尼（老師），我要能看見。」

耶穌說：「你去吧！你的信心將救你。」頓時巴底買雙眼復明了，他馬上隨耶穌走了。

一天，耶穌和門徒們走在路上，見到一位生下就瞎眼的人，坐在路邊要飯。門徒問耶穌說：「拉比（老師），此人一出世就失明，是誰犯了罪？是他本人呢，還是他父母？」

耶穌說：「他失明不是因他本人犯罪，也不是他父母有罪，而是要在他身上體現上帝的能力。趁現在是白天，我們必須完成派我來的那位（上帝）要我做的工作。到晚上就無法做了。只要我在這世上，就要爲這世界帶來光明。」說完，耶穌就把唾沫吐在地上和著泥，用此泥塗在那人眼睛上並對他說：「你前往西羅亞（即「奉差遣」之意思）池子去洗臉吧！」

那人就去洗了臉，頓時雙眼復明。他鄰居和認識他的人見到他時，都不敢相信自己的眼睛，說：「這不是那個總坐在那裡要飯的瞎子嗎？」有的人說是，有的人說不是。

那人聽到了就說：「我正是原來的那位瞎子，是位叫耶穌的人治癒了我的雙眼。」

他們忙問：「他現在在哪裡？」

他說：「我不知道。」

於是，他們就把這人帶到法利賽人處，他們又詳細盤問，耶穌是怎麼把他治癒的。此人把耶穌治癒他的經過說了一遍。

因爲耶穌醫治瞎子是在安息日，一位法利賽人說：「做此事者不可能是從上帝那裡來的，因爲他不守安息日戒律。」

但另一些人反駁說：「一個有罪的人怎麼能行神蹟呢？」爲此雙方爭論激烈。

於是，法利賽人詰問復明的瞎子說：「既然他開了你的眼，你說他是怎麼樣的人？」

他回答說：「他是位先知。」

有些猶太人不相信耶穌使這位盲人復明，就把他父母找來問：「這人是你兒子嗎？你們不是說他生下來就是瞎眼，現在怎麼又看見了？」

他父母回答說：「他是我兒子，確實生下來就是瞎眼。至於他現在怎麼會看見，誰開了他的眼，我們都不知道。他已成人，你們可以去問他，讓他自己回答吧。」他父母這樣答覆是怕這些猶太人把他們趕出會堂，因爲他們深知猶太人已商定，凡承認耶穌是基督者就將他們開除。

這些人又去找這位復明者，說：「你必須在上帝面前說實話，我們知道耶穌是罪人。」

他答道：「我不知道他是否是罪人，但有一件事是我確實知道的：我本是位瞎子，如今能看見了。」

他們又問：「他怎麼使你開的眼？」

他說：「我已告訴過你們，你們不聽，怎麼又要問，難道你們要作他的門徒？」

這些人就罵他：「你才是他的門徒！而我們是摩西的門徒。我們知道上帝對摩西說的話。這個人我們根本不知他從何而來！」

這位復明人答道：「這就怪了，他開了我的眼，你們卻不知他從何而來。我們知道上帝不聽罪人祈求，只垂聽敬拜祂、按祂意旨行事的人。從創世以來，未曾聽說有人能使天生就是瞎眼的人復明的。除非他從上帝那裡來，否則也絕做不出此等事來。」

這些人聽後惱羞成怒，大聲呵斥他：「你這生在罪孽中的傢伙，竟教訓起我們來了？」於是把他趕出了會堂。

耶穌聽說猶太人把他趕出會堂，就去找他，並問他：「你相信人子嗎？」

他說：「主啊！請告訴我人子是誰，好使我信他。」

耶穌說：「你已經見到了，現正在與你講話的就是。」

那人說：「主啊！我信。」於是倒身向耶穌下拜。

耶穌說：「我來此世界的目的是行使審判，使看不見的能看見，使能看見的反倒瞎眼。」

一些法利賽人聽到這話就責問耶穌：「難道你把我們也當作瞎眼的嗎？」

耶穌說：「如果你們是瞎眼的，反倒沒有罪了；但如今你們說：『我們能看見。』那就是有罪的了。」

10 起死回生

耶穌不僅治癒了許多病人，還使一些人起死回生。

在他前往拿因城時，他的門徒及一大群人都跟隨著他。他們剛抵達城門口，只見一隊送殯行列出城。死者是一個寡婦的獨生子。那寡婦悲痛欲絕，許多人都陪著她流淚。耶穌見了她，心中充滿悲憫，對她說：「不要哭。」他上前按著棺，抬棺的人都站住了，耶穌說：「年輕人，我吩咐你起來！」

那死者立即坐了起來，並開始說話。耶穌把他交給他母親，這位母親眞是喜出望外，破涕爲笑。人們見了都驚得目瞪口呆，紛紛讚頌上帝說：「我們中間出了位大先知，上帝來拯救祂的子民了。」此事很快傳遍整個猶太及附近地區。

耶穌乘船抵達加利利海邊，被一大群人圍住。當地一名猶太會堂管事睚魯也上前，跪在以色列腳下。他再三向耶穌懇求說：「我的小女兒快死了，求你把手按她身上，使她得活。」

耶穌就隨他走，許多人簇擁著他，與他一同往前。人群中有位婦女已患嚴重血漏症達十二年之久，雖四處求醫花盡了一切財產，但毫不見效，病情反日益加重。她度日如年，忍受病痛的折磨。她久聞耶穌的事蹟，這次親眼見到，心想：「我摸摸他的衣裳，我的病也必定能治癒。」於是她在人群中，伸手摸了摸耶穌的斗篷，果然，她的血漏立即止住了，頓感病癒了。

耶穌立即感到他的能力外洩，就回頭問道：「誰摸了我的衣服？」

他的門徒回答說：「這麼多人擠著你，還能問誰摸你嗎？」耶穌仍環顧四周，找尋那摸衣服的人。那位婦女意識到發生在自己身上的事，就戰戰兢兢地擠到耶穌面前，向他跪下，並道出了實情。耶穌說：「女兒，你的信心救了你，平安地回去吧，你的病痛都根除了。」

正值此時，有人慌慌張張跑了過來，報告睚魯說：「你的女兒已死，何必勞動先生大駕去你家呢？」耶穌聽後並不理會，對會堂主管說：「不要怕，只管信。」於是他只帶了彼得，雅各及其兄弟約翰前往，令其他人返回。當他們幾人抵達睚魯家時，只見屋內都亂作一團，滿屋人在嚎啕大哭。

耶穌進去對他們說：「你們為什麼大哭大嚎，女孩並沒死，她只是睡著了。」這些人聽了都譏笑耶穌。耶穌就把他們都趕走，只讓孩子父母及三個門徒進了臥室，拉著女孩的手，對她說：「大利大古米。」意思是：「小女孩，我吩咐你起來！」這十二歲的女孩立即起來行走了。耶穌讓其父母給女孩吃些東西，又囑咐他們不要張揚。凡知道此事的人無不驚愕。

耶穌有位好友，名叫拉撒路，家住伯大尼。他有兩姐妹馬大和馬利亞。一天兩姐妹派人去見耶穌，對他說：「主啊，你所愛的朋友病了。」

耶穌聽到此消息後就說：「拉撒路的病不至於死，而是為了榮耀上帝，使上帝的兒子因此得榮耀。」兩天後耶穌對門徒說：「我們再回猶太去。」

門徒們說：「拉比，前些時候猶太人要拿石頭打你，你怎麼還要回去？」

耶穌說：「白天不是有十二小時嗎？一個人在白天走路不至於跌倒，因為他看得見這世上的光。他若在黑夜走路就會絆倒，因為他看不見光。」然後他又說：「我的朋友拉撒路睡著了，我要去喚醒他。」耶穌說的睡著了就是已死了，但門徒們不明白，還是說：「主啊！如他睡著了，他會好起來的。」

耶穌見他們聽不明白，就直截了當地明確告訴他們：「拉撒路死了；爲了你們的緣故，我不在他那裡倒是好，這可以使你們相信。現在我們去看他吧！」

多馬（又稱低士馬）對其他門徒說：「我們也去與他同死吧！」

耶穌到了伯大尼，得知拉撒路已於四天前埋葬了。許多猶太人來探望和安慰拉撒路的姐妹馬大和馬利亞。馬大聽說耶穌到了，就出村去迎接他，對他說：「主啊！如果你在這裡，我兄弟就不會死。但我知道，就是現在，你無論向上帝求什麼，上帝也定會賜給你。」

耶穌說：「你的兄弟一定會復活。」

馬大說：「我知道，到了末日他一定會復活的。」

耶穌說：「復活在我，生命也在我，信我的人，雖然死了也必復活；活著的人，言我則永遠不死，你相信這話嗎？」

馬大說：「主啊！我信，你就是基督，上帝的兒子。」

耶穌就叫馬大去家中把馬利亞叫來。馬大回家輕聲告訴妹妹馬利亞說：「老師來了，他叫你。」馬利亞聽後立即起身趕向村外。那些在她家安慰她的人見她起身出去，以爲她要去兄弟的墓地，也都跟了出來。

馬利亞來到耶穌那裡，一見他就俯伏在他腳下說：「主啊！要是你在這裡，我兄弟就不會死。」耶穌見她哭，又見陪她同來的猶太人也在哭，心中十分悲傷，就問：「你們把他葬在哪裡？」

他們說：「主啊，請隨我們去看他吧！」耶穌再也抑制不住心頭的悲傷失聲痛哭起來。

周圍的猶太人見他這麼悲傷，便說：「你看，他是多麼愛這個人。」但也有人說：「他使瞎子復明，難道還不能使拉撒路不死嗎？」

耶穌帶著沉痛的心情來到拉撒路的墓前。這墓是一個洞穴，入口處用大石頭堵住，耶穌吩咐他們把石頭挪開。馬大說：「主啊！他已葬了四天，屍體都發臭了。」

耶穌對她說：「我不是對你說過，只要你信，就必能見到上帝的榮耀。」於是，他們把石頭挪開，耶穌舉目望天說：「父啊！我感謝您，因爲　已垂聽了我。我知道您常垂聽人，我說這話是爲了周圍這些人，要讓他們相信是　差遣我來的。」說完他就大聲喊：「拉撒路，出來！」那死者就從墓穴中走了出來，他的手腳都裹著布條，臉上也包著布。耶穌吩咐人們幫拉撒路把這些東西除掉。拉撒路就與家人一同回家了。

許多造訪馬利亞的猶太人看見耶穌的作爲都皈信了他，但這引起法利賽人的仇恨。法利賽人和祭司們集會說：「這人行了這麼多神蹟，我們該怎麼辦？這樣下去，大家都信了他，羅馬人會來毀壞我們的聖殿，消滅我們這一民族了。」

其中有一名叫該亞法的祭司說：「你們什麼都不懂！讓一人替全民去死，免得整個民族被消滅，對你們豈不是件好事。」但這些猶太領袖並不聽他說的，他們計劃殺害耶穌。耶穌得知後就離開那裡，轉到以法蓮城一帶去了。

11 神蹟奇事

耶穌曾行過許多神蹟，不僅使死人復活。還能使水變酒、用五餅二魚餵飽五千人等，但這些神蹟他只在皈信者中行，而不顯現給邪惡之人。

耶穌曾去參加加利利迦拿城一對新人的婚禮。耶穌的母親及他的門徒也應邀出席。席間酒喝光了。耶穌的母親悄悄告訴了耶穌。耶穌說：「母親，不要勉強我做什麼，我的時機還未到。」

耶穌的母親就吩咐僕人們：「聽從耶穌的吩咐，他要你們怎麼做，你們就怎麼做。」

在婚宴處有六口大石缸，是猶太人施行潔淨禮時用的，每口缸可盛二三桶水。耶穌命僕人把水缸裝滿水，然後叫他們從中舀出來，送給管宴席的人。那人一嘗，香醇撲鼻，便把新郎找來，責怪他說：「別人都先上好酒，等客人喝夠了才上普通酒，你怎麼反其道而行之，將最好的酒留在最後。」新郎聽後莫名其妙，因爲此事唯有舀水的僕人知道。

事後，門徒們得知此事，更加信崇耶穌。這是耶穌的第一個神蹟。

耶穌和門徒坐小船要到湖對岸，同行的還有其他的船隻。耶穌布了一天道非常疲勞，便到船尾躺下睡覺。船行一半路程，湖面忽起大風，頓時白浪翻滾，猛擊小船，水灌進船艙，眼看要下沉了，但耶穌卻依然在夢鄉。門徒們著急了，就去船尾把他叫醒說：「拉比，我們都快淹死了，你怎麼毫不在乎？」

耶穌起來命令風和浪：「風止了吧！浪靜下來！」風立即停止了，湖面恢復了平靜。耶穌對他們說：「你們為什麼膽怯，難道還沒有信心？」

所有在場者都十分恐慌，彼此議論說：「這人是誰，怎麼連風浪都聽從他？」

耶穌派門徒出去傳教，不久他們返回，向耶穌匯報傳教情況。由於來找他們的人太多，耶穌和門徒連吃飯時間都沒有，耶穌於是要把他們帶到一處僻靜處休息片刻。他們幾人悄悄上了船，向僻靜處駛去。但他們的行動還是被群衆發現了，他們爭先恐後地追趕，不少人甚至捷足先登，首先抵達那一僻靜之地。

耶穌登岸，見一大群人正等著他們，十分感動，因為他們正像沒有牧人的羊群，盼望牧人的到來。於是，耶穌就向他們布道，教誨他們。到了傍晚，門徒們來見他，說此處是僻靜之地，天色已晚，是否叫大家分散到附近村莊買些吃食。耶穌則叫門徒們給群衆吃的。他們不解地問：「你是要我們花二百元銀子去買餅給他們吃嗎？」

耶穌說：「不是，是去看看你們一共帶了多少餅？」

他們查看後說：「共有五個餅二條魚。」耶穌就讓門徒把群衆分成一組組的，有十五人的，有一百人的，都坐在草地上。耶穌拿起五餅二魚，舉目望天，感謝上帝，然後把它們掰開了遞給門徒，又讓他們分發給群衆，結果人人都吃飽了，而且還有剩餘。門徒們把剩餘的餅和魚收集起來共裝了十二籃子。當天群衆僅男子就有五千。

在這之後，耶穌立即催門徒上船，先抵達對岸的伯賽大。他遣散了群衆，獨自一人下了船，上山去禱告。門徒們乘船去別處。夜幕降臨了，耶穌仍一人在岸上。此時船已離岸很遠了，由於風浪很大，船航行很慢，在湖中上下顛簸。

天將破曉，耶穌從湖面上向門徒走去。門徒見一人在湖中行走，以為是鬼，都驚惶得高聲尖叫起來。耶穌對他們說：「放心，是我，不要怕！」

彼得說：「主啊！如果眞是你，就讓我從水面上到你那裡吧！」

耶穌說：「來吧！」

於是，彼得下了船，在水面上向耶穌走去。但他一見到湖面上波浪洶湧，心中就膽怯，就開始往下沉，嘴裡高呼：「主啊！救我！」

耶穌立刻伸手把他拉住，說：「你的信心太小，為什麼要疑惑呢？」

等他們上了船，風也停了。船上的門徒一齊向耶穌下拜並說：「你眞是上帝的兒子。」

不久之後，又有大批民眾聚集一起聽耶穌布道，一連聽了三次，所帶的食物都已吃光。耶穌見狀很悲傷，對門徒說：「這些人聽道三天，現在已無任何東西可充飢了，如果我們讓他們餓著回家，他們會在路上餓暈的，因為其中不少路途遙遠。」

門徒說：「在這偏僻之地，到哪裡能為他們找到足夠的食物呢？」

耶穌問他們還剩多少東西。他們說還有七個餅。於是耶穌又讓他們將群眾分成組坐在地上，然後感謝了上帝，將七個餅掰開，讓門徒分給大家。他還把幾條剩下的小魚也照樣撕開分給眾人，最終人人都吃飽了，剩餘物資還裝了七籃子。這次聽道的群眾共有四千人。眾人吃飽後，耶穌便打發他們走了。他與門徒們則登船駛向大瑪努他地區。

一些法利賽人和猶太文士得知耶穌常施神蹟，就對耶穌說：「老師，我們希望你顯個神蹟給我們看。」

耶穌說：「這個世道是多麼邪惡和淫亂！你們要看神蹟嗎？不，除了先知約拿的神蹟，再沒有別的了。約拿在魚腹中待了三天三夜。人子也要在地深處待三天三夜。當審判時，尼尼微的人定要起來定這世道的罪，因爲尼尼微的人聽拿約的宣道就悔改了。看吧！這裡有比約拿更重大的事。」

以後又有幾個法利賽人和撒都該人來見耶穌，想陷害他，也要求他顯神蹟以證明他的作爲是出於上帝的。耶穌對他們說：「傍晚你們會說明天一定是晴天，因爲天邊有紅霞；到早上，你們又會說今天會有風雨，因爲天色暗紅。你們很會觀天色，但卻不能洞察這一時代的徵兆。這是一個邪惡淫亂的時代！你們想要求神蹟嗎？除了約拿的神蹟，你們再也見不到別的神蹟了。」說完耶穌就拂袖而去。

12 登山寶訓

耶穌在加利利傳教，贏得了大批信徒。一次，大批民衆都跟隨他上了山，他的門徒也都聚在他周圍。耶穌便坐下，開始教誨他們。

他先談論什麼人是有福的，說：「虛心的人有福了，因爲天國是他們的；哀慟的人（爲罪惡而悲傷的人）有福了，因爲他們必得（上帝的）安慰；溫柔的（謙和的）人有福了，因爲他們必得到（上帝應許的）產業；飢渴慕義（追求正義公理）的人有福了，因爲上帝必充分滿足他們；憐憫人的（仁慈有同情心的）人有福了，因爲他們必得（上帝的）憐憫；清心的（心地純潔的）人有福了，因爲他們必得見上帝；使人和睦（致力於和平）的人有福了，因爲他們必被上帝稱爲兒女；爲正義而受迫害的有福了，因爲天國是他們的；你們若因爲跟從我而遭別人的辱罵、迫害、誹謗，你們就有福了，應當爲此感到高興歡樂，因爲你們將得到天上的獎賞，以往的先知也曾遭受同樣的迫害。」

耶穌進一步論述了福和禍。他說：「你們貧窮的人有福了，因爲上帝的國是你們的；你們飢餓的人有福了，因爲你們將得飽足；你們哀哭的人有福了，因爲你們將要喜笑……但你們富足的人有禍了，因爲你們已享夠了安樂；你們飽足的人有禍了，因爲你們將挨飢餓；你們喜笑的人有禍了，因爲你們將要哀慟哭泣；人都說你們好的時候有禍了，因爲他們的祖宗假先知也是這樣。」

耶穌鼓勵門徒們要作世界的鹽和光。他說：「你們是世上的鹽，鹽若失了味，怎樣叫它再鹹呢?它就成了廢物，只好丟掉，任人踐踏。你們是世上的光。一座建造在山上的城市是遮擋不了的。沒人會把點亮的燈放在斗底下，而定會放在燈台上，以照亮全家。同樣，你們的光也要照在人的面前，讓人們見偷你們的好行爲，來稱頌你們天上的父。」

耶穌講述了內心中光的重要性。他說：「眼睛好比身體的燈，眼睛明亮，全身就光明，眼睛昏花，全身就黑暗，你心中的光如滅了，那黑暗將是多麼可怕。」

耶穌一貫反對法利賽人刻守律法書上的教條，而忽略了它的精義。對律法書中提到的守安息日，各種食物禁忌、嚴格禁食、以及生活中規定的各種繁文縟節，耶穌都不贊成。但他對摩西律法書的精義則十分重視。他對門徒們說：「不要以爲我來的目的是廢除律法和先知的教誨。我不是來廢除，而

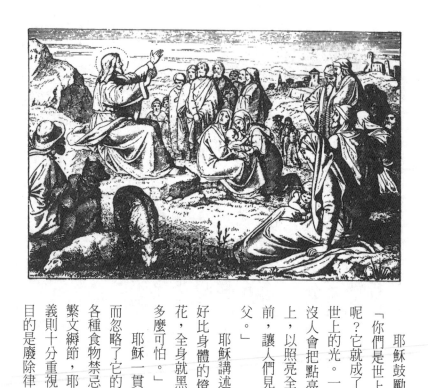

是來成全它們的眞義。我告訴你們，只要天地存在，律法一點一劃也不能廢。違反誡命中最小的一條，並教別人也這麼做的，在天國中將成爲最渺小的；相反，那遵守律法的、並教育別人也遵守的，在天國中將成爲最偉大的。所以我告訴你們，一定要比文士和法利賽人更忠實地實行上帝的意旨才能進天國。」

以後，耶穌又對人說，最大的誡命有兩條，「一是你要盡心、盡性、盡意、盡力愛主你的上帝；其次是愛人如己，沒有再比這兩條誡命更大的了。」

耶穌勸戒人們不可動怒。他說：「古人云：『不可殺人，凡殺人者要受法律制裁。』但我要告訴你們，向兄弟發怒，或罵他們是『廢物』的，也得上法庭受制裁，罵兄弟爲『蠢東西』的，則逃不了地獄的火刑……如果你在祭壇向上帝獻祭時，想起你兄弟對你的不滿，你就要把供物留在祭壇前，立即與他講和，然後再回來獻祭。如有人控告你，你應趁未去法庭前與他和解……」

對姦淫罪的看法，耶穌比他人看得更深。他說：「古人云：『不可姦淫。』但我要告訴你們，看見婦女而生邪念的，在心裡已犯了姦淫罪了。假如你的右眼使你失足，就要把它剜出，扔掉；假如右手使你失足，把它砍下，扔掉；損失身體的一部分總比整個身體陷入地獄好。」

他又說：「假如有人不是因妻子不貞而離棄她，他就不對，因爲妻子再嫁就等於使其妻犯了姦淫，而娶她的男子也犯了姦淫。」

耶穌還勸人們要寬以待人、愛仇敵、不要報復。他說：「你們曾聽說：『以眼還眼，以牙還牙。』但我要告訴你們，不要向欺負你的人報復。假如有人打你的右臉，連左臉也讓他打；假如有人要拿你的內衣，你就連外衣也給他；有人強迫你走一里路，你就同他走二里；有求你的，你就給他；有向你借貸的，不可推辭……你們都聽說：『愛你的朋友，恨你的仇敵。』但我要告訴你，要愛你的仇敵，並爲迫害你的人禱告，這樣你們才能作天父的兒女，因爲上祂叫太陽照好人也照壞人；降雨給行善的也給作惡的。假如你們只愛那些愛你們的人，有什麼可嘉獎的呢？稅吏不也如此。假如你們只向朋友請安，那有什麼可取之處呢？就連異教徒也如此。你們要成爲完全之人，就像天父一樣。」耶穌還說，天父就是這樣恩待人的：「你們祈求，就得到；尋找，就找到；敲門，就給你開門……你們中有誰兒子要麵包，卻拿石頭給他？要魚，卻給他蛇？你們雖邪惡，尙且還知道拿好東西給自己的女兒，你們的天父豈不更把好東西賜予祈求祂的人嗎？你們要別人怎樣待條三，就得怎樣待別人，這是律法書和先知教導的眞諦。」

耶穌教導門徒們行善事時不要炫耀。他說：「你們不可故意在人前行善事，叫人看見，如這樣就得不到天父的賞賜。你們施捨時不可大吹大擂，就像那些僞善者在街上所行的故意要得人誇獎……你們施捨時要悄悄地在私下做，這樣天父定會獎賞你。」

耶穌還要信徒禱告，禁食也要私下進行，不要像僞善者那樣故意讓人看見。

耶穌對金錢財物看得很淡，他教導信徒也要如此。他說：「不要爲自己積財寶在地上，因爲有蟲子蛀、會生銹，又會遭盜賊偷。要爲自己積財寶在天上，那裡沒蟲蛀，不會生銹，也不會遭盜賊偷。你的財寶在哪裡，你的心也在哪裡。」又說：「沒有人同時能侍奉兩主，……不可能同時作上帝的僕人又作金錢的奴僕。你們不要爲飮食、衣的憂慮，難道生命不比飮食重要、身體不比衣服貴重嗎？你們看天上的鳥，牠們不種、不收、也不存糧在倉，你們天父尙且養活牠們，你們不比飛鳥貴重，你們中有誰因整日思慮這些而多活一時呢？爲什麼要爲衣服憂慮呢？看看野地裡的百合花怎樣生長吧！它們不爲自己縫製衣服，但就連榮華顯赫的所羅門王所穿的衣服也比不上它們美麗。你們的信心太小了，野地裡的草今天開明天就枯萎了，上帝尚且給它們裝飾，何況你們呢？所以不要憂慮吃喝衣著，這些都是外邦人異教徒所追逐的。你們的天父知道你們的需求。你們應先求門徒的國和祂的義，祂就會把這一切供給你們。不要爲明天憂慮，明天自有明天的憂慮，當天的憂慮當天承擔就已夠了。」

耶穌還教導信徒不要在背後議論人。他說：「不要議論人，免得你們被議論，因爲你們怎麼議論人，人也必怎麼議論你們；你們用什麼量器度量他人，你們也會用同樣量器度量你們。你們爲什麼只看見你兄弟的眼中有刺，而見不到自己眼中有梁木呢？你自己眼中有梁木怎麼能對你兄弟說『讓我取出你眼中的刺』呢？你們這些僞善的人，先把你自己眼中的梁木去掉，才能看得清楚，以便去掉你兄弟眼中的刺。不要把聖物丟給狗吃，牠會轉過來咬你；也不要把珍珠丟給豬，牠會把它們踐踏在腳底。」

耶穌指出尋找眞理之路不容易，道路也不平坦。他說：「你們要進窄門，因爲通向滅亡的門總是寬的，路也好走，朝著這方向走的人很多；但通向生命的門是窄的，路是難走的，找到的人很少。」

耶穌再三警告人們要提防假先知。他說：「他們外面披著羊皮，內裡卻是殘暴的狼。你們能從他們結的果子識別出他們：荊棘豈能結出葡萄，蒺藜豈能結出無花果？好樹結好果，壞樹結壞果。好樹不結壞果，壞樹也不結好果。不結好果的樹就要砍下，扔入火中。所以憑他們結的果就可識別他們。那些口稱主啊主啊的人不能進天國，只有遵奉我天父旨意的才能進去。」

耶穌強調只有那些切實按他的話去做的人才眞正經得起考驗。他說：「凡聽我話去實行的，就像一個聰明人把房子蓋在磐石上，任憑風吹雨打，房子堅實挺立，因爲它以磐石爲根基。凡是聽見我的話而不去實行的，就像蠢人把房子建在沙灘上，一遭風吹雨淋，房子就倒塌了，而且塌得慘重！」

耶穌的這些教誨，使群衆耳目一新，因爲這與他們以前聽文士們所講的都不一樣，但正是這些話使他在群衆中具有崇高的權威性。

以後，耶穌又多次對門徒講到要寬恕別人。他說：「假如你兄弟對你犯了罪，你就去見他，單獨與他談，指出他的錯誤。如果他聽從你的勸告，你就把他導正了。假如他不聽，你就約請一二個人一起去，這樣你對他每句施責的話就都有人作證。如果他仍不聽，可將此事始末向教會教告。他如連教會的話都不聽，那就只能把他當外人對待了。」

那時彼得問耶穌：「主啊！我的兄弟得罪我，我應饒恕他幾次？七次夠嗎？」

耶穌說：「不是七次，而是七十個七次。例如，一位君王要向一位欠他幾千萬元錢的臣僕討還債款，此人無錢歸還，君王就下令要將他賣爲奴隸，還要把他妻兒及一切所有都賣掉抵押債務。那臣僕在主人面前跪下求情，請他寬容幾天，定將債務還清。君王動了惻隱之心，便免了他的債，並釋放了他。這臣僕一出去，遇見一位欠了他幾塊錢的同伴，就向這位同伴撲上去，掐住他的喉嚨向他逼債。他的同伴當下向他求情寬容幾天，定將債務還清，但他卻不依不饒，還將同伴下了獄，等他還清債務。其他人見後都憤憤不平，便去告訴君王。君王聽後大怒，把那臣僕叫來說：『你這惡奴，我免了你欠我的債，你就不能像我對你那樣寬容你的同伴嗎？』於是，君王下令將他關進監獄，要他償還一切債務。」耶穌說：「如果你們每個人不肯寬恕你的弟兄，我的天父也要同樣對待你們。」

耶穌經常教導信徒，要得永生就要全心全意地愛上帝，並要愛鄰人像愛自己。有位猶太文士故意問耶穌：「誰是我的鄰人？」

耶穌說：「有一人從耶路撒冷前往耶利哥的途中遇到強盜。他們剝掉了他的衣服，並把他打個半死，丟在那裡。有一位祭司從那條路上經過，看到了這人，立刻走開，從另一邊過去。接著又有一位利未人經過那裡，他上前看了看那人也走開了。後來，一位撒瑪利亞人經過，他一看見此人，立即動了慈悲心，上前用油和酒倒在他的傷口上，替他包紮好，又扶他上自己的驢子，帶到一家客店，照顧他。第二天，他拿出兩個銀幣交給客店主人，請他照顧，並保證等他回來路過這裡時償付此人的所有費用。」耶穌問他：「你看這三人中那一個是那人的鄰人呢？」

這位文人說：「當然是那位以仁慈待他的人。」

耶穌說：「那你就按此去做吧！」

13 天國的比喻

耶穌布道時都用大量的比喻，尤其在論及天國、上帝的子民及他的拯救等方面內容時，更是處處用比喻。門徒對此很不理解，問他爲什麼向群衆布道時總用比喻。

耶穌說：「關於天國的奧祕我已賜給了你們，但並不是給他們的，因爲我要豐富那些已有的，而使那些貧乏的更貧乏，我對他們講比喻是因爲他們充耳不聞、視而不見，又不明白。這正應予了以賽亞的話：『你們聽了又聽卻不明白，看了又看卻看不見，因爲百姓心智閉塞，耳堵目閉。如回心轉意，我就能醫治他們。』不過你們是有福的，眼能見、耳能聽，但以前的先知想見你們所見、聽你們所聽，均沒如願。」

耶穌運用一則撒種的比喻說明對天國的理解各人不同。有人明白，有人永遠不明白；有人收穫大、有人收穫小。他說：「有一人撒種，有些種子落在路旁，鳥兒飛來把它們吃了。那些聽天國的道不明白的人正像這些種子，邪惡者來，把撒在他們心田的道都奪走了。有些種子撒在淺土石地上，因入土不深，很快就長苗，但太陽一出，幼苗就給曬焦了。這就像那些雖然樂意接受天國的道但紮根不深、不能持久的人，一旦因這道而遭迫害或遭困難就立即放棄。還有些種子被撒在荊棘中，荊棘長起來，把幼苗擠住了，這就好比有人聽了道後，因生活的憂慮、財富的誘惑，窒息了這道，使它結不了果。還有些種子被撒在肥沃的土壤中，它就長大結實、收成是種子的一百倍，也有六十倍或三十倍的。這就好比人聽了道後，領悟了，然後結出果實，根據人們不同的悟性，有人收穫一百倍，有人則收穫六十倍或三十倍。」

一天，耶穌又向群衆布道。他說：「天國好比一粒芥菜籽，它比其它種子都小。但人們把它種下去，長得卻比任何蔬菜都大。它長成一棵樹，連鳥都能在它枝頭上搭窩。」

他又說：「天國好比麵酵，女人把它拿來放在麵團內，全團麵就都發起來了。」

耶穌還引用了撒種的比喻。他說：「天國好比有人把好種子撒在地裡，但一天，大家睡覺時仇敵來了，把稗子也撒在麥子中，到麥子長大結穗時，稗子也長出來了。田主的僕人就去問主人：『你撒在地裡都是好種子，怎麼長出稗子來？』主人說：『這是仇敵幹的。』僕人問他是否要拔去稗子。主人說：『不必了，因爲你們拔稗子時，恐怕會把麥子也拔了，讓它們一起長吧，等收割時，我會吩咐收割工人先拔去稗子，把它們捆起來，放在火中燒，然後再收麥子，儲藏在我的倉庫內。』」

等群衆走後，門徒們問耶穌，「麥子與稗子」的比喻是什麼意思。耶穌說：「那撒好種子的人是人子，田地是指這個世界，好種子是指屬於天國的子民；稗子是屬於邪惡者的人，撒稗子的仇敵就是魔鬼。收割的時候是指世界末日，收割的工人是天使。到了末日，作惡者像稗子一樣給拔出，扔到火中燒掉。人子將派遣天使把那些誘人作惡犯罪的人都抓起來，扔進熊熊大火中，讓他們在那裡哀哭和咬牙切齒。那時，上帝的子民將在天父的國度內像太陽那樣發出光。」

耶穌又對門徒說：「天國好比埋在田地裡的財寶，有人發現了，就把它重新掩埋起來，高興地把自己所有一切都變賣了，去購買那塊地。天國又好比一顆貴重的珍珠，當有人發現了，他就賣掉一切，去購買這顆珍珠。天國又好比魚網，漁人將它撒在湖裡，等網一滿把它拉起。他坐在岸上，把捕撈到的各種魚加以分類，好的就收入桶內，壞的則扔掉。世界末日也是這樣，天使下來，把好人與壞人區分開。壞人投入灼熱燃燒的火爐內，讓他們哀哭和咬牙切齒。」

耶穌說完後問他們是否明白這些比喻，門徒們都說明白了。耶穌說：「凡文士受教作天國的門徒的，就像一家的主人把他家庫房內新的和舊的東西都搬出來。」

耶穌又用「葡萄園園主」爲比喻來形容天國。他說，天國好比葡萄園園主，他清晨僱了幾個工人，就叫他們去他的葡萄園工作，約定一天付一元工資。到上午九點左右，他去市場，見到有人在那裡無所事事，他叫他們也去葡萄園工作，答應給他們公道的工資。到中午十二點和下午三點他又僱了幾個工人進葡萄園工作。下午將近五點，他去市場見有人還站在那裡，就問他們：「怎麼整天閒著不幹活？」他們說：「因爲沒人僱用我們。」於是，他又僱他們進葡萄園工作。傍晚時分，園主叫領班分發工資，最後來的先發，那些下午五點才來的每人領了一元錢。比他們早來的人以爲可以多得，但也只得了一元錢。那些清晨開始工作的人就很生氣，埋怨道：「這些最後進來的人只工作了一小時，而我們在烈日下勞碌了一天，怎麼竟只付給與他們一樣的工資？」園主對其中一人說：「朋友，我並沒有虧欠你，因爲你同意一天一元錢工資，拿著你的錢回去吧！我願意支付給最後來的人與你同樣多的工資，難道我無權支配我自己的錢嗎？爲我待人慷慨你就嫉妒了嗎？」耶穌最後的結論：那些後來者要居先，而在先的，則要落後。

耶穌還用「婚宴」比喻天國。他說，天國好比一個國王爲自己兒子準備的婚宴，他派僕人去邀請賓客來參加，但他們都不肯來。於是他又派出一批僕人，帶信給賓客們說：「我的宴席一切準備就緒，公牛肥畜都俱備，請各位光臨！」但那些被邀請者毫不理會，各忙各的，有些去田裡，有些去商店，有些甚至抓住這些僕人拳打腳踢，把他們殺了。國王得知後大怒，派兵去殺那些凶手，燒毀他們的城市。然後他對僕人說：「我的婚宴已擺好，先前所邀請的不配享受。現在你們去大街上，無論見誰，都邀請他們來參加宴席。」於是僕人們去街上，將所遇見的所有人，不管好壞都一齊請來，擠滿了宴會大廳。

國王出來會客時，見有一客人沒穿婚宴禮服，就問：「朋友，你到這裡來，爲什麼不穿禮服？」那人一言不發。國王便吩咐僕人：「把他捆起來，扔到外面的黑夜中去，讓他在那裡哀哭、咬牙切齒吧。」

耶穌最後說：「天國被邀請的人多，而被選上的人少。」

14 法利賽人與耶穌

耶穌得到廣大人民、尤其是窮人的擁護，但也遭到猶太上層人物，包括撒都該人和法利賽人的仇視。撒都該人屬希律黨人，由猶太貴族、大祭司等人組成。法利賽人屬猶太經師、經學教師，亦稱文士。他們處處刁難耶穌，甚至設計陷害他。

耶穌則針鋒相對揭露他們，尤其是對法利賽人。由於他們口不離律法，自認爲只有他們精通律法，維護律法，對群眾頗有迷惑性。耶穌在人民中對他們的揭露最深刻、最犀利，罵他們是僞善者。「僞善者」幾乎成了法利賽人的代名詞。

耶穌曾對法利賽人說：「律法和先知的效用到施洗約翰爲止。從此上帝的福音傳開了，人人都努力擠進去。但天地的消逝要比律法的一點一劃被塗抹還容易。」

耶穌經常提醒門徒要提防法利賽人和撒都該人的陰謀和毒素。一次耶穌同他們一起上了船，門徒們發現他們忘了帶上足夠的食品，當時全船只有一個餅。他們忽然聽見耶穌警告他們：「你們要小心法利賽人和希律的酵母。」

門徒們不解，互相議論說：「他說此話是因爲我們沒餅吧！」

耶穌已知他們在想什麼，就說：「你們爲什麼還在議論沒餅一事呢？難道你們就這麼不明白，頭腦就這麼遲鈍？你們有眼看不見、有耳聽不到嗎？你們還記不記得我用五餅二魚餵飽了五千人還剩餘了多少？」他們答：「十二籃子。」耶穌又問：「我掰開七餅餵飽四千人還剩多少？」他們答：「七籃子。」耶穌說：「那你們怎麼還不明白我的意思？」門徒們這才恍然大悟，原來耶穌要你們提防法利賽人和撒都該人流毒的擴展。

耶穌與法利賽人鬥爭的一個重要方面是對律法的理解。

一次，施洗約翰的門徒和法利賽人正在禁食，有人問耶穌說：「約翰的門徒和法利賽人禁食，而你的門徒卻不禁食？」

耶穌說：「新郎在婚宴上的時候，賀喜的人會禁食嗎？只要跟新郎在一起，那些人就不會禁食。可是日子到了，新郎被帶走，他們就要禁食了。沒人會用新布去補舊衣服，否則新的補釘就會使舊衣服撕破，裂縫更大；也沒有人拿新酒裝在舊皮袋中，這樣新酒就會脹破舊皮袋，使袋破洞漏，所以新酒要裝在新皮袋中。」

有一個安息日，耶穌和衆門徒經過一片麥田，邊走邊摘一些麥穗。法利賽人見到後就去責問耶穌說：「你管教不嚴，你的門徒違反了安息日的戒律，做了不許做的事。」

耶穌說：「你們難道沒念過經上說大衛在需要食物的時候做了什麼？他與隨從餓了，就進上帝的聖殿，吃了獻給上帝的供餅……據我們的律法，只有祭司才能吃供餅，但是大衛不只吃了，還分給隨從吃。」耶穌接著說：「安息日是爲人設立的，人不是爲安息而生存。人子也是安息日的主。」

一些法利賽人和耶路撒冷來的文士一同去見耶穌，見耶穌門徒不像他們先洗手再吃飯，就問耶穌：「爲什麼你的門徒不遵守祖先遺訓，竟用不乾淨的手去吃飯？」因爲按猶太人傳統，一定要洗過手才吃飯，街上買的東西不經洗滌也不能吃。此外，他們還有一大套陳規戒律，對如何洗杯子、洗鍋、洗銅器、鋪床等等都有詳細規定。

耶穌說：「以賽亞對你們這班僞善之輩的預言眞是千眞萬確：上帝說『這些人光用舌唇敬我，而心卻背離我。他們把人的規定當作我的命令，這種敬拜是徒然。』」耶穌又說：「你們遵古人遺訓而放棄了上帝的律法。你們巧妙地拒絕上帝的律法，爲的是保留你們的傳統。摩西命令你們：『要孝敬父母，咒罵父母的，要受死刑。』而你們偏說：『要是有人把奉養父母的東西當作獻給上帝的供物，就不必奉養父母了。』你們這麼做就是把你們的傳統取代了上帝的道。你們還做了許多其他類似的事。」

耶穌駁斥了法利賽人後，又對衆人說：「你們要聽從我，領悟我的話。那些由外入內之物不會玷污人，唯有從內往外之物才能玷污人。」衆人走後，門徒問他此話何意。耶穌說：「你們也與他們一樣不明白？那些人從入內的東西不是進入人的心靈，而是進入肚子，然後排泄出來，因此不會玷污人。而那些從內往外的東西是從人心中發出來的種種惡念。人受惡念支配就會去犯罪：偷盜、凶殺、姦淫、貪婪、邪惡、詭詐、放蕩、嫉妒、誹謗、驕傲、狂妄等等。這些都是從人心內發出，能玷污人。」

一些法利賽人設計了圈套來見耶穌。他們說：「根據我們的律法，丈夫是否可以用任何理由休妻？」

耶穌說：「你們難道沒念過經文？經文說：『太初，造物主造男又造女。』又說：『因此，人要離開父母，與妻子結合，兩人成爲一體。』所以夫妻不再是兩個人，而是一體，上帝配合的人，不可分離。」

法利賽人又問：「那爲什麼摩西給我們的誡命說，男人給妻子一張休書就可把她休了呢？」耶穌說：「摩西准許你們休妻是因爲你們的心腸太硬，但在創世初期並非如此。我告訴你們，除非妻子不貞，任何人休妻，再與其他女人結婚就是犯了姦淫。」

門徒聽後說：「丈夫和妻子既然是這種關係，倒不如不結婚。」

耶穌說：「這些教誨並非人人都能接受，只有得到上帝特別恩賜的人才能接受。因爲人不結婚的理由很多。有些人是生來不適宜結婚；有些人是因人爲原因不能結婚；另一些人是爲天國的緣故而不結婚。能接受這一教誨的就接受吧。」

耶穌和他的門徒一次去耶路撒冷聖殿講道。當他們進入聖殿後，猶太文士、祭司長、長老等人前來責問他，是誰給他權柄做這些事的。耶穌反問他們說：「你們能否先告訴我，施洗約翰的權柄是從哪裡來的？是從上帝那裡，還是從人那裡來的？」

他們商量如何回答耶穌，便說：「如果我們說是從上帝那裡來的，他就會說：『那麼你們爲什麼不相信約翰？』如果我們說從人那裡來的，那麼百姓那裡通不過，因爲他們都相信約翰是先知。」於是，他們就對耶穌說他們不知道。耶穌說：「那我告訴你們一個故事。某人有兩個兒子，對他老大說：『孩子你今天去葡萄園工作。』老大說：『我不去。』但後來他改變了主意，又去了。父親叫老二去葡萄園，老二說：『好的，爸爸，我就去。』可是他並沒有去。你們說這兩個兒子究竟那一個遵照父親的意思呢？」

他們說：「那個大兒子。」

耶穌說：「我告訴你們，娼妓和稅棍要比你們先成爲上帝的子民。因爲施洗約翰來了，他指示你們走正路，但你們不信他；而稅棍和娼妓都信了他。你們見了卻依舊故我，絲毫沒有轉變，仍然不信他。」

耶穌又用了一個壞佃戶作比喻說：「有一人開墾了一個葡萄園，周圍用籬笆圍著，在園內挖了一個壓酒池，並蓋了守城塔，然後將葡萄園租給佃戶們，自己則外出旅遊了。到了收穫的季節，他打發僕人向佃戶去收取他應得的份額，但僕人卻遭到佃戶們的毒打，只得空手而歸。主人又派另一名僕人去要，佃戶們又把僕人的頭打破了，還侮辱他。主人再次派僕人去，這次佃戶們竟把他殺了。就這樣，主人派了一個又一個的僕人，不是被打就是被殺。最後主人只得派他最疼愛的兒子去，心想：『他們會尊敬我兒子的。』誰知這些佃戶彼此商量說：『此人是園主的繼承人，我們把他殺了，產業就歸我們了。』於是，他們抓住那兒子，把他殺了，把屍體扔到葡萄園外面。」耶穌接著問他們說：「你們看，這位葡萄園主該怎麼辦？他一定是去殺滅這些佃戶，把葡萄園租給他人。我想你們一定念過這段經文：泥水匠所丟棄的這塊石頭，已成爲最重要的基石。這是主所做成的，有多麼奇妙。」猶太人知道耶穌比喻的是他們想捕逮他，又怕引起衆怒，只能灰溜溜地走了。

又有法利賽人和希律黨徒來找耶穌話柄，設計害他。他們對他說：「老師，我們知道你不管人們怎麼想，也不看人的情面，只是誠實地用上帝旨意教誨人。請告訴我們，向羅馬皇帝凱撒納稅是否違背我們的律法？我們該不該納？」

耶穌看穿了他們的詭計，說：「你們爲什麼要陷害我？請把一枚銀幣取來讓我看看。」於是，他們遞給他一枚銀幣。耶穌問：「這上面的名號和像是誰？」他們答：「是凱撒。」

耶穌說：「那麼凱撒的東西歸凱撒，上帝的東西歸上帝。」

他們聽後驚訝不已，竟無言以對。

一些不相信人會復活的撒都該人來見耶穌，說：「老師，摩西為我們立法：『如一人死了，沒有兒女，他的弟弟必須娶嫂為妻，為他哥哥傳宗接代。』」曾有兄弟七人，老大結婚死後無子女，老二就娶了寡嫂，也無子女；不久他也死了，於是老三又娶了她，結果也死了。最後七個兄弟都娶過這個女人，但他們都死了，而且都無子女，最後那女人也死了。那麼請問到復活那天，這女人算是誰的妻子呢？」

耶穌說：「你們錯了，你們不懂上帝的權能，因為人復活時就像天使一樣不娶也不嫁。關於死人復活的事，你們難道沒念過摩西律法書上記載的荊棘燃燒的故事嗎？上帝對摩西說：『我是亞伯拉罕的上帝、以撒的上帝、雅各的上帝。』意思是上帝是活人的上帝，而不是死人的上帝。你們完全錯了。」

一些法利賽人聚集在一起，耶穌問他們：「你們怎麼看待基督？他是誰的後代？」

他們回答：「他是大衛的後代。」

耶穌說：「你們怎麼說基督是大衛的後代？大衛在受聖靈感動時曾說：『主對我主說：你坐在我的右邊，等我使你的仇敵屈伏在你腳下。』大衛稱他為『主』，基督怎會是大衛的後代？」

他們面面相覷，竟無一人能回答這一問題。

耶穌就對群眾及門徒說：「文士和法利賽人站在摩西地位解釋律法，你們要尊重他們的教誨，但不要模仿他們的行為。這些人只會說不會做。他們把難擔和重擔捆紮了，擱在別人的肩上，自己卻連一根指頭都不動。他們無論做什麼都是給別人看的。他們佩帶著很大的經文包，又加長了衣服的穗子；他們喜愛坐宴會的首位和會堂中的高位，又喜愛人們在大街上向他們問安，並稱他們爲拉比（老師）。其實你們不應該接受拉比這一個稱呼，因爲你們彼此都是兄弟，只有一位是你們的老師。你們不要稱地上的人爲『父』，因爲你們只有一位天上的父。不要接受師尊的稱呼，因爲你們只有唯一的師尊，即基督。你們中誰最大，誰就得做大家的僕人。凡自高的人必被降爲卑微，而自甘卑微者必被升高。」

耶穌講了一則比喻，是針對那些自以爲是、輕視別人的人說的。他說：「有兩個人到聖殿禱告，一個是法利賽人，一個是收稅人。那個法利賽人昂然站立，禱告說：『上帝啊！我感謝您，因爲我不像別人那麼貪婪、不義、淫亂，更不像那個稅棍。我每星期禁食兩次，又奉獻全部收入的十分之一。』那位收稅人遠遠地站著，連頭都不敢抬，只是捶胸說：『上帝可憐我這個罪人。』我告訴你們，在上帝眼中的義人是那個收稅人，而不是那個法利賽人。因爲凡自高的必降爲卑，而自卑的必升爲高。」

耶穌又嚴譴責僞善的文士和法利賽人說：「你們要遭殃了！你們當人面把天國之門關起來，自己不進去，還不讓別人進去！……你們占寡婦的便宜，呑沒她們的家產，卻在人前作長篇禱告，你們定會受嚴龍的懲罰！……你們竟說：『如果有人指著聖殿起誓，這誓可不算數；如指著聖殿的金子起誓，就必須遵守。』……試問金子重要還是使金子成聖物的聖殿重要？你們又說：『如有人指著祭壇發誓可以不算，如他指著祭壇供物發誓就必須遵守。』……究竟供物重要還是使供物成聖物的祭壇重要？人指著祭壇發誓，就是指著祭壇及壇上的一切供物發誓，指天發誓，就是指上帝的寶座及坐在上面的上帝發誓……你們連調味的香料……等物都獻上十分之一給上帝，但律法眞正重要的教訓、公義、憐憫、信實等等反倒不要了。這些重要的教訓才是你們必須實行的，不可不行的。你們這些瞎眼領路的，蠓蟲你們濾出來了，駱駝你們倒吞了下去……你們把杯盤外面洗得乾乾淨淨，裡面卻盛滿了強暴自私。瞎眼的法利賽人哪！先洗淨杯子的裡面，外面自然就乾淨了……你們好像那粉刷了的墳墓，外面好看，裡面卻全是死人骨頭和污穢之物。你們也是如此，外面顯出公義來，裡面卻裝了僞善和不法之事……你們替先知修墳、爲聖賢立碑，還說：『如果我生活在祖先的時代，我們絕不會像他們那樣殺害先知！』可見你們已承認是那些殺害先知的人的子孫了！你們儘管去繼承你們祖宗的惡貫滿盈。你們這些毒蛇之種怎麼逃脫地獄的刑罰？我要派先知、哲人、文士到你們這裡來。有的要被你們殺害，有的要被你們釘十字架，有的要在你們的會堂中受鞭打，從這個城被追到那個城。因此一切殺戮無辜的罪都要歸到你們身上，從義人亞伯的血直到在你們聖殿和祭壇間所殺的巴拉加的兒子撒迦利亞的血爲止。我實在告訴你們，這些懲罰都要歸到這一世代了。」

耶穌譴責的是那些僞善的文士和法利賽人。但對少數接受他教誨的文士，耶穌是給予肯定的，而且向他們揭示天國的奧祕。

一位文士聽到耶穌與撒都該人辯論，認爲耶穌強調「上帝是活人的而不是死人的上帝」這句話十分正確，就上前向耶穌提出一個問題：「誡命中哪一條最重要？」

耶穌說：「第一重要的就是：『以色列啊，你要聽！主——我們的上帝是唯一的主，你要盡心、盡性、盡意、盡力愛主——你的上帝』。其次就是『愛人如己』，沒有其祂誡命比這兩條更重要的了。」

那位文士說：「老師，你說得對！正如你所說的，上帝是唯一的主，祂以外沒有別的上帝。人要盡心、盡智、盡力愛祂，又要愛人如己，這比一切燔祭和各種祭祀要重要得多。」

耶穌看出他的回答很有智慧，就對他說：「你離上帝的國不遠了。」

還有位法利賽人名叫尼哥底母，是猶太人領袖。

一天晚上，他去見耶穌說：「拉比，我們知道你是從上帝那裡來的教師。你所行的神蹟若無上帝同在，是無人能行的。」

耶穌說：「我實實在在地告訴你，人如不重生，就不能見到上帝之國。」

尼哥底母說：「一個已老的人怎麼能重生呢？難道能重進母胎再生下來嗎？」

耶穌說：「我實話對你說，人要是不從水和聖靈重生，就不能進上帝之國。從肉身生的是肉，從靈生的就是靈。不要因爲我說你們必須重生而驚奇。風隨意吹動，你聽見它的聲音卻不知從何而來，往哪裡去，凡從聖靈生的也是這樣。」

尼哥底母問他怎麼會有這種事？耶穌說：「你是以色列人的教師，還不明白此事嗎？我實話告訴你，我們所說的，是我們所知道的；我們所見證的，是我們所見到的。你們卻不願接受我們的見證。我告訴你們關於這世上的事，你們尚且不信，我要告訴你們天上的事，你們怎麼會相信呢？除了從天上降下來的人子，從沒人上過天。摩西在曠野怎樣舉蛇，人子也必照樣被舉起來，使一切信他的人得永生。上帝愛世人，甚至把祂的獨子賜給你們，叫一切信他的不至滅亡，反得永生。因爲上帝差遣祂兒子降世不是來定世人的罪，而是讓世人藉著他而得救。信他者不會被定罪：不信的人則罪已定了……」

尼哥底母雖當時不甚明白耶穌的意思，但在以後法利賽人要逮捕耶穌時，他就爲耶穌說話。他說：「不先聽本人口供，不知他做什麼，難道我們的律法就能定他的罪？」

在耶穌被處死後，又是尼哥底母帶著一百斤左右的沒藥、沉香，按猶太人殯葬儀式，把耶穌的身體用細麻布和香料裹上。

15 耶穌與婦女

耶穌走遍了城鄉，傳播上帝之國的福音，十二門徒跟隨著他，此外還有大批婦女也追隨他。其中有許多婦女是因耶穌治癒了她們的病而相信他的。有位抹大拉的馬利亞，由於惡鬼糾纏，經常神志恍惚，行爲不羈，耶穌從她身上趕出了七個鬼。當她治癒後便成了耶穌忠實的信徒。耶穌的教誨還吸引了一批富裕婦女，如希律的家宰苦撒之妻約亞拿。她與其他不少婦女都用自己的財物供給耶穌及其門徒們。

耶穌對非猶太人的外邦婦女絕不歧視，在她們中間也發展了一批信徒。他還透過一位撒瑪利亞婦女，使一批撒瑪利亞人信奉了他。

耶穌在猶太傳教時，許多人都接受他的教誨並要求受洗。耶穌令門徒爲他們施洗，迅速發展了一批信徒，很快他的信徒數量超過了施洗約翰。法利賽人知道後非常惱怒。耶穌得知此事後，便帶了幾名門徒離開猶太，前往加利利。途中，他們經過撒馬利亞的敘加鎮，那裡有一口井叫雅各井，因該地以往是雅各賜予其子約瑟的。耶穌走累了就坐井邊休息。當時已是中午時分，門徒們就去鎮裡買食物。有位撒馬利亞婦女來井邊打水，耶穌向她要水喝。因爲猶太人與撒馬利亞人素不來往，所以那婦女說：「我是撒馬利亞人，爲什麼要向我要水喝呢？」

耶穌說：「如果你知道上帝的恩賜和現在向你要水喝的人是誰，你必定早就會求他，他也必早給你活水了。」

那婦女說：「先生，你沒打水器具，井又深，你到哪裡去取活水呢？我們的祖先雅各給我們這口井，他及他的子女、牲畜都喝這口井的水，難道你會比雅各還大？」

耶穌說：「喝了這水的還會再渴。但是，誰喝了我給的水，將永遠不再渴。我給的水要在他裡面成爲泉源，使他得到永恒的生命。」

這位婦人說：「先生，請給我水，使我永遠不渴，也不再來此打水了。」耶穌對她說：「你去把你的丈夫也叫來。」

這位婦女回答說：「我沒丈夫。」

耶穌說：「你說你沒丈夫是不錯，但你曾有過五個丈夫。你說的是眞話。」

女人說：「先生，我看出你是位先知。我們撒馬利亞人的祖先在這山上敬拜上帝，你們猶太人卻說耶路撒冷才是敬拜上帝的地方。」

耶穌說：「婦人，你應信我，時候一到，人們將不在這山，也不在耶路撒冷敬拜天父。你們不知道所拜的是誰，而我們猶太人知道所拜的是誰，因爲救恩是從猶太人來的。可是時候一到，實際現在就是時候了，那眞正敬拜天父的，要用心靈和眞誠敬拜。這種敬拜是天父所要的。上帝是靈，敬拜祂的人必須用心靈和眞誠敬拜。」

女人說：「我知道那稱爲基督的彌賽亞將要來，他來了必將把一切事情告訴我們。」

耶穌說：「與你說話的就是。」

正値此時，耶穌的門徒們回來了，看見耶穌與一位婦女談話十分驚奇，但他們什麼也沒問。

那位婦女放下水罐，走進鎭內，逢人便說：「你們快去看，有一人把我平生所做的一切都說出來了，也許他就是基督。」人們都跟著她離鎮前往井邊去見耶穌。

那位婦女離開後，門徒請耶穌用餐。耶穌說：「我有食物，是你們所不知道的。」門徒們深感奇怪，互相議論說：「難道已有人給他送食物了？」

耶穌見他們議論，知他們不明白，就對他們說：「我的食物就是遵行差遣我來的那一位的旨意，要完成祂交給我的工作。你們不是說，要再過四個月才到收割的時候？我告訴你們，舉目向四周看看吧！莊稼已熟了，可以收割了。收割人得到了報償，為永恒的生命積累了食糧，播種的和收割的都同樂。俗語說：『前人種樹，後人乘涼。』此話確實。我差遣你們去收割你們沒有耕作的田地：別人辛勞，而你們享受他們辛勞的成果。」

敘加鎮許多撒馬利亞人聽那婦女說耶穌把她所做過的事都說出來了，便都相信了耶穌。他們來到耶穌面前，懇留耶穌與他們一起住。耶穌在那裡住了兩天，教誨開導他們。不少人聽後都信了他。他們對那位婦女說：「我們現在真信了，不是因為聽你的，而是因為親耳聽了他的教誨，確信他是救世主。」

一次耶穌和門徒來到伯大尼小村莊，受到馬大和馬利亞兩姐妹熱情接待。馬大為招待耶穌一行人忙前忙後，端茶做飯，而她妹妹馬利亞卻靜靜坐在耶穌身邊，聽他的教誨。馬大見妹妹不幫她幹活，有些生氣，就對耶穌說：「主啊！我妹妹讓我一人伺候你，你不介意吧！請叫她起來幫幫我。」

耶穌說：「馬大、馬大，你為許多事情勞神費心，但只有一件事是不可缺少的。馬利亞已選擇了那最好的事，無人可奪走。」

當耶穌預知自己將受死前的幾天，他又來到伯大尼村。有人爲他準備了晚餐，馬大幫忙招待，拉撒路與其他客人陪耶穌用餐。這時，馬利亞拿了一瓶珍貴的香油，倒在耶穌腳上，又用自己的頭髮去擦，頓時，滿屋香氣撲鼻。

這時，耶穌的一位門徒，即不久將出賣他的加略人猶大說：「爲什麼不拿這香油去賣三百銀元，以救濟窮人呢？」猶大說此話絕非對窮人的關心，實際上他本人就是個賊。當他經管團體的錢財時，常盜用公款。

耶穌說：「由她吧！何必爲難她？她爲我做了件美好的事。你們常可同窮人在一起，只要願意，你們隨時可幫助他們。但我不能常與你們在一起。她倒香油在我身上，是爲我的日後埋葬作準備。我告訴你們，普天之下，福音無論傳到何處，人人都要述說她的事紀念她。」

耶穌在被處死後三天復活時，他最早是向幾名婦女顯現，其中有抹大拉的馬利亞、雅各母親馬利亞等人。

在耶穌那時代，婦女普遍受社會的歧視，但耶穌卻像兄長般地仁慈地對待她們。

16 耶穌與罪人

耶穌的布道吸引了許多稅棍和惡人，這引起一些法利賽人和文士的非議。他們說：「此人竟接待壞人，還與他們一起用餐。」

耶穌對他們說：「不應鄙視像他們這樣的人。他們的天使也常侍立我天父的面前，因為人子來的目的是要拯救淪喪的人。」

耶穌還用了幾則比喻教誨他們：「假如你們中有人有一百隻羊，其中一隻迷了路，他會怎麼辦呢？他一定把其中九十九隻留在山坡上吃草，而去找那隻迷失的羊，直到找到為止。一旦找到，他會很高興地把羊兒扛在肩上，帶回家去，然後邀請朋友鄰居說：『我真高興，找到了這隻羊，你們與我同慶吧！』同樣的道理，一個罪人悔改，天父對他的喜悅比那九十九個無罪的義人的喜悅還大。」

他又說：「假如一個女人有十個銀幣，當她丟了一個，她一定點燈，打掃房子，各處仔細找，直到找到為止。等找到了，她會十分高興，讓朋友和鄰居分享她的快樂。同樣上帝的天使也要為一個罪人悔意而高興。」

耶穌又以浪子為比喻。某人有兩個兒子，小兒子要求把他應得的產業分給他。父親就把產業分給了兩個兒子。過了幾天，小兒子把他分得的產業賣了，帶著錢離家去遙遠的地方，在那裡揮霍無度，過著紙醉金迷的放蕩生活，不久就蕩盡了一切。正值此時，該地發生嚴重飢荒，他身無分文，只得爲當地居民打工。那人叫他去看豬舍，他恨不得拿餵豬的豆莢充飢，可是沒有人給他吃食。最後他醒悟了，心想：我父親那裡有許多雇工，他們都能吃飽肚子，我在這裡要餓死了，不如回家請求父親饒恕，那怕給他當雇工也好。於是他就動身回家。當他離家門還有一段距離時，父親遠遠見到了他，心中充滿了愛憐，便迎上前去，然後緊緊地擁抱，不斷地親吻他。兒子說：「父親，我得罪了天，也得罪了你，我不配作你的兒子。」但父親則命僕人快拿出最好的衣鞋給他穿上，拿出戒子給他戴上，還讓僕人殺小肥牛爲這失而復得的兒子設宴慶祝。正值此時，大兒子從農場返回，還未到家就聽見音樂和舞蹈的歡慶時，於是問僕人怎麼回事？僕人說：「你弟弟回來了，你父親見他安然無恙地返回，就把小肥牛宰了慶祝。」大兒子聽後十分生氣，連家門都不願入。其父親出來勸他進門，他卻對父親說：「你看，這些年來，我爲你像奴隸般地幹活，你給過我什麼？連一頭小山羊都沒宰過。而你這兒子把財產都花在娼妓身上，如今回來了，你還爲也宰小肥牛？」父親對他說：「兒子，你常與我在一起，我所有的都是你的。而你弟弟是死而復活、失而復得的，我爲他設宴慶祝是應該的。」

耶穌就像這位父親那樣對待罪人。他招收的門徒中就有被法利賽人視爲罪人的稅吏。

耶穌進耶利哥城時，許多人簇擁著他。當地有位稅吏名叫撒該，家境富裕。他很想看看耶穌是怎樣一個人，但因身材矮小，在人群中無法看見耶穌。他見到前面有棵桑樹，心想耶穌一定會經過那裡，於是就先跑到那裡，爬到桑樹上。

耶穌路過這裡，抬頭一看，見他在樹上，就說：「撒該，快下來，我今天要住在你家裡。」撒該急忙下樹，歡天喜地地將耶穌迎住家中。

看見的人都議論紛紛地說：「這人竟然去罪人家作客。」

撒該對耶穌說：「先生，我願把我財產的一半分給窮人。如果我欺詐過誰，我願用四倍的錢賠償。」耶穌對人們說：「今天救恩來到這家了。這個人同樣是亞伯拉罕的子孫，人子來就是來尋找和拯救迷失的人。」

耶穌對犯了罪的婦女也是像慈父和兄長那樣對待她們。

有位法利賽人西門請耶穌赴宴，於是他應邀前往。當地有位婦女一直過著罪惡的生活，但她內心很想悔改。當她聽說耶穌在法利賽人西門家就餐，就帶了一隻盛滿香油的玉瓶來到耶穌身後哭泣，淚水滴濕了耶穌的雙腳，她用頭髮去擦乾，然後用嘴親吻，並把香油塗上。

西門見後心想，這人如眞是先知，他就會知道這個婦女是什麼樣的人，也應知道她過的是什麼樣的罪惡生活。

耶穌看透他的心思，轉身對他講：「西門，我有句話對你說。有兩個人同欠債主的債，一個五百銀元，另一個欠五十銀元。兩人都無力償還，債主就把他們的債都一筆勾銷了。你看，這兩人中哪一個更愛他呢？」

西門答道：「我看是那個多得恩免的人。」

耶穌說：「答得對。你看見這女人嗎？我到你家，你沒給我水洗腳，她卻用眼淚洗我的腳，並用她的頭髮擦乾。你沒有用接吻來歡迎我，但她從我進來就不停地親我的腳。你沒用油抹我的頭，她卻用香油抹我的腳。所以我告訴你，她的許多罪都得到了赦免，因爲她的愛多，赦免就大；而愛少的赦免也就少。」耶穌轉身對那婦女說：「你的罪都得赦免了，你的信心救了你，平安地回去吧！」

耶穌有一次在聖殿講道、教誨群衆。文士和法利賽人帶來一個女人，她是在行淫時被抓到的。他們命令她站在中間，然後對耶穌說：「老師，根據摩西的律法，對待行淫的婦女應用石頭打死，你認為該怎麼辦？」他們想用此法尋找陷害誣告耶穌的證據。

耶穌聽後彎下身，用指頭在地上寫字。他們便在旁不停地追問他。於是耶穌站起來，對他們說：「你們中有誰沒有犯過罪的，就可先用石頭打她。」說完，他又彎身在地上寫字。

這些人一聽此話，都想起自己平時所犯的罪，於是從年齡大的開始一個個地溜走了，最後只剩下耶穌和那位婦女。耶穌慢慢站了起來，問她：「婦人，他們都上哪裡去了？沒有人留下定你的罪嗎？」

她說：「先生，沒有。」

耶穌說：「那好，我也不定你的罪。去吧！別再犯罪！」

耶穌常自喻為好牧羊人，把群衆比喻為羊群。他說：「那些不從門進羊圈，而從別處爬進去的必定是賊和強盜。從門進去的才是羊的牧人。他的羊都能識別出他的聲音。他呼喚他們的名字，把他們領出來……我是羊的門。在我以前來的都是盜賊，羊不聽他們。我是門，那從我進來的，必然安全，並能出入自如，還能找到牧場。盜賊進來則是來偷、扣、殺和破壞。我來的目的是使他們得生命……我是好牧人，願為羊捨棄生命。那些雇工，不是牧人，羊不能他們自己的，故一見豺狼就撇下羊逃跑。因為他們是雇工，不關心羊，故任豺狼抓住羊，驅散羊群。我是好牧人，我認得我的羊，他們也認識我，我願為他們捨命。如有的羊不在羊圈，我必把他們找回來。

他們一聽我的聲音，就會合成一群……」

耶穌確實是一位願爲任何一隻羊捨身的好牧人。他對罪人也都充滿了愛心，拯救他們，就像牧人去尋找迷路的羔羊那樣把他們領回來。

17 財主和財富

耶穌經常教導信徒對金錢要淡泊。他對門徒講了一則故事，他說：「一位財主有一個管家，有人向他報告說，這位管家浪費主人的錢財。於是財主把管家叫來，命他交出帳目，要辭退他。管家思忖：『如主人辭退我，今後我何以生存？耕地嘛沒啥力氣；乞討嘛又難於啓齒。我得廣結朋友，使我被辭退後也可受到他們的款待。』於是把主人的債戶一個個叫來，問他們欠了多少債？一個答：『欠了一百桶橄欖油。』管家就對他說：『你把你欠的帳目改成五十桶。』又一個答：『欠了一千袋麥子。』管家就叫他把帳目改成八百袋。主人得知後，反而誇獎這位不誠實的管家精於應付的能力，因爲今世的人比那光明的人老練。」

耶穌又說：「我告訴你們，要用現世的錢財去結交朋友；等到金錢無用之時，你就會被接到永久的居地。一個人在小事上靠得住，在大事上也靠得住；在小事上不誠實，在大事上也不誠實。如果你們在掌管現世的財富上靠不住，誰會把眞正的財富託付給你們呢？如果你們對屬於別人的東西都不誠實，誰還會把屬於你們的東西給你們呢？一僕不事二主，不是惡這個就是愛那個，不是重這個就是輕那個。你們不能既作上帝的僕人，又作金錢的奴隸。」

那些貪愛財錢的法利賽人聽見這話，就嗤笑耶穌。耶穌對他們說：「你們在人前自稱爲義，但上帝知道你們的心，因爲人所看重的，在上帝眼中卻毫無價值。」

一天，耶穌剛要上路，有一人向他跑來，跪在他面前說：「良善的老師，我該做什麼才能得永生？」

耶穌說：「你爲什麼稱我是良善的？除了上帝外，再無人是良善的。你一定知道誡命：『不可殺人；不可姦淫；不可偷竊；不可作假見證；不可欺詐；要孝敬父母。』」

那人說：「老師，我自幼信守這些誡命。」

耶穌看著他，十分喜愛他，便對他說：「你還缺少一樣：變賣你所有財產，分給窮人，你就必有財寶在天上；然後來跟從我。」那人聽後，神色黯然，垂頭喪氣地走了，因爲他產業很多。

耶穌環視周圍門徒說：「有錢財的人進上帝之國是何等難啊！駱駝穿過針眼比財主進上帝之國還容易。」

門徒聽了這話都很驚異，因此議論道：「這樣，誰還能得救啊？」耶穌看著他們說：「人是辦不到的，而上帝則不然，因爲上帝萬事都可能。」

彼得說：「我們已撇下一切來跟從你了。」

耶穌說：「是的，我要告訴你們，凡爲我或爲福音撇下房屋、兄弟、姐妹、父母、兒女或田地的，沒有不在今世得百倍的厚報。他將得到更多的兄弟姐妹，父母孩子和田產房屋，但也會遭迫害；而在來世，他將得永生。許多在前的將要在後；在後的將要在前。」

耶穌向民衆布道時，有人對耶穌說：「老師，請吩咐我的兄長同我去分父親的遺產。」

耶穌說：「朋友，誰給我權爲你們公斷和分家產呢？」他轉向大家說：「你們要謹愼處世，切不可貪婪成性。因爲人的眞正生命絕不在於家道富裕。」

耶穌向他們講了一則比喻：「有個財主，田產豐厚。他暗自思量：『收成這麼多，倉庫放不下怎麼辦？有了，我把原有的倉庫掀了，改建一座更大的，以存放我所收穫的所有糧食和財物。然後我就可對自己說，幸運的人哪，你有這麼多財物積存，足夠你享用多年，舒舒服服地吃喝玩樂吧！』可是上帝對他說：『你這無知的人！今晚你就要命歸黃泉了，你爲自己積存的財產要歸誰呢？』」

一天，耶穌坐在聖殿庫房對面，看人們如何往奉獻箱內投錢。許多有錢人投了許多錢。後來來了一位窮寡婦，向箱內投了兩個小銅板（約一文錢）。耶穌對門徒說：「我告訴你們，這個窮寡婦所投入奉獻箱的比任何人都多。別人是從自己剩餘的財富中捐出一部分，而她連自己生活都無法維持，卻獻出了全部的生活費。」

耶穌還給門徒講了財主與拉撒路的故事。他說：「從前有一個財主，每天窮著華麗的衣服，過著窮奢極慾的生活。另有一位窮人，名叫拉撒路，常到財主家門口撿財主桌上掉下的殘渣充飢。他渾身長瘡，連狗都來舐他的瘡。後來這討飯的死了，天使把他帶到亞伯拉罕身邊，在天上享受盛宴。財主也死了，他被下到陰間地獄受苦。當他抬頭望天，見亞伯拉罕在天上，又見拉撒路在他身邊，就高呼：『我的祖宗亞伯拉罕，可憐可憐我吧！請叫拉撒路用手指蘸點水來涼涼我的舌頭吧！因爲在這火焰裡痛苦異常。』亞伯拉罕回答道：『孩子啊！你該記得你生前享受了一切美物，拉撒路從沒有過好日子。現在他在這裡得安慰，你反倒在地獄受煎熬。在你我之間被不可逾越的深淵隔絕，人要想從我這裡到你那邊是不可能的，你要想從你那邊到我這裡來也是不可能的。』財主說：『祖宗啊！既然這樣，那就求你叫拉撒路到我父親家去。因爲我有五個兄弟，讓他去警告他們，免得他們也到這痛苦之地來。』亞伯拉罕說：『你的兄弟們有摩西和先知去警告他們，讓你兄弟去聽他們的話吧！』財主說：『祖宗亞伯拉罕啊！那是不夠的。如果有人從死裡復活，到他們那裡去，告訴他們發生的一切，他們就會改邪歸正。』亞伯拉罕回答說：『如果他們不聽摩西和先知的話，即使有人死而復活，他們也不會相信。』」

耶穌告誡信徒：「你們要變賣一切，把錢周濟窮人，爲自己預備不會破損的錢袋，同時把財寶存在天上。」

18 自甘謙卑者最大

有些人把孩子帶來見耶穌，請耶穌摸他們，給他們祝福。門徒們見了，就責備這些人不該去麻煩耶穌。耶穌見他們這麼做很生氣，對他們說：「該小孩們到我這裡來，不要阻止他們，因爲像他們這樣的人正是上帝之國的子民。你們要記住，凡不像小孩一樣來接受上帝之國的人，絕不能成爲祂的子民。」說著，耶穌一個個地摸他們，給他們祝福。

有門徒來問耶穌：「在天國裡誰最偉大？」耶穌叫了一個小孩，讓他站在他們中間說：「我實在告訴你們，你們如不返樸歸眞，變得與小孩一樣，就絕不能進天國。凡自甘謙卑得像小孩一樣，在天國裡就是最大的；凡爲我而接待這樣的小孩的，就是接待我。」

耶穌帶著門徒前往迦百農，門徒們在路上爭論誰最大，耶穌聽見了裝作不知。到了迦百農，進了屋子，耶穌問他們：「你們在路上爭什麼？」他們誰都不吭聲。耶穌坐下，把十二門徒都叫來，對他們說：「誰要想居首位，就必須甘居衆人的末位，當大衆的僕人。」他找了一個孩子，抱起他，對他們說：「誰爲了我而接待這樣的小孩的，就是接待我。而接待我的，不僅是接待我，也接待差遣我來的那位。」

西庇太的兒子雅各和約翰來見耶穌。他們說：「拉比，我們有個請求，希望你能答應。」耶穌問他們是什麼？他們說：「當你坐在榮耀的寶座上時，請讓我們跟你坐一起，一個在你的右邊，一個在你右邊。」

耶穌說：「你們不明白自己在求的是什麼。我所喝的苦杯你們能喝嗎？我所受的洗禮你們能受嗎？」

他們回答：「我們能！」

耶穌說：「我要喝的杯你們固然要喝，我要受的洗禮你們固然要受，但誰可坐我的左右卻不是我能決定的。這些座位上帝爲誰預備，就賜給誰。」其他十位門徒聽見了，對雅各和約翰都很不滿。於是耶穌把他們都找來，對他們說：「你們知道，這個世界，那些被尊爲君王的人都管轄人民，那些大臣官員們也依仗權勢支配人民。但你們之間卻不能這樣。你們中誰要稱大的，就必須作大家的僕人；誰要居首的，就必須當衆人的奴僕。因爲人子來並不是來受人伺候的，而是來伺候人的，並且要爲救贖大衆而獻出自己的生命。」

有人請耶穌和門徒赴宴。耶穌注意到有些客人在爭坐宴席上的首位。耶穌就用比喻對大家講：「受邀赴宴時切不可爭坐首位。否則有比你更尊貴的客人來時，主人就會對你說：『請把座位讓給這一位吧！』那時你的顏面就要掃地，不得不退到末座上。但如果你本就原坐末座，這樣你就會在賓客面前得榮耀。自高自大必被降爲卑！自甘卑微者必被升高！」

耶穌還對宴請他的主人說：「你設午餐或晚餐待客，切不要邀請你的朋友、親戚、弟兄或富有的鄰居，因爲他們會回請你，還你的人情。你要請客，就去請那些貧窮的、殘廢的、瘸腿的、瞎眼的，這樣你就有福了。因爲這些人無力報答你，在義人復活的那一天，你的善行將得到報答。」

19 不信耶穌的人們

耶穌的福音使許多人跟隨他。但也有不少人不相信他。除了法利賽個和撒都該人外，他在家鄉拿撒勒也不受歡迎。他在許多城鎮中行神蹟，但這些城鎮的人也不信他，不思棄惡從善。耶穌嚴厲地譴責這些城市。他說：「哥拉汎哪，你有禍了！伯賽大啊，你遭殃了！因爲我在你們中所行的神蹟，如行在推羅、西頓，他們早就披麻蒙灰表示悔改了。但我要告訴你們，在審判的日子裡，你們所受的懲罰要超過這兩地！至於你，迦百農，不要洋洋自得飄飄然，你會被摔進地獄。我在你那裡行的神蹟如行在所多瑪，那它今天一定還尚存。所以在審判的日子裡，所多瑪所受的懲罰也會比你們所遭受的輕！」

耶穌及門徒前往耶路撒冷，途經撒馬利亞的一個村莊，該村子的人拒絕接待他們。門徒約翰和雅各看到此情況，就說：「主啊！你要我們呼喚天火來燒毀他們嗎？」耶穌轉過身來責備他們，於是他們轉身去了別的村莊。

耶穌在住棚節期間抵達耶路撒冷，他在聖殿教誨群衆。有些耶路撒冷人說：「當權者不是想殺這人嗎？現在他公開講話竟無人反對，是不是我們的官長眞知道他是基督？可是基督出現時無人知道他從何而來，而此人來歷我們都很清楚。」

耶穌針對他們的想法在聖殿中高聲說：「你們眞知道我從何而來嗎？我來，並不是憑自己的意思，而是出於那位派遣我來的。祂是眞實的，你們不認識祂，而我卻認識祂，因爲我從祂那裡來，是祂差我來的。」

聽衆之中有人想逮捕他，但也有許多人信了他。他們說：「難道基督來的時候，還會比他行更多神蹟嗎？」

法利賽人聽見群衆議論，就夥同祭司長一起，派了警衛去逮捕耶穌。警衛去聖殿，見耶穌正在教誨群衆說：「我還有時間跟你們在一起。然後要回到差我來的那位那裡。你們尋找我，但找不到，因爲我要去的地方你們不能去。」

猶太人聽後彼此交頭接耳問：「他要去哪裡？是要去希臘嗎？他說這話是什麼意思？」

耶穌又說：「人要渴了，到我這裡來喝。經上說：『那信我的人，有活水的河流從他心中湧流出來。』」

群衆聽了這話，議論紛紛。有人說：「此人確實是先知！」有人說：「他是基督。」但是有人表示懷疑：「基督怎麼會從加利利出來？經上不是記載著，基督是大衛的後裔，將降生在大衛故鄉伯利恒嗎？」

警衛見狀沒動手，回去見祭司長和法利賽人。他們問爲什麼沒逮捕耶穌？警衛說：「我們從沒有聽過像他那樣的講話。」

法利賽人說：「你們也受他愚弄了嗎？難道我們的長官或法利賽人有信他的嗎？這些不明瞭律法的愚民眞該詛咒。」

耶穌對那些信他的猶太人說：「你們要遵守我的教誨，那就眞是我們的門徒了。你們就會認識眞理，眞理會使你們自由。」

他們說：「我們是亞伯拉罕的子孫，我們從來沒有做過誰的奴隸。你說我們會得自由，這話什麼意思？」

耶穌說：「我實話告訴你們，每個犯罪的人都是罪的奴隸。奴隸不屬家庭正式成員，但兒子卻在家庭中享有地位。如果上帝的兒子使你們得自由，你們就成爲眞正的自由人。我知道你們是亞伯拉罕的子孫，但你們想殺害我，所以你們不接受我的教誨。我講的是我天父的指示，而你們行的是你們祖宗告訴你們的。」

他們說：「我們是亞伯拉罕的子孫。」

耶穌說：「如果你們是亞伯拉罕子孫，定會做亞伯拉罕的事。我只不過告訴你們，我從上帝那裡聽到的眞理，你們就想殺我。亞伯拉罕絕沒做過這種事，你們做的是你們父親所做的事。」

他們回答：「上帝是我們唯一的父，我們並不是私生子。」

耶穌說：「如上帝是你們的父，你們定會愛我，因爲我是從上帝那裡來，是祂差遣我來的，並不是我自己想來的。你們爲何不明白我的話呢？我的話你們聽不進是因爲你們是魔鬼的兒女，只聽從你們父的私欲行事，他從開初就是殺人者，不守眞理，因爲他心裡無眞理。他撒謊是出於他本性，因爲他是撒謊者。他也是一切虛僞的根源。正因爲我講眞理，你們就不信我。你們中有誰能指證我有罪？我講眞理，你們爲何不信？凡上帝的女兒必聽上帝的話，你們不從上帝那裡來，所以才不聽。」

這些猶太人回答說：「我們說你是撒馬利亞人，而且有鬼附身，難道不對嗎？」

耶穌說：「我沒有鬼附身，我尊敬我的父，而你們卻侮辱我。我不求自己的榮耀，但有一位爲我求榮耀、主持公道的。我實話告訴你們，凡遵守我的道的，將永遠不死。」

猶太人說：「如今我們更確信你有鬼附身。亞伯拉罕死了，先知也死了，你卻說：『凡遵守我的道的，將永遠不死。』你敢說你比我們祖先亞伯拉罕還偉大。亞伯拉罕和先知們都死了，你把自己當作什麼人？」

耶穌說：「如果我榮耀自己，這榮耀毫無價值。那位榮耀我的是我的父。就是你們說的上帝。你們從不認識祂，我卻認識祂……並遵守祂的道。你們的祖先亞伯拉罕曾歡愉地仰望我來的日子，他見到了就快樂異常。」

猶太人說：「你還不到五十歲，怎麼就見過亞伯拉罕？」

耶穌說：「我實話告訴你們，亞伯拉罕出生前，我早就存在了。」

他們聽後撿起石頭要打耶穌。耶穌躲開了他們，離開聖殿走了。

冬天，耶路撒冷慶祝獻殿節。耶穌來聖殿所羅門走廊。猶太人見他就圍上去說：「你使我們疑惑不定要多久呢？你坦白告訴我們，你是否是基督？」

耶穌說：「我早已告訴過你們，但你們不信。我奉父的名所做的一切就是我的證據。然而你們不是我的羊，所以你們不信。我的羊識別我的聲音，他們跟從我，我將賜他們永生，永不會喪生。賜予我一切的天父比萬有都大，誰也不能從我手中把他們奪去。」

這時猶太人拿起石頭要打他。耶穌說：「我在你們面前行了許多我父讓我行的善事，你們爲哪件事要打我？」

他們回答說：「我們不爲你所行的善事打你，而是因爲你侮辱了上帝。你只是一個人，但竟把自己當作上帝！」

耶穌說：「你們的律法書上不是寫著：『我曾說過你們是神。』經上的話是不能廢的。那些承受上帝之道的，上帝尚且他們為神。至於我，是我父所挑選、差遣來這世上的。我說我是上帝的兒子，你們為何說我侮辱了上帝？如果我不行我父的事，你們大可不信我。如果是，那你們縱使不信我，也該信我的工作，可使你們確信我父在我的生命裡，我也在我的生命裡。」

猶太人聽後十分惱怒，要逮捕他。耶穌則避開他們走了。他越過約旦河，到約翰以前施洗的地方。在那裡他發展了許多信徒。

20 預言受難和復活

耶穌和門徒前往該撒利亞的腓立比附近村莊時，他問他們：「人們說我是誰？」

他們回答：「有人說你是施洗約翰，有人說你是以利亞，有人說你是先知中的一位。」

耶穌又問：「那你們說我是誰？」

彼得回答說：「你是基督。」

耶穌吩咐他們不要對外人去說。然後他對他們說：「人子必定要遭受許多苦難，將被長老、祭司和文士所棄絕。他將被殺害，但三天後他將復活。」

彼得聽了就把耶穌拉到一邊，勸阻他不要再說了。耶穌轉身看了一下門徒們，然後責備彼得說：「撒旦！走開！你所想的不是上帝的意思，而是人的意思。」接著耶穌走到眾人面前，對他們說：「如果有人要想跟從我，就要捨棄自己，揹起十字架來跟從我。凡想救自己生命的，必喪失生命；凡為我和福音喪失生命的，必得到生命。一個人就是掙得整個世界，但卻賠上了生命，那又有何益？人還能拿什麼去換生命呢？凡在這淫亂邪惡的時代裡，如人以我和我的道為恥，那麼人子在天父的榮耀裡，在與聖天使一起降臨時，也要以他為恥。我實話告訴你們，站在這裡的人，有人在他死前就必看見上帝之國將來臨。」

六天後，耶穌帶著彼得、雅各和約翰悄悄地上了一座高山。耶穌當著他們的面改變了形象，他的衣服變得潔白光亮，世上無人能把布漂得如此潔白。三位門徒忽然看見以利亞和摩西在和耶穌講話。彼得對耶穌說：「拉比，我們在此眞好！讓我們搭三座帳篷，一座給你，一座給摩西，一座給以利亞。」說完便驚恐得不知再說什麼，其他兩個門徒更是目瞪口呆。

忽見一朵雲彩籠罩了他們，從雲中傳出聲音說：「這是我的愛子，你們要聽從他。」三人四下張望，除耶穌外卻沒見到任何其他人影。

然後，耶穌帶著他們下山。在下山路上，耶穌吩咐他們：「人子沒有從死裡復活前，千萬不要把這次所看見的告訴任何人。」他們都牢記這一吩咐，只是相互都不明白「死裡復活」的意思。

他們問耶穌：「爲什麼文士說以利亞必先來？」

耶穌說：「以利亞確實要先準備一切，然而爲什麼經上說人子必受苦被棄絕呢？我告訴你們以利亞已經來了，他們也任意對待他，正如聖經上所說的有關他的事。」

耶穌及門徒前往傳教，途經加利利時，耶穌又教誨門徒說：「人子要被交到人手裡，他們要殺害他，死後第三天他要復活。」門徒還是不懂這話何意，但又不敢問他。

耶穌與門徒在上耶路撒冷的路上，耶穌走在前面，門徒內心充滿恐懼，相隨的其他人也都十分不安。耶穌再一次把十二門徒帶到一邊說：「我們現在上耶路撒冷，人子將被交到祭司長和文士手裡。他們要判他死刑，然後把他交給外邦人。他們將戲弄、鞭打他，把他釘在十字架。過了三天，他要復活。」門徒們對這話仍然茫然不知……

21 光榮地進入耶路撒冷

在耶穌第三次預言自己受難後不久，他帶著門徒向耶路撒冷進發。就在此時，有幾個法利賽人來見耶穌，對他說：「你必須離開這裡去別處，因爲希律王要殺你。」

耶穌說：「你去告訴那隻狐狸，我今明兩天要趕鬼治病，第三天完成我的工作。我今、明、後天都要向前走，因爲先知在耶路撒冷以外的地方被殺是不合適的。」

接著，耶穌又爲耶路撒冷哀哭說：「耶路撒冷啊！你殺了先知，又用石頭打死了上帝差遣到你這裡的使者。我多少次要保護你的子女，像母雞保護小雞那樣用翅膀護著他們。可是你們卻不願意！瞧！你們的家園將成爲人煙絕跡的荒場。我告訴你們，從此你們再見不到我，直到你們說：『願上帝賜福給那位奉主名而來的。』」

當他們來到伯法其和伯大尼附近的橄欖山時，耶穌打發兩個門徒去前面的村子，對他們說：「你們進村時必見路旁有一匹沒人騎過的小驢子拴在那裡。你們去把牠解開牽來。如有人問，就說：『主要用，他會立即歸還的。』那人必讓你們牽來。」

他們去了，果然見路旁有匹小驢子被拴在門外。當他們解開繩子時，有人上前問他們：「你們爲什麼解開小驢子？」他們就按耶穌吩咐的說，那人就讓他們牽走了。

他們把驢子帶到耶穌面前，把他們的衣服搭在驢背，扶耶穌上了驢子。許多人把自己的衣服鋪在路上，也有人從田野裡砍了些樹枝鋪在路上，然後簇擁著耶穌高呼：「和撒那（讚美上帝）！願上帝賜福給那奉主的名而來的，願上帝賜福給那將要來臨的、我祖的大衛之國！和撒那。」

耶穌進入耶路撒冷時，全城騷動。

有人問：「這人到底是誰？」

群衆中有人回答：「他是加利利的拿撒勒先知耶穌。」

進城後耶穌所做的第一件事就是進聖殿。當他見到聖殿中有人在販賣牛羊、鴿子，還有人兌換銀錢時，他便著手把所有在聖殿內做買賣的都趕出去。他推倒兌換銀錢人的桌子，掀翻了賣鴿子人的凳子；他用繩子做了鞭子，把牛羊從聖殿內趕走，且不允許人們扛著雜物在聖殿院中穿行。他對他們說：「把這些東西都拿走，不要把我父的殿當作市場。」他又說：「經上記著我們的話：『我的聖殿要作萬民禱告的殿。』你們卻把它變成了賊窩。」

一些猶太人權貴就問：「你能顯什麼神蹟給我們看，以證明你有這麼做的權力？」

耶穌說：「拆毀這座聖殿，三天後我會使它復活。」

他們說：「建造這聖殿用了四十六年，你用三天時間就能重建它嗎？」

耶穌說的聖殿是指自己的身體。以後耶穌從死裡復活就是三天時間。門徒們在事後回憶起的話，就更相信耶穌和聖經中的話了。

耶穌還在聖殿中爲瞎子、跛子治病，行了許多奇蹟。一些孩子們在聖殿中高呼：「頌讚歸於大衛的子孫。」

猶太祭司和法利賽人見狀十分惱怒，就問耶穌：「你聽見他們在喊什麼？」

耶穌說：「我當然聽見了。經上說：『你使兒童和嬰孩發出完美的讚頌。』難道你們不知道？」

耶穌離開了他們，出城去伯大尼，在那裡過了一夜。

第二天一早，他在回城的路上餓了，看見路旁有棵無花果樹，走上前去，卻只見葉子不見果子，於是指責說：「從今後，你永遠不會再結果子。」那樹立刻枯乾了。

門徒見了大爲驚奇，問他：「這棵樹爲何立刻枯乾了？」

耶穌說：「我告訴你們，如果你們對上帝信而不疑，我對那棵無花果樹所做的，你們也做得到，你們甚至還可以把這山移到海中去。只要有信心，你們在禱告中所求的一切也都會得到。」

22 預言世界末日

耶穌從聖殿出來時，一位門徒對他說：「拉比，你看，這些石頭和建築有多麼雄偉！」耶穌說：「你們在欣賞這偉大的建築嗎？這地方的每塊石頭都要給拆下來，沒有一塊石頭會留在另一塊上面。」

耶穌上了橄欖山，面朝聖殿方向坐著。彼得、雅各、約翰和安得烈私下問他：「請告訴我們，何時會發生這事（指世界末日來臨）？發生前有何預兆？」

耶穌說：「你們要當心受人愚弄，將來有許多人要假冒我的名說：『我是基督。』他們會迷惑不少人。不要聽見附近打仗的風聲和遠方的戰爭就驚惶失措。這事必然發生，只是時候尚沒到。時候一到，這國要攻打那國，這一民族要攻打那一民族，到處有地震和飢荒。這預示著災難剛剛開頭。」

耶穌又預言世界末日時，信徒們將受迫害。他說：「你們將在會堂受鞭打，又要為我的緣故站在諸侯和君王面前，為福音作見證。但福音要傳給萬民。當他們逮捕你們把你們帶到法庭時，不要預先憂慮該說什麼。到時上帝會指示你們……那時，人要出賣親兄弟，置他們於死地。父子間也如此，相互作對，置對方於死地。為了我，人們要憎恨你們，但忍耐到底的，必然得救。」

耶穌預言大災難的來臨。他說：「你們要看見那『毀滅性的可憎之物』站在它不該站的地方。那時，住在猶太的該逃到山上避難。在屋頂的，不要下來，也不要進家取任何東西。你們要懇求我們這事別發生在冬天。那時日的災難是上帝創世以來絕無僅有的，也是空前絕後的。如主不減少那災難的日子，就無人能存活。但上帝爲了祂的選民，祂已縮短了這一時間。」

耶穌講到在大災難之後，人子將來臨。他說：「在災難日子過後，太陽要變黑，月亮也暗淡無光，星星要從天墜落，太空系都要震動。那時人子將出現，充滿大能力、大榮耀，駕雲降臨。他要差遣天使把天涯海角、世界各地的選民召集起來。」

「那時候，有人會告訴你們：『瞧！基督在這裡！基督在那裡！』不要相信。因爲假先知將出現。他們要行神蹟奇事，盡其所能欺驗上帝所挑選的子民。有人會說：『基督在曠野。』或說：『他在屋裡。』你們也不相信，因爲人子來臨時像閃電一樣，一剎那間從東到西，跨越整個天空。『屍首在哪裡，禿鷹也會聚在那裡。』」

對世界末日何時來臨，耶穌說：「你們該從無花果樹學到教訓。當枝子是嫩綠色長出新葉時，你們就知道夏天快到了。同樣，你們看到這一切現象就能知道時候快了，就在門前，在這一代人尚未去世前，這一切就要發生。天地消逝，我的話卻永存。但那具體降臨的時日卻無人知曉。天使不知道，兒子也不知道，只有天父知道。你們要留心，要警醒。因爲你們不知那時刻何時來臨。人子的來臨要像挪亞時代所發生的一樣。洪水沒來前，人照常吃喝嫁娶。洪水一來，把他們都沖走了。人子來臨也這樣……要記住：如戶主知道小偷何時來，他一定會警醒，不讓他破門而入。同樣，你們也要如此，因爲人子要在你們料想不到的時間來臨。」

耶穌叫門徒們都要像忠心、有見識的僕人那樣時刻等待末日的來臨。他說：「誰是忠心的、有見識的僕人呢？就是受主人的派遣管理其他僕人的人。他將按時分糧給他們。主人回家時，見僕人忠於職守，就會嘉獎他，派他管理所有產業。但是，如果他以爲主人一時不會回來，於是毆打其他僕人，酗酒吃喝；主人出其不意回來了，見到他如此放肆，就會重重處置他。他將與假冒僞善者同罪。到時他就要哀哭、咬牙切齒了。

耶穌又用十個少女的故事比喻，說明要隨時準備迎接天國的到來，否則天國就不接納。他說：「有十個少女拿著油燈迎接新郎。其中五個聰明，五個愚昧。聰明的五位既拿燈，又帶了燈油。愚笨的則只帶燈，不備燈油。新郎沒按時來，這些少女都睏了，便睡著了。半夜時分，她們忽聽有人喊叫：『新郎來了，快去迎接！』十人醒了就挑亮了燈。愚笨的五人發現燈油不夠，燈快滅了，就向聰明的少女要些燈油，但她們都不給，於是只得外出去買。正值此時，新郎到了。五位聰明的少女就跟新郎共去赴婚宴，把門關上了。等那些買燈油的少女回來時見門關了，只得在外叫門，新郎在內回答：『我們根本不認識你們。』」耶穌的結論是：「所以你們要警醒，因爲你們不知那日子何時來臨。」

耶穌又以三個僕人的故事比喻只有盡心傳播福音者才能進天國。他說：「有一人外出旅行，他把產業按才幹分別交給三個僕人。第一個給了五千元；第二個給了二千元；第三個給了一千元。等他走後，第一個僕人拿了這筆錢去做生意，又賺了五千元。第二位也賺了二千元。第三個則把錢埋在地裡。過了許久主人回來。第一個僕人交給主人連本帶利共一萬元。主人誇他是個忠誠可靠的僕人，說：『你在小數目上可靠，我要委託你經營大事。進來與我一同歡樂吧！』第二個連本帶利交給主人四千元，也得到了嘉獎，主人也委託他經營大事。輪到第三位僕人，他說：『主人，我知道你是個嚴厲的人。我心裡害怕，所以把你的錢埋在地裡。這是你交給我的一千元，請查收！』主人一聽大怒，說：『你這又惡又懶的僕人！你既然知道我在沒栽種之地要收割，沒撒種之地也要收聚，你就該把我的錢存入錢行，等我回來可以連本帶利收回。你們把他的錢拿過來，給那個有一萬元的。我要讓已有的更富足；沒有的，則連他現有的也要奪去。把這無用的僕人趕到外面黑暗裡去，讓他在外面哀哭、咬牙切齒。』」

耶穌接著描述了末日審判的情景。他說：「在人子作王，天地與他一齊來臨時，他要坐在榮譽的寶座上，地上萬民都要聚集在他面前。他把他們分爲兩群，就像牧羊人把山羊和綿羊分開。他要把綿羊放右邊，山羊放左邊。然後王要向右邊的人說：『蒙我父賜福的人哪！你們來吧！來承受創世以來爲你們預備的國度。因爲我餓了，你們就給我食品；我渴了，你們就給我水喝；我流落異鄉，生病時，你們就照顧我；我赤身時，你們分給我穿；我坐牢，你們就來探望。』這些義人就會回答說：『主啊！我們何時接待過你，給你飯吃、水喝、衣穿？又何時照顧過你、去牢中探望過你呢？』王會回答：『我實話告訴你們，無論如何，你們在我弟兄中最卑微的人身上所做的就是對我做的。』王又對左邊的人說：『離開我，你們這些受上帝詛咒的人，進入那爲魔鬼和他爪牙所預備的永不熄滅的火中去！因爲我餓了，你們不給我食物；渴了，不給我水喝；我流落他鄉，你們不接待我；我赤身裸體，你們不給我穿；我生病、坐牢時，你們不照顧我。』他們就會問：『主啊！我們何時這麼對你呢？』王回答說：『我實話告訴你們，你們拒絕幫助一個最卑微的人就是拒絕幫助我。』這些人將受永罰，而義人則得永生。」

23 最後一次公開演講

來耶路撒冷過節的人當中有希利尼人。他們來見耶穌的門徒腓力，要求腓力讓他們見耶穌。腓力就與安得烈商量，兩人一起去見耶穌。耶穌知道自己最後時日已到，於是向百姓作了最後一次講演。他說：「人子榮耀的時候到了。我實話告訴你們，一粒麥子不落地裡，死了，仍是一粒；而落在地裡，死了就結出許多粒來。那愛惜自己生命的，反要喪失生命；願意犧牲現世生命的，反得永生。誰侍奉我，就得跟從我；我在哪裡，我的僕人也在哪裡，我父親一定重用他。」

耶穌又說：「我心中憂煩……我該求我父救我脫離此時嗎？我正是爲此而來，經受這苦難的時刻。父啊，願您榮耀您的名！」

忽然有聲音從天上傳下：「我已榮耀了我的名，我還要榮耀他。」

站在耶穌周圍的群衆聽見了這聲音。有的說：「打雷了！」有的說：「是天使在與他說話。」耶穌說：「這聲音不是爲我，而是爲你們而發的。現在這世界要受審判，現世的君王要被推翻。當我從地上被舉起時，我要吸引萬人歸我。」

百姓問說：「我們的律法告訴我們，基督是永世長存的，你爲什麼說人子必須被舉起？這人子是誰？」

耶穌說：「光在你們中間爲時不多了，你們要趁有光時繼續行走，免得黑暗追上你們。因爲在黑暗中走的人不知去何處。趁著有光時信從光，好使你們成爲光明人。」

但絕大多數猶太人不信從基督，這正應了先知以賽亞的話：「他們有眼看不見，他們的心智不能領悟。」有些猶太領袖心中相信耶穌，但因怕法利賽人而不敢公開承認，以免被趕出會堂。他們愛人的讚許超過愛上帝的讚許。

耶穌向他們大聲疾呼：「信我的，不僅是信我，也是信差我來的。看見我的，也就是看見差我來的。我到世上來，是要成爲光，我來此目的不是審判世人，而是拯救世人。那拒絕的人，不接受我的話的，自有審判他的。我所講的道，到末日要審判他。因爲我所講的不是憑著自己講，而是差我來的父給我的命令，叫我講的……」

24 最後的晚餐

逾越節期間該屠宰逾越節羔羊的那一天到了，耶穌派彼得和約翰出去準備逾越節晚餐。

他們問耶穌說：「你要我們在什麼地方準備呢？」

耶穌說：「你們進城，遇見一個人，手中拿著一瓶水。你們就跟著他，問那家的主人：『老師問，他和門徒吃逾越節晚餐的那間客房在那裡。』他們就會帶你們去樓上看布置好了的大房間。你們就在那裡準備。」於是，他們按耶穌所說的進了城，找到了那間客房，在那裡準備了逾越節晚餐。

當天晚上，當十二門徒和耶穌坐下準備用餐前，耶穌從席位上起來，脫了外衣，拿條毛巾來擦汗。輪到彼得時，彼得說：「主啊！你要替我洗腳嗎？」

耶穌說：「我所做的，你現在不知道，日後你會明白的。」

彼得說：「我絕不讓你洗我的腳。」

耶穌說：「如果我不洗你的腳，你就與我無關了。」

彼得說：「主啊！如這樣的話，那你就不單洗我的腳，連我的手和頭也洗了吧！」

耶穌說：「洗過腳的人全身都乾淨了，只需洗腳。你們是乾淨的，但不是全乾淨。」耶穌說這話的意思是指猶大已出賣了他。

耶穌替門徒洗完腳，又穿上外衣，坐下，然後對門徒說：「我剛才替你們做的，你們明白嗎？……我是你們的主，你們的老師，尚且爲你們洗腳，你們也應該彼此洗腳。我爲你們立了榜樣，是要你們照我替你們做的去做。奴僕不比主人大，奉差遣的不比差遣他人的重要。你們明白此事並按此實行就是有福。我這話不是對你們全體而言。我認識我挑選的人，聖經上說：『那跟我一吃飯的人竟背叛我。』這話就要實現……」然後，耶穌非常悲痛地宣布：「我要告訴你們，你們中有一人要出賣我。」

門徒們非常憂傷，一個個地問：「主啊！不會是我吧？」一位耶穌心愛的門徒挨近耶穌問道：「主啊，是誰？」

耶穌說：「我蘸一塊餅給誰，誰就是了。」說完，他就蘸了塊餅，遞給加略人猶大。猶大接過餅，撒旦就附身了。耶穌對他說：「你要做的，快點做吧！」在座的都不明白耶穌此話的意思，還以爲耶穌吩咐他去買東西。猶大吃了餅就出去了。

猶大是十二門徒中負責管錢財的，平時就見錢眼開。在逾越節前幾天，他得知祭司長和文士十分痛恨耶穌，密謀要殺害他，就主動去找祭司長，表示他願意爲他們效勞，而且問：「如果我把耶穌交給你們，你們願意給我什麼？」他們就把三十個銀元給了他。從那時起，猶大就找機會出賣耶穌。此刻他認爲時機已到，急忙去找大祭司們來抓耶穌。

猶大走後，耶穌拿起餅，祝福了，然後掰開分給門徒說：「你們吃吧，這是我的體。」然後又拿起杯，向上帝祝謝了，並說：「這是我的血，是印證上帝與人立的約，爲許多人的罪得赦免而流的。我告訴你們，我絕不再喝這酒，直到我在上帝之國喝新酒的那一天。」

耶穌又說：「孩子們，我與你們在一起時間不多了。你們要尋找我。但我要告訴你們：我去

的地方，你們不能去。我給你們一條新命令：你們要彼此相愛。你們若做到此條，世人就知道你們是我的門徒」

彼得問耶穌：「主啊！你要去何處？」

耶穌說：「我要去的地方，你現在不能跟我去，但以後你會跟我去的。」又說：「你們都會離棄我，因為聖經上說：『上帝要擊殺牧人，羊群就分散。』但我復活後，要比你們先到加利利去。」

彼得說：「即使別人都離棄我，我絕不離棄你！」

耶穌說：「我實話告訴你，今晚雞叫兩次以前，你會三次不承認我。」

彼得說：「即使我必須與你同死，我也不會不承認你！」其他門徒也都這麼說。

耶穌又對他們說：「從前我差遣你們出去，叫你們不帶錢包、行李，或鞋子等物，你們缺少什麼沒有？」他們回答：「沒有。」耶穌說：「但現在有那有錢包或行李袋的要帶著，沒有刀的要賣掉衣服去買一把。經上說：『他被列在罪犯中。』這句話定會在我身上實現。其實，有關我的話都已經應驗了」

門徒說：「主啊！你看這裡有兩把刀。」耶穌說：「夠了。」

耶穌最後一次教誨門徒說：「你們不要愁煩，要信上帝……我去我父那裡為你們預備地方……我是道路，眞理和生命，不藉著我，無人能去我父那裡。你們認識我就認識了我父。……你們要相信，我在我父的生命裡，我父也在我的生命裡。如不相信，也要因我的工作而信……信我的人會做我所做的事，甚至更大的。你們奉我的命，無論求什麼我一定成全。」他又說：「你們若愛我，就要遵守我的命令。我要求父賜給你們另一位慰助者，永遠與你們同在。祂就是眞理的靈。世人不接受祂，因為他們看不到，也不認識祂。但你們認識祂，因為祂在你們的生命裡。我不會撇下你們，使你們成為孤兒的。我去了還要回來……所有連接著我而不結實的枝子，祂都要剪掉；能結實的枝子經祂修剪，使它結更多的果實。我對你們講的道已使你們潔淨了。你們常在我的生命裡，我也常在你們的生命裡。如你們不在我的生命裡就結不出果實……我愛你們正如父愛我一樣。你們要生活在我的愛中，遵守我的命令。……你們要彼此相愛，像我愛你們一樣，這是我的命令。一個人為朋友犧牲自己的生命，人間的愛沒有比這更大的了。你們若遵守我的命令，就是我的朋友。我不再把你們當僕人，因為僕人不知道主人的事。我把你們當作朋友，因為我已將從我父那裡聽到的一切都告訴了你們。不是你們挑選了我，而是我挑選了你們，而且差遣你們去結永不朽壞的果實。」

耶穌又預言了門徒們將因他的緣故受世人的憎恨，會遭受種種迫害，把他們趕出會堂，甚至殺害他們。他說：「他們迫害過我，也會迫害你們……他們為了我的緣故會對你們做這一切事，因為他們不認識差遣我來的那位……到時慰助者（聖靈）會來……祂要為我作證，你們也要為我作證……我把此事告訴你們，爲的是使你們信心不至動搖……我去了，會差慰助者來……等這位賜眞理的靈聖來了，祂要指引你們進入一切眞理中……聖靈要把我所說的一切告訴你們……過一會兒你們就要看不見我了，然而再過一會你們還會看見我……你們要痛哭哀號，但世人卻要歡樂；你們要憂愁，但很快將變成喜悅，就像產婦生產時，臨產時的痛苦將會爲生下嬰兒的喜悅所代替。你們也將有這種喜悅，而且是別人無法奪走的……我從我父那裡來到這世界，現在要離開這世界回到父那裡去了。」

門徒們說：「我們相信你是從上帝那裡來的。」

耶穌說：「我不是我一人，有父與我同在。我告訴你們這一切，是爲了使你們在我裡面有平安。在世上你們會有苦難，但你們要勇敢，我已經戰勝了這個世界。」耶穌叫門徒暫且離開。他一人舉目望天，爲門徒向上帝祈禱，請求上帝使門徒合而爲一，使他們擺脫邪惡者。他還祈求上帝保佑一切接受他道的人，願他們合而爲一。

耶穌祈禱完，就與信徒一同去了汲淪溪，那地方有個園子。

25 客西馬尼園

耶穌與門徒來到一個叫客西馬尼園的地方。

他對門徒們說：「你們在這裡坐，等我去禱告。」於是他帶著彼得、雅各和約翰一起去。他開始覺得憂愁難過，便對他們說：「我的心非常傷痛，你們留在這裡，警醒吧！」

耶穌一人向前走了幾步，俯伏在地禱告說：「我父呀！假如可以，求您不要讓我喝這苦杯吧！但不要照我的意思，而是照您的旨意。」他回到三個門徒那裡，見他們都睡著了，就對彼得說：「你們就不能與我一起警醒一個小時嗎？要警醒禱告，免得陷入迷惑。你們的心靈雖願意，肉體卻是軟弱的。」

耶穌又作第二次禱告說：「父啊！如果這苦杯不能離開我，一定要我喝下，願您的旨意成全吧！」他再回到門徒那裡，見他們又睡著了，連眼睛都睜不開。耶穌離開他們，去作第三次禱告，然後回來，見門徒繼續昏睡不醒，就對他們說：「你們還在睡覺休息嗎？看哪！人子被交到罪人手中的時候到了。起來，我們走吧！看哪！那出賣我的人來了。」

耶穌話音未落，十二門徒之一的猶大已帶了一大群帶刀棒的人一起進入園子。這些人是祭司長和長老派來的。猶大事先與他們約定說：「我跟誰親吻，誰就是你們要抓的人。」

猶大一到，立即走到耶穌跟前說：「拉比，你好。」然後他與耶穌親吻。

耶穌說：「朋友，你想做的，趕快做吧！」於是，那些人上前抓住耶穌，把他捆綁起來。

門徒中有一人拔出刀來，砍下了祭司奴僕的一隻耳朵。

耶穌對他說：「把刀收起來，凡動刀的，必死於刀下。難道我不能向我父求援，調來十二營的天使嗎？如果我這麼做，聖經上所說的事情必定這麼發生的這些話如何應驗呢？」

耶穌又轉向這批抓他的人說：「你們帶著刀劍棍棒來抓我，把我當強盜嗎？我天天在聖殿內教誨人時你們並不下手。不過這一切事情的發生，都是要實現先知在經上所說的話。」

這時所有的門徒都離開他，逃跑了。

26 彼得三次不認主

捉拿耶穌的人把耶穌帶到大祭司該亞法的府邸，所有的祭司長、長老以及文士都聚在那裡。彼得遠遠地跟著耶穌，直到大祭司府邸院內，混在警衛中烤火取暖，看此事如何了結。祭司長和全公會的人想方設法找證據控告耶穌，要置他於死地，但找不出任何證據。

不少人出面誣告他，但證詞不符。後來有兩人站起來，污造說：「我們聽見他說：『我要拆毀上帝的聖殿，三天內又把它重建起來。』」

於是，大祭司站起來，對耶穌說：「他們對你的控告，你有什麼要答辯？」耶穌沉默不語。大祭司又說：「我指著永生上帝的名，命令你發誓告訴我們，你是不是基督，上帝的兒子。」

耶穌說：「這是你說的。但我要告訴你們，此後你們都要看見人子坐在全能者的右邊，駕著天上的雲降臨！」

大祭司一聽，便撕裂了自己的衣服，說道：「他侮辱了上帝！我們再不需要證人了。你們說該怎麼辦？」於是他們都判定他有罪，說他該處死。然後都朝他臉上吐唾沫，又把他的眼睛蒙住，對他拳打腳踢。一些人打他的耳光，還說：「基督啊！你是個先知，猜猜看，誰打你的？」那些警衛也用手掌打他。

彼得在外面院子裡坐著。大祭司的一位婢女走過來。她見彼得在烤火，就盯著他瞧，然後說：「你跟拿撒勒的耶穌是一夥的。」

彼得說：「我不懂你在說什麼。」說著他就避到前院去了。就在此時雞叫了。

一會兒，那婢女又看見他，對站在旁邊的人說：「他是他們一夥的。」

彼得又不承認，發誓說：「我根本不認識那個人！」

又過了一會兒，那個站在婢女旁邊的人走上前來，對彼得說：「你確實與他們一夥，你的加利利口音使你露出馬腳。」

彼得賭咒說：「我不認識你們所講的那個人。如果我說的不是實話，上帝會懲罰我！」

就在此時，雞第二次叫了。彼得想起耶穌對他說過的話：「雞叫兩遍以前，你會三次不認我。」於是，他就走出去，忍不住痛哭起來。

27 耶穌受難

清晨，所有祭司長和猶太人長老商議要處死耶穌。他們把他捆綁起來，解去給馬總督彼拉多。猶太人爲在逾越節保持潔淨，都不進總督府。彼拉多出來見他們，並問道：「你們以什麼罪名控告他？」

他們說：「他藉著傳教煽動人民，不向皇上納稅，又自稱爲基督，是王。」

彼拉多說：「把他帶走，按你們的法律審判他好啦！」

他們說：「我們沒有判死刑的權利。」

這正應驗了耶穌說的猶太人將把他交到外邦人手中的話。

彼拉多進了總督府，問耶穌：「你是猶太人的王嗎？」

耶穌說：「你問此話是出於你自己，還是聽信別人談論我的話？」

彼拉多說：「你以爲我是猶太人嗎？是你本國人和祭司長把你交給我的。你做了什麼事？」

耶穌說：「我的國不屬於這世界。如果我的國屬這世界，我的臣民必爲我戰鬥，使我不至落在猶太人手裡。不！我的國不屬這世界。」

彼拉多說：「那麼你是王了？」耶穌說：「這是你說的，我是王。我的使命是爲眞理作證，也爲此來到世上。凡屬眞理的人一定聽我的話。」

彼拉多問：「眞理是什麼？」

每逢逾越節，總督按慣例要給猶太群衆釋放一個他們講求釋放的囚犯。此時正好有一位出名的兇犯叫耶穌．巴拉巴。彼拉多問聚集的群衆：「你們要我釋放哪一個？是耶穌．巴拉巴還是自稱基督的耶穌？」彼拉多明明知道耶穌沒有罪，是祭司、文士出於嫉妒才把耶穌交給他的。

祭司和長老唆使群衆，要求彼拉多釋放巴拉巴，處死耶穌。彼拉多說：「他究竟犯了什麼罪？我查不出他有該死的罪狀。我叫人鞭打他，把他釋放算了。」

可是，群衆大喊：「不要他！我們要巴拉巴。」

彼拉多命人把耶穌帶出去鞭打。兵士們用荊棘編成一頂華冠，戴在他頭上，又給他穿上紫色的袍子，向他致敬說：「猶太人的王萬歲！」然後他們用藤條打他的頭，向他吐口水。彼拉多又命士兵把耶穌帶出來，再次說：「我查不出有處死他的理由。」

但祭司長等人一見他，就大喊：「把他釘十字架！」

彼拉多說：「你們自己帶他去釘吧，我沒有理由判他死判。」

猶太人說：「我們有法律。根據我們的法律，他該處死，因爲他自命爲上帝的兒子。」

彼拉多一聽更害怕了，再次問耶穌：「你究竟從哪裡來？」耶穌默不作聲。

彼拉多又說：「你不回答我嗎？我有權釋放你，也有權把你釘十字架。」

耶穌回答說：「只有上帝給你這權，你才有權辦我。所以把我抓來交給你的那人，他的罪更重了。」

彼拉多聽後更想釋放他，但是猶太人高叫：「你釋放他，就不是皇上的朋友！誰自命爲王，誰就是皇上的敵人。」

彼拉多聽了，就把耶穌帶到厄巴大（石砌坊）的地方開庭。那天正是逾越節前夕的正午時分。彼拉多對他們說：「你們要我把你們的王釘在十字架上嗎？」

猶太人高叫：「殺死他，把他釘十字架，只有凱撒是我們的王。」

彼拉多見狀，知道多說也沒用，就拿水在群眾面前洗手說：「處死這個人的責任不由我負，你們承擔吧！」

群眾異口同聲說：「這個人的死由我們和我們的子孫承擔。」於是彼拉多就釋放了巴拉巴，把耶穌交給他們去釘十字架了。

士兵把耶穌帶走，途中遇見從鄉下進城的古利奈人，名叫西門。他們抓住他，把十字架擱在他肩上，叫他揹著，跟在耶穌後面走。

一大群人跟隨著耶穌，其中有些婦女爲他哀哭。耶穌轉過身來，對她們說：「耶路撒冷的女子啊！別爲我悲傷。要爲你們自己及其兒女哀哭！因爲日子就要到了。人必說：『未生育、未懷過胎、未哺育過嬰兒的是有福的。』到那時人們會叫大山倒在他們身上，小山遮蓋他們，因爲他們對青綠的樹木做了這樣的事，對枯乾的樹木又將怎樣呢？」

他們又帶來兩個囚犯與耶穌一起處死。當他們抵達各各地（髑髏地）時，釘了三個十字架。把耶穌的那個立在中間。左右兩邊是兩個囚犯的。耶穌爲劊子手們祈禱說：「父啊！赦免他們，因爲他們不知道自己在做什麼。」劊子手們拿摻有苦膽的酒叫耶穌喝，耶穌嘗了，卻不肯喝。於是他們就把他釘在十字架上，又把另外兩個犯人也釘在十字架上。

彼拉多寫了牌子，叫人釘在十字架上。牌上用希伯來、拉丁和希臘三種文字寫著：「拿撒勒人耶穌，猶太人的王。」猶太祭司長叫彼拉多不要寫成「猶太人的王」，應該改寫成「這人自稱猶太人的王」。但彼拉多不願更改。因耶穌釘十字架之地離城不遠，許多猶太人都見到了這幾個醒目的大字。

士兵們把耶穌的外衣分成四份，每人一份。因內衣用整塊布織的，幾人商量抽籤決定屬於誰。這正應了經上說的：「他們分了我的外衣，又爲我的內衣打賭。」

民衆站在那裡觀看。祭司長、文士和長老都在取笑耶穌。他們說：「他救別人卻不能救自己。他不是上帝挑選的基督嗎？如果他現在從十字架上走下來，我們就信他。現在讓我們看時目上帝會不會來救他。」

還有人走到耶穌面前，對他喊：「你這拆毀聖殿、三天內要把它重建起來的！如果你是上帝的兒子，先救救自己，從十字架上下來吧！」

兵士也譏笑他。他們上前拿酸酒給他喝說：「如果你是猶太人的王，救救你自己吧！」兩個與他同釘的囚犯，有一個開口侮辱他說：「你不是基督嗎？救救你自己，也救救我們吧！」

另一個責備他說：「我們同樣受刑，你就不怕上帝嗎？我們受刑是活該，是罪有應得。但他並沒有做過一件不好的事。」他又對耶穌說：「耶穌啊，你作王臨到的時候，求你記得我。」耶穌對他說：「我告訴你，今天你要跟我一起在樂園裡了。」

中午時分，黑暗籠罩大地達三小時之久。到下午三點左右，耶穌大呼：「以羅以！以羅以！拉馬撒巴各大尼？」意思是：「我的上帝！我的上帝，您爲何離棄我？」

有人聽見了便說：「他在呼喚以利亞呢！」其中有一位立即跑過來，拿了一塊海絨，浸在酒酸裡，然後綁在藤條上，送到耶穌嘴邊說：「等一下我們看以利亞會不會放他下來！」耶穌大喊一聲就氣絕身亡。這時候，懸掛在聖殿裡的幔子從上而下裂成兩半。大地震動，岩石崩裂，墳墓地震開了。許多已死的上帝子民都復活了，離開了墳墓，並在耶穌復活後進入聖城。許多人都看見了他們。

看守耶穌的士兵們見此狀都十分驚恐。一位軍官說：「他眞是上帝的兒子了！」

一些在加利利就跟從耶穌的婦女，包括抹大拉的馬利亞、約瑟和雅各的母親馬利亞，還有西庇太兩個兒子的母親等人都在遠處觀看。她們見到這一切後，都悲傷地捶胸而歸。

那天正是逾越節前夕，特別神聖的安息日快到了。猶太人爲避免安息日有屍首留在十字架上，就要求將受刑者的腿打斷，然後取下屍首。他們把在耶穌左右的囚犯的腿都打斷了，因耶穌已死就沒打斷他的腿。有一兵士用槍刺他的肋部，立即有血和水流出。

傍晚，一位耶穌的門徒約瑟從亞利馬太來。他為人正直善良，本人是財主，也是受人尊敬的議員。他大膽地去見彼拉多，要求收殮耶穌遺體。彼拉多聽說耶穌死了，頗感奇怪，就問軍官，得到證實後，便吩咐把遺體交給約瑟。約瑟把遺體領回去，當晚尼哥底母帶了三十公斤沒藥、沉香混合的香料，與約瑟一起用混有香料的麻布把耶穌的身體裹好。然後他們將遺體安放在約瑟新近買的一塊用岩石鑿成的墓穴內。那些從加利利跟隨耶穌來的婦女也進了墓穴、看著耶穌的遺體安放在內，然後出來。約瑟把一塊大石頭滾過來，堵在墓穴門口，然後離開。由於第二天是安息日。他們便按律法的規定休息。

猶大見耶穌被定罪處死，後悔了，就把三個銀元還給祭司和長老們。他說：「我犯了罪，出賣了無辜者的血！」

他們說：「那是你自己的事，與我們無關。」

猶大把錢丟在聖殿裡，走出去上吊自殺了。祭司長把錢撿起來說：「這是血錢。按律法是不可放入奉獻箱內的。」於是，他們商量把此錢去購買陶匠的一塊地，用作埋葬外國人的墳地。至今人們把這塊地稱為「血田」。

28 耶穌復活

星期六（安息日），祭司長和法利賽人去見彼拉多說：「大人，我們記得那騙子說過三日後要復活。請下令派兵嚴守墳墓，直到第三天，以免他的屍體被他的信徒偷走，然後謊說他已經復活了。」

彼拉多說：「你們帶些守衛，盡你們所能把守墳墓。」於是他們去了，在石頭上加封，堵死了墓口，還留下守衛把守。

過了安息日，在星期日的黎明時，忽然有強烈地震。天使從天而降，把石頭滾開，坐在上面。他的容貌像閃電，衣服如雪一般潔白。守衛們驚恐得渾身顫抖。等天使離開，他們進墓穴一看，耶穌遺體已不見了。

於是，他們趕回城內向祭司長報告。祭司長和長老們商量後，拿了一大筆錢給士兵，叫他們說，在他們睡著時，耶穌的門徒將遺體偷走了。士兵們得了錢就在各處散布謠言。

士兵們剛離開墓穴，抹大拉的馬利亞就來到這裡。她見墳石被移開，進入墓穴一看，耶穌遺體不見了，就在墓外哭泣。忽然她看見有兩個穿白衣服的天使坐在原來安放耶穌遺體的地方，頭腳各一個。他們問馬利亞：「婦人，你爲何哭？」

她說：「他們把我主移走了，不知放到何處去了。」

說完一轉身，她見到耶穌站在那裡，但她沒認出來。耶穌問她：「婦人，你爲什麼哭？你在找誰？」

馬利亞以爲他是管墓地的，就對他說：「先生，如果是你把他移走的，請告訴我，你把他放哪裡了？我好去把他搬回來。」

耶穌叫她：「馬利亞。」

馬利亞這才看清這人是耶穌，立即用希伯來話叫：「拉波尼（即老師之意）！」她並用手拉住了他。

耶穌說：「你不要拉住我，因爲我還沒有去見我的父，也就是他們的父，我的上帝，也就是你們的上帝。」耶穌還對她說：「去告訴我的兄弟，叫他們去加利利，在那裡他們會見到我。」

馬利亞飛跑回去，將這驚人的消息告訴信徒們。他們正在悲傷哭泣。但無人相信她所說的耶穌死而復活的事。只有彼得和另一個耶穌所鍾愛的門徒跑到墓穴去看到究竟。彼得先進入墓穴，只見耶穌的裹屍麻布捲著放在一邊，他的裹頭巾則放在另一邊。他們見後都信了。

就在那天，耶穌兩名門徒要去一個離耶路撒冷十一公里叫馬忤斯的村子。一路上，他們談論所發生的一切，正在此時，耶穌來了，與他們同行，但他們都沒認出他。耶穌問他們談論什麼？一位叫革流巴的說：「難道你沒聽說耶路撒冷發生的事？一位拿撒勒的耶穌被處死了，但三天後，有婦女去他的墓穴，卻沒見到他的遺體，而是見到了天使。天使對她們說耶穌已復活了，我們中有人也去看了墓穴，確實如婦女們所說的那樣，沒見他的遺體。」

耶穌說：「你們眞蠢。你們爲什麼那麼難以相信先知的話？基督必須經歷這一切才能得榮耀。」接著耶穌向他們解釋聖經的有關記載。

當三人抵達以馬忤斯村時，耶穌似乎還要趕路。這兩人挽留他說：「天快黑了，跟我們住下吧！」耶穌就與他們住下。當他們吃晚飯時，耶穌拿起餅祝謝，然後掰開遞給他們。他們的眼睛忽然開了，認出他來。但耶穌忽然不見了。兩人回憶起耶穌在路上向他們解釋聖經的情況，把他們的心都點燃了。兩人立即動身返回耶路撒冷，見到除多馬以外的其他各位門徒和一大群人，他們就把在路上的所見告訴大家。

正在此時，忽然耶穌站在他們中間，對他們說：「願你們平安！」他們個個驚恐萬分，以爲見到了鬼。耶穌對他們說：「你們爲什麼心裡疑惑？是我，不是別人。你們來摸摸我就知道，鬼是沒肉、沒骨的，但你們看，我是有的。」說著，耶穌把手腳給他們看。他們驚喜交集，但還不敢相信。耶穌問他們有吃的沒有？他們給他一片烤魚。他接過來就吃了。

耶穌對他們說：「這一切誠如我從前同你們說的，摩西律法、先知書及詩篇上論述有關我的話都要實現。」又對他們說：「聖經記載，基督必受害，第三天從死裡復活。你們必須奉他的名，傳播悔改和赦罪的道，從耶路撒冷開始，傳遍萬國。你們是此事的見證人。我要親自把我父應許的賜給你們。你們在城裡等著，直至領受到從上面來的能力。」

耶穌再三要求門徒們：「要到世界各地去，向全人類傳福音。」「要使所有的人都做我的門徒；奉聖父、聖子、聖靈的名給他們施洗，教導他們遵守我給你們的一切命令……」

當門徒們把見到耶穌之事告訴當時不在場的門徒多馬（綽號雙胞胎）時，多馬不信。他說：「除非我親眼看見他手上的釘痕，並用手摸這釘痕及他的肋部，我絕對不信。」

一星期後，門徒們聚集一堂，把門關上了。忽然耶穌出現。他站在他們中間，向他們問好。

然後他對多馬說：「把你指頭放在這裡，看看我的手吧！再伸手摸一下我的肋部。不要疑惑，只管信！」

多馬說：「我的主，我的上帝。」

耶穌說：「你因爲見了我才信，那些沒見我就信的人是多麼有福。」

此事發生後不久，彼得、多馬、拿但業、西庇太的兩個兒子雅各和約翰以及另兩個門徒一起去提比哩亞海打魚。他們打了一整夜什麼也沒捕到。

太陽剛出來，耶穌站在水裡，但門徒們沒認出他來。

耶穌問他們：「朋友，你們捕到什麼沒有？」

他們說：「沒有。」

耶穌說：「把網撒向船右邊，那裡有魚。」他們就把網撒下了，但怎麼也拉不動，因爲魚太多了。其中一位門徒忽然認出耶穌，馬上高喊：「是主！」

彼得聽到是主，馬上披上外衣，縱身跳下水。其餘的人搖著小船靠岸，把一整網魚拉過來。當小船離岸約有一百公尺時，他們跳下船上了岸，看見一堆炭火，上面有魚和餅，耶穌正站在那裡。耶穌對他們說：「把剛打來的魚拿幾條來。」

彼得到船上，把網拉到岸上。網內全是大魚，共一百五十三條，而網卻絲毫未破。耶穌招呼他們吃早飯，然後把餅和魚分給他們。他們誰都不敢多問什麼，因爲他們知道他是主。這是耶穌復活後第三次向門徒顯現。

吃完早餐後，耶穌一連三次問西門彼得：「約翰的兒西門，你愛我勝過其他一切嗎？」「你餵養我的羊，你愛我嗎？」「你牧養我的羊，你愛我嗎？」彼得都肯定地回答說：「主啊！你知道我愛你。」在耶穌第三次問愛不愛他時，彼得心中很難受，便說：「主啊，你無所不知，你知道我愛你。」

耶穌說：「你餵養我的羊，我實話對你說，你年輕時，自己束緊腰帶，隨意往來，但年老的時候，你要伸出手來，讓人綁著，帶你到你不願去的地方。」接著，耶穌又對他說：「你來跟從我。」

29 耶穌升天、聖靈降臨

耶穌受害四十天中，向門徒顯示多次，並用不同方式證明自己的確復活了。當他與他們一起時，他向他們講述上帝之國，並吩咐他們：「不要離開耶路撒冷，照我對你們說過的，要等候我父親的應許。約翰用水施洗，你們卻要在幾天後受聖靈的洗禮。」

在他受害後第四十天，他又與門徒們一起上橄欖山。門徒問他：「主啊！你是否復興以色列國就在這時候？」

耶穌說：「那時日是由我父憑自己的權柄定下的，不是你們應該知道的。可是到聖靈降臨到你們時，你們就會充滿能力，並要在耶路撒冷、猶太全地和撒瑪利亞全境，甚至到天涯海角為我作見證。」說完了此話，耶穌就在他們注視下被接升天了。有朵雲彩環繞著他，最終他們的視線被雲彩擋住，再也看不見他了。

正當他們仰望天空，目送耶穌升天時，有兩位身穿白衣的人站在他們旁邊說：「加利利人哪！為什麼站著眼望天空呢？這位離開你們升天而去的耶穌，會以同樣方式返回。」

門徒們從橄欖山返回耶路撒冷城內他們的住地後，就與一些信徒，其中包括耶穌的母親馬利亞及他的兄弟們以及幾位婦女一起同心禱告。

過了幾天，信徒們聚會，約有一百二十人參加。彼得站起來說：「弟兄們！聖靈藉著大衛的國在聖經上早就預言猶大必會出賣耶穌。如今猶大已死，必須選擇另一人加入我們之中一起為主耶穌作見證。此人得自施洗約翰起直至耶穌升天時始終與我們在一起的。」於是大家提君從約瑟（別號巴撒巴，又名猶士都）和馬提亞兩人中選出一人。他們向主祈禱，求主指示，然後抽籤。結果抽中馬提亞。他便成爲十二門徒之一。

耶穌受難後的第五十天是五旬節，信徒們聚在一起。忽然天上有聲音，就像大風吹過，充滿了整個屋子。他們又見火焰狀的舌頭降落在每個人身上。於是，個個都被聖靈充滿了，並按聖靈所賜的口才說起別國語言。

當時，從世界各國來耶路撒冷的虔誠猶太人聽到這一聲音就聚集在一起。當他們每個人聽到門徒用他們的本地語說話時，都又驚又喜。他們說：「這些不是加利利人嗎？爲什麼我們個個都聽見他們用我們的鄉音說話呢？我們這裡有帕提亞人、瑪代人、以攔人，有住在米所波大米、猶太、加帕多家、本都、亞細亞、弗呂家、旁非利亞、埃及和靠近古利奈的呂彼亞一帶地方來的，也有從羅馬來的、包括猶太人和皈依猶太教的外邦人，還有革哩底和亞拉伯人。竟然都聽見他們用我們的地方語談論上帝的偉大作爲！這究竟是怎麼回事？」

有些人則取笑信徒們說：「這些人不過是喝醉了。」

彼得和其他十一位門徒聽後，非常氣憤，都站起來。

彼得向人們高聲發表演說：「猶太同胞和耶路撒冷的人們！我們沒有喝醉。現在正是早晨九點。此情況印證了先知約珥所言：『上帝說，在以後的日子裡，我要把我的靈傾注給每個人。你們的兒女要說預言，年輕人要見異象，老年人要作異夢……我要把我的靈傾注出來，澆灌我的僕人和使女……我要在天上顯神蹟，地上行奇事……到那時，凡求主名的人必得救。』」

「以色列人哪！你們要聽我言。拿撒勒人耶穌的神聖使命已由上帝藉著他所行的神蹟奇事向你們顯示了。上帝按祂的意旨把他交給你們。你們藉著不法之人把他釘死在十字架上，但上帝卻使他死裡復活，解除了死亡的痛苦，因爲死亡囚禁不了他。先祖大衛曾指著他說：『我時常見主在我面前，使我不動搖……雖然我的肉體必朽，但仍棲息在盼望中；因爲你不會讓我靈魂下陰間，也不會容你忠心的僕人腐爛。你已指示我生命之路，你與我同在，使我滿心喜悅。』

「我要告訴你們，大衛不但死了，而且葬了……他是先知，知道上帝對他的應許：在他的子孫中將立一個王坐他的寶座。他已預知基督的復活。他說：『他的靈魂沒有被撇下在陰間，他的肉身不會朽壞。』這位耶穌，上帝已使他復活，高升在上帝的右邊。大衛自己沒有升天，候已預見到基督將會這樣：『主對我主說，你坐在我右邊，等我使你的仇敵作你的腳凳。』以色列全體同胞啊！你們確實知道，你們釘在十字架的耶穌，上帝已立他爲王，他是基督。」

大家聽後都覺得痛心，紛紛問彼得和其他使徒，他們該怎麼做。彼得勸他們離棄罪惡，要奉耶穌基督的名受洗，使罪得赦免，並能領受上帝的靈，避免惡人所受的懲罰。許多人接受了彼得的規勸，受洗入教了，當天信徒就增加了三千人。

30 亞拿尼亞夫婦之死

使徒們行了許多神蹟奇事，大得民心。全體信徒都在一起過團體生活，財物公用。凡加入他們團體的，都變賣自己的田產家業，把所得的錢交給使徒，過著同吃同住、按需分配的生活。他們每天在聖殿聚會，同心禱告，使徒們還見證主耶穌復活。信徒之間和睦相處，彼此關心。

一位生在居比路的利未人，名叫約瑟，使徒們叫他巴拿巴，也把他的田產賣了，帶了所有錢交給使徒，參加了他們的團體。

另有一人叫亞拿尼亞。他與其妻撒非喇賣了一些田產，兩人商量，決定只把一部分錢交給使徒，自己留下一部分。彼得知道後對他說：「亞拿尼亞，爲什麼讓撒旦控制了你的心，使你欺騙聖靈，把賣田產所得的錢留下一部分？田產沒賣出，是你的，賣了以後，錢也是你的，你這是存心欺騙。你欺騙的並不是人，而是上帝！」亞拿尼亞一聽這話馬上倒地而死。幾個青年就把他的屍體抬出去埋了。

過了幾個小時，他的妻子來了，對丈夫之死毫不知曉。彼得問她：「你賣田產所得的錢全都在這裡嗎？」她說：「是，全都在這裡了。」

彼得說：「你爲什麼存心試探主的靈呢？埋葬你丈夫的人就在門口，他們也要把你抬出去。」彼得剛說完，她就立即倒地而死。那幾位年輕人又把她抬出去，葬在其夫旁邊。所有的人聽到此事後都十分害怕。

31 治愈瘸腿的風波

一天下午三點，彼得和約翰去聖殿。當他們到達美門的地方，見一個天生的瘸子，現年已經四十多歲，向他們乞討。這位瘸子每天都靠人抬到美門行乞為生。彼得叫他看著他們，對他說：「金銀我們沒有，但我要給你我所有的：我奉拿撒勒人耶穌基督的名命令你起來走！」說著，彼得就走上前去拉著他的右手，扶他起來。

那人立即感到腳和踝有了力氣，跳起來站直了，並跟著彼得進了聖殿。他一面走一面稱頌上帝。到了所羅門的門廊，他緊緊地拉著彼得和約翰。許多認識他的人都十分驚訝地說：「這不就是那個天天在美門行乞的瘸子嗎，怎麼腿好了？」

不少人都跑來看這奇事。彼得見圍了這麼多人，就對他們說：「以色列的同胞們，為什麼這麼驚訝地盯著我們？你們以為我們是憑自己的能力使這人行走的嗎？我們祖先的上帝榮耀了祂的僕人耶穌，他是聖潔公義的，但你們卻要求彼拉多處死他而釋放一位殺人犯。你們殺害了這位生命之主。但上帝使他死裡復活，我們是見證人。就是以他的名發出的能力，他所賜的信心使這人完全康復。我知道你們及你們的長官作此事是出於無知……你們要悔改，轉向上帝，你們的罪就得赦免……主必差遣耶穌，即祂為你們選定的基督來。基督必留在天上，直到萬物更新時……摩西要你們聽從先知的話。所有先知，包括撒母耳的後繼者都宣布那時日將來臨。你們是先知的繼承人，要承接上帝與你們祖先立的約……上帝要興起祂的僕人，差遣他到你們這裡來，賜福給你

們，使你們回頭，離開邪惡之路。」

彼得和約翰正在向群眾演講時，聖殿祭司，警衛和撒都該人忽然來臨。他們對兩位使徒宣講耶穌死而復活一事十分惱怒，於是把兩人拘捕了，囚在牢中。但是聽眾中許多人都相信了，當天發展的男信徒就有五千名。

第二天，猶太領袖們、長老、文士及幾位大祭司在耶路撒冷開會，商量如何對付兩位使徒。他們叫人把兩人帶來，問道：「你們奉誰的名這麼做的？」

彼得此刻被聖靈所充滿。他答道：「如果你們查問的是瘸腿人康復一事，這是由拿撒勒人耶穌之名發出的能力。他被你們釘死在十字架，上帝使他死而復活……聖經說：『你們的泥水匠所丟棄的這塊石頭已成為重要的基石。』拯救只有從他而來……」

他們見約翰和彼得毫無懼色，又見那位治癒的瘸子站在兩位使徒一邊，自知理虧，便只得放了他們。他們又怕兩人出去後，使更多的耶路撒冷人得知這一神蹟奇事並皈依他們，於是又把他們叫回來，警告他們不得藉耶穌之名向任何人談論此事，但遭到約翰和彼得嚴正拒絕。他們說：「在上帝面前，是聽你們對，還是聽上帝對？我們所見所聞的不能不說。」猶太公會成員只得再次嚴厲警告他們，但因實在找不出處罰他們的理由，只得把他們釋放了。群衆又爲此而稱頌上帝。

彼得和約翰一獲釋，立即回到使徒那裡，傳達了祭司長和長老們的警告。大家聽後，同心向上帝禱告：「……主啊，他們恐嚇我們，現在求您鑒察，使我們，就是您的僕人，能夠勇敢地傳講您的道。求您伸手醫治疾病，使我們藉著您神聖的僕人耶穌的名行神蹟奇事。」他們禱告完了，聚會處震動，他們都被聖靈充滿，個個勇敢地去傳播上帝的道。

32 使徒受迫害

使徒們行了大量神蹟奇事，治癒了許多患有疑難病症和鬼附體的病人。有些人把病人抬到街上，希望彼得走過時影子投在他們身上，使他們得痊癒。使徒們的名聲越來越大，不僅耶路撒冷人來求治，就連附近城鎮的病人也都趕來請他們醫治。透過治病趕鬼，他們贏得越來越多的民眾對他們的尊重，相信主耶穌的人也逐漸增多。

大祭司及撒都該人對使徒們日益贏得民心十分嫉妒，下令逮捕他們，將他們關進監獄。但當晚，天使將牢門打開，把使徒領出來，指示他們去聖殿，向人民宣講命之道。使徒們在黎明時進了聖殿，開始教誨群眾。

上午，大祭司及其黨羽召集長老們開全體會議，然後派獄警去牢中把使徒們提來審訊。獄警們來到監獄門口，見警衛人員都守在門外，牢門緊鎖著。他們一起打開了牢門，進入牢中，發現竟空無一人，急忙回去匯報。祭司長和警衛官聽後十分驚訝。

正值此時，有人報告使，使徒們正在聖殿教誨群眾。警衛官立即帶領手下，把使徒們帶到公會。大祭司審問他們說：「我們嚴厲地禁止過你們不得藉這個人的名教導人，但你們卻把他的道傳遍耶路撒冷，並把殺這人的血債歸到我們身上。」

彼得和其他使徒回答：「我們必須服從上帝，而不是服從人。被你們釘死在十字架上的耶穌，我們祖先的上帝已使復活。上帝高舉他，使他坐祂的右邊作救主，給以色列人悔改機會，使他們罪得赦免。我們是此事的見證人。上帝對服從他的人所賜的聖靈也與我們一起作見證。」

全體公會議員聽了使徒們的回答都十分惱怒，決定殺害他們。其中有一位受人尊敬的法利賽文士，名叫迦瑪列。他吩咐人把使徒帶出去，然後說：「你們在處理此事時必須謹慎。從前，你們殺了丟大和加利利的猶大，他們的使徒便四處分散了。但現今對這件事，你們不要與他們作對，由他們去。如果他們這麼做是出於人，那一定會失敗；但如出於上帝，你們就不能擊敗他們，否則你們就是在攻擊上帝了。」

衆議員接納了迦瑪列的意見，決定先不殺他們，而是改用鞭打。於是他們把門徒帶進來，抽打他們，命令他們不許再傳耶穌的道，然後把他們釋放了。

使徒們離開公會時，個個內心充滿喜悅，因爲他們是爲了耶穌而受凌辱的。他們仍堅持天天在聖殿或私人家中傳揚基督的福音。

33 第一位殉道者

耶穌的使徒日增。他們中有說希伯來語的猶太人，也有說希臘語的猶太人，雙方時有爭執。說希臘語的猶太信徒往往埋怨使徒疏忽了他們之中寡婦的生活費。十二使徒深感陷入生活小事不利於他們集中精力傳福音，於是要求信徒們另選七名德高望重的人專管生活和膳食。經推選大家一致同意司提反，因爲他是個信仰堅定、被聖靈充滿的人。此外又選出了腓力、伯羅哥羅、尼迦挪、提門、巴米拿、和安提阿人尼哥拉。大家請這七位站在使徒面前，由使徒爲他們禱告，行按手禮。此後信徒發展更快了，連一些祭司也皈依了。

司提反充滿上帝恩賜的能力，行了許多神蹟奇事。但也有人反對他，尤其是那些稱爲利百地拿（自由人）會堂的成員，包括古利奈、亞歷山大、基利家和亞西亞等地來的猶太人。他們常與司提反辯論。由於聖靈賜予司提反智慧，司提反常使他們陷於理屈詞窮的境地，這更增加了他們對司提反的仇恨。於是他們便收買一些人誣告他謗誹摩西、褻瀆上帝。他們還煽動群衆、長老和文士去公會作假見證，說司提反常反對聖殿和摩西的律法。於是大祭司把司提反抓起來，在公會審判他，問司提反這些指控是否是事實？人們都注視著他，看他如何回答。

此時的司提反，面貌就像天使一般。他引經據典，回顧了猶太人的歷史：上帝指引亞伯拉罕移居此地，應許把這塊土地賜予他作爲後代產業，預言他的後代將在埃及爲奴四百年，並與他立約；他的子孫、雅各的兒子約瑟被賣至埃及，上帝使他擺脫災難成爲法老的首相，他治國有方使埃及災年時有存糧，他的兄弟們下埃及買糧時與他相認，最終其父雅各帶領全家去埃及定居，父子得以相見；以色列人在埃及繁衍，埃及人迫害他們並要滅絕他們，此時摩西降生，他得到公主庇護長大成人；上帝向摩西顯現，要他作解放者，帶領以色列人擺脫埃及人的壓迫，摩西帶領他們過紅海，在曠野四十年，摩西在西乃山受上帝永恆的道，並把這道傳給後代，但祖先們不聽從摩西，造牛犢像並向偶像獻祭，上帝便轉過臉去不看他們；上帝指示摩西造聖幕，以色列祖先們在曠野中設立了這一象徵上帝臨在的聖幕：在約書亞時代，當上帝幫他們趕走外邦人占領那裡土地時，約書亞就把聖幕搬到那裡，這一做法一直保持到大衛時代：大衛要求爲上帝造聖殿，而眞正建起聖殿的是所羅門。

最後司提反說：「其實至高的上帝並不住在人所建造的聖殿裡。正如先知們說的：『主說，天是我的寶座，地是我的腳凳。你們爲我建哪種殿宇？何處是我安息之地？這一切不都是我親自創造的嗎？』你們這些頑固的人們，心胸閉塞，充耳不聞上帝之道，與你們祖先一樣，總與聖靈作對。哪位先知不受你們祖先的迫害？先知們宣告的那位公義的僕人來臨，你們的祖先都把他殺了，現在你們竟又出賣那僕人，殺害了他。你們是從天使手中接受了上帝律法的人，但你們卻不遵守律法。」

所有公會的議員聽到司提反的這番講演，都恨得咬牙切齒。司提反舉目望天，看見了上帝的榮耀，及站在上帝右邊的耶穌，就說：「我看見天門開了，人子站在上帝的右邊。」

他們便用手掩耳，大喊大叫：「處死他！」

衆人一擁而上，把司提反拖到城外，用亂石打他。

司提反在遭亂石襲擊時，向主呼求說：「主耶穌，求您接納我的靈魂！」他又跪下大聲叫喊：「主啊！不要把這罪歸給他們。」說完，他便被石塊打死。

信徒們把他埋葬了，並爲他大聲哀哭。

從這天開始，耶路撒冷教會遭受極殘酷的迫害。除使徒外，信徒都分散到猶太和撒瑪利亞各地去了。

34 腓利傳福音

由於在耶路撒冷受迫害，使徒的七位助手之一的腓力去了撒瑪利亞向當地群衆宣講基督的福音，並行了許多神蹟、治癒了不少人，使很多撒瑪利亞人信服皈依了基督。

撒瑪利亞城內有一個人叫西門，他會行邪術，也治癒了一些人，百姓認爲他具有上帝的能力，稱他爲「大能者」。他自己也自以爲是，沾沾自喜。當腓力向百姓傳播上帝之國和耶穌基督福音、使許多人皈依入教時，西門也相信了，並受洗入了教。此後他常與腓力在一起，對腓力所行的神蹟奇事深爲驚異。

耶路撒冷的使徒們聽說腓力使不少撒瑪利亞人皈依了基督，就派彼得和約翰前往。兩人一到那裡就向受過洗的群衆施行按手禮，頓時聖靈就臨到他們身上。西門見了，就拿錢給使徒說：「請替我按手，也領受聖靈。」

彼得說：「你跟你的金錢見鬼去吧！你居然想用金錢買上帝的恩賜。在我們的工作中沒你的份，因爲你在上帝面前心術不正。你必須改邪歸正，祈求主赦免你心中的惡念。我看出你正在啃著嫉妒的苦果，作罪的囚徒。」西門懇求兩位使徒在主面前爲他祈禱，不要嘗這一苦果。

彼得和約翰在撒瑪利亞城內傳講福音，然後返回耶路撒冷。歸途中，他們又在撒瑪利亞許多村鎮向人們傳教。

不久，天使指示腓力向南走，到耶路撒冷通向迦薩的路上。腓力就動身前往。途中，他遇到一位埃提阿伯的太監。此人是埃提阿伯的女王干大基手下總管銀庫的，很有權勢。他是去耶路撒冷敬拜上帝後返回的。他坐在車上誦讀先知以賽亞書。聖靈對腓力說：「你過去靠近那車走。」

腓力就跑過去，聽見這位太監在讀以賽亞書，就問他：「你明白所讀的內容嗎？」

太監說：「不明白，除非有人給我解釋。」

他邀請腓力上車，腓力上了車，見他正讀的那段經文是：「他像一隻被套去屠宰的羊，像一隻剪羊毛人手下的羔羊默默無聲，一言不發。他忍受恥辱，無人替他主持正義，也無人能指出他的世系，因爲他在世上的生命已到了盡頭。」

太監問腓力：「先知這段話是指誰？是指他自己還是指別人？」

腓力對他說，是指主耶穌基督。一路上腓力向他傳耶穌的福音。

談論間，太監見路旁有水，就說：「我是否可在這水中接受洗禮？」

腓力說：「你如果眞心相信，就可接受洗禮。」

太監說：「我相信耶穌基督是上帝的兒子。」

於是，太監吩咐停車，兩人下到水中，腓力爲太監施了洗。太監內心充滿喜悅。他們從水中上來時，腓力突然不見了，主的靈把腓力召去。太監一人上了車，帶著基督的福音返回家鄉。後來有人在亞鎖都見到腓力，他在那裡的村鎮宣講福音，以後又轉到該撒利亞傳教。

35 掃羅歸信基督

在人們用石頭打司提反時，有位叫掃羅的青年站在一邊，主動爲這些人看管衣服。他雖沒直接用石頭擊打司提反，但對人們的這一做法十分贊同。司提反被打死後，掃羅積極參與摧毀教會的工作。他挨家挨戶搜捕男女信徒把他們關進監獄，還惡狠狠地恐嚇他們。他去見大祭司，要求他寫信給大馬色的各猶太會堂，並授權他前去逮捕耶穌的信徒，把他們押送到耶路撒冷。大祭司按他的要求寫了信，他帶著信便動身前往大馬色。

掃羅快到大馬色城時，忽然天上有一道強光向他射來。他撲倒在地，只聽見天上有聲音說：「掃羅，掃羅！你爲何迫害我？」

掃羅問：「主啊！你是誰？」

那聲音說：「我就是你所迫害的耶穌。起來，進城去，有人會把你該做的事告訴你。」

與他同行的人都驚呆了，因爲他們都只聽見聲音，而見不到人。掃羅從地上爬起來，睜開眼，發現自己什麼都看不見了，成了瞎子。同行的人拉著他，把他帶進了大馬色城。他進城後，瞎著眼不吃不喝地向主懺悔，就這樣過了三天。

大馬色有一位耶穌的門徒叫亞拿尼亞。一天，主耶穌在異象中指示他立即去直街猶大的家中拜訪一位大數人掃羅，說：「他正在禱告，在異象中他看到了一個名叫亞拿尼亞的進來給他按手，使他視力恢復了。」

亞拿尼亞說：「主啊，我聽許多人說，他在耶路撒冷殘酷迫害您的信徒。這次他來大馬色也是帶著大祭司授權的信來拘捕那些敬拜您的人。」

主耶穌說：「你只管去吧！我已挑選了他來侍奉我，要他在外邦人、君王及以色列人中宣揚我的名。我要指示他，爲我的名必須受許多苦難。」

亞拿尼亞按主的吩咐找到了猶大家，進了家門，把手按在掃羅身上說：「掃羅兄弟，你在路上所遇見的主耶穌親自差我來，要使你眼復明，充滿聖靈。」

掃羅眼中立即掉下一片魚鱗似的東西，頓時復明了。他起身，接受了亞拿尼亞的洗禮，吃了東西，恢復了體力，就與亞拿尼亞一起去見大馬色的門徒們，並與他們住了一段時間，然後去各會堂宣講耶穌的福音，見證耶穌是上帝的兒子。由於人們都知道他曾在耶路撒冷迫害耶穌信徒，而且此次到大馬色是來拘捕信徒的，大家對他這一轉變都深感驚訝，這使他的講道更有說服力，大馬色反基督的猶太人無法駁倒他。

當地的猶太人對掃羅恨之入骨，陰謀殺害他。他們派人日夜守在城門口，防止他逃跑。有人把這陰謀告訴了掃羅，掃羅決定離開大馬色。一天黑夜，門徒們趁守衛不備，把掃羅放在一只籃子內，從城牆上縋下去，掃羅才得以逃脫。

掃羅回到耶路撒冷去找門徒們，他們都怕他。只有巴拿巴相信他，帶他去見使徒，並向他們闡述掃羅皈信主的經過以及他如何在大馬色無所畏懼地傳福音、得罪了該城講希臘語的猶太人、他們要謀殺他等情況。使徒們消除了對他的懷疑，把他帶到該撒利亞，送他前往大數傳教。

36 彼得與哥尼流

猶大、加利利、撒瑪利亞等地都陸續建起了教會，信徒人數逐漸增加。彼得走遍了各教會所在地。一次他訪問呂大的信徒，見一名癱瘓在床八年之久的病人以尼雅，他以耶穌基督的名對他施行神蹟奇事，頓時病人痊愈。此事在呂大和沙侖傳開了，許多人都皈信了主。

離呂大不遠有一個城鎮叫約帕。當地有位樂善好施的女信徒叫大比大，希臘名爲多加。她不幸病故，許多得到過她援助的寡婦都在她房間裡圍著她屍體哭泣。約帕的門徒聽見彼得在呂大，就派兩人去見他，請求他快來。彼得立即動身。他一到達約帕，人們把他引到大比大房中，那些寡婦就圍著彼得哭。彼得叫大家出去，他跪下禱告，然轉向屍體說：「大比大，起來！」

大比大立即睜開眼睛。當她見到彼得時就坐了起來。彼得把她扶起，叫信徒和寡婦們進去，把復活的大比大交給了他們。此事傳出去後許多人相信了主。彼得就在約伯的一位皮革匠西門的家中住下了。

在該撒利亞有位義大利營的百夫長哥尼流，是位十分虔誠的人。他不僅敬畏上帝，常向上帝祈禱，而且經常救濟貧窮的猶太人。

一天下午三時左右，哥尼流在異象中看到上帝的使者進屋叫他的名字。他見到天使十分驚慌，忙問：「主啊，有什麼事嗎？」

天使說：「上帝已聽到你的禱告，並見到你行的善事。現在你要派人去約帕，把西門彼得請來，他現在正住在海邊的皮革匠西門的家中。」說完天使便離開了。哥尼流就派了兩名家僕和一名虔誠的侍衛前往約帕，臨行前把他所見之事告訴了他們。

第二天中午，彼得在西門家的屋頂上禱告，感到餓了，忽然他見一異象：天門開了，有一類似大布包的東西縋下來，它的四角綁著。只見裡面有各種飛禽走獸，還有爬蟲。有聲音說：「彼得，把牠們宰了吃了。」

彼得說：「主啊！這絕對不行，我從沒吃過任何凡俗的不潔之物。」那聲音說：「上帝認爲潔淨的，你不可認爲是污穢的。」一連說了三遍，然後那物件就被收上去了。

彼得正在猜測異象的含意，只聽見樓下有人找他，接著他聽見聖靈對他說：「快下去，有三人來找你，不要疑惑，跟他們去，因爲是我差他們來的。」彼得下了樓，見到這三人，對他們說：「我就是你們要找的人，有什麼事嗎？」

他們說：「我們是百夫長哥尼流派來的。他是位敬畏上帝的義人，一向受猶太人尊敬。有上帝的天使指示他，要他來請你去，好領受你的教誨。」彼得就把他們請到屋中，招待他們過夜。

第二天，彼得跟他們去該撒利亞，還有幾位約帕的朋友也隨他一起去了。過了一天，他們抵達哥尼流家，哥尼流已邀請衆親好友在家恭候。彼得剛要進他的家門，哥尼流走上前來，俯伏在他腳下拜他。彼得連忙扶他起來說：「請起來，我只不過是個人。」彼得見屋內聚集了許多人，就說：「你們知道，按猶太人規矩，我們是不與外邦人交往的。但上帝指示我，不可把任何人當作凡俗的、不潔的，所以你們派人請我，我就毫不推辭地來了。請問你們爲什麼邀請我呢？」

哥尼流就把四天前見到的異象告訴了彼得，並說：「你肯光臨，實在太好了。現在我們都在上帝面前，想聽主吩咐你說的一切話。」

彼得說：「現在我確實知道，上帝對所有人都平等相待。只要敬畏主、行義的人，無論哪族都為上帝喜愛。上帝藉萬人之王耶穌基督給以色列人傳和平的福音。自施洗約翰宣講洗禮以來，從加利利傳遍猶太全境的事你們都知道。」接著，彼得就把耶穌治病救人，被釘十字架及死而復活等事說了一遍，並提到正是耶穌命令他們廣傳福音的。所有先知都曾為他作見證，凡信他的，就可藉著他得蒙赦罪。

正當彼得講道時，聖靈降臨到每個聽道者身上。他們也說靈語，稱頌上帝的偉大。那些跟彼得一起從約帕來的人見聖靈也降到外邦人身上，都十分驚訝，便對彼得說：「這些人已與我們一樣領受了聖靈，誰能阻止他們領受水的洗禮呢？」彼得於是奉耶穌基督之命，為他們施洗。

彼得與哥尼流等人一起住了幾天，便返回耶路撒冷。那裡的一些門徒聽說他去那些未施割禮的外邦人家作客，就批評他：「你竟然到那些未施割禮的人家去作客，還與他們同桌吃飯！」

彼得就把他在約帕的西門家所見的異象和哥尼流所見的異象、以及他向他們傳教時聖靈降臨到他們身上的情況詳細地說了一遍。

最後，他說：「我記得主說過：『約翰用水施洗，但你們要領受聖靈的洗禮。』顯然上帝把這恩典也賜給了外邦人……誰能阻制上帝的工作？」他們聽了，不再批評彼得，都稱頌上帝使外邦人也悔改得生命了。

37 希律迫害教會

希律王見教會發展，十分痛恨。在除酵節期間，他下令迫害教友。他先把約翰的哥哥雅各殺了，又拘捕了彼得，把他關入牢內。爲防止彼得逃跑，希律派了四班警衛，每班四人嚴密監視，並打算在逾越節後公審彼得。教會內的兄弟姐妹爲彼得日夜祈禱。

在公審彼得的前夜，彼得被兩條鐵鏈鎖著，睡在兩名警衛的中間，門外還有兩名警衛把守。突然一道光射進牢房，天使隨之來到。他拍了拍彼得肩膀，叫他：「彼得，快起來。」彼得醒來，鐵鏈立即從彼得手中脫落。天使對他說：「繫上帶子，穿好鞋、披上外衣，跟我來。」

彼得一一按他的話去做，然後跟著天使向外走。他們通過了一道又一道的警衛崗哨、最後來到監獄大門口，大鐵門自動開了，他們就走到大街上。過了一條街，天使突然不見了。彼得到此刻才知道這不是異象，而是眞實的事，是主派天使救他脫離希律和猶太人的手。於是，他就跑向約翰馬可的母親馬利亞利。

此時信徒正聚集在馬利亞家禱告。當彼得敲門時，婢女羅大應聲出來，她從門縫裡往外瞧，見是彼得，簡直不敢相信自己的眼睛。她顧不得開門，跑進屋內把此事告訴大家。衆信徒聽後都說：「你一定瘋了。」但羅大堅持說是眞的。他們說：「那一定是天使了。」

正値此時，他們又聽到敲門聲，於是去開了門。一見眞是彼得，人人大喜過望。彼得做手勢讓大家安靜，然後把出獄的經過說了一遍，並吩咐他們把這一消息告訴雅各和各位兄弟們，然後連夜躲到別處去了。

天亮了，警衛們見彼得不見了，都亂作一團。

希律下令搜查，但毫無蹤影，於是命令將警衛拉出去砍頭。

不久希律離開猶太，在該撒利亞住了一段時間。

在這之後，希律因推羅、西頓的人對他不恭而大發雷霆。這兩地的人因要靠他的土地獲糧食，故派人通過宮庭總管伯拉斯都向希律求和。希律選定了日子，穿上朝服，坐在寶座上向他們講話。這些人爲討好他就說：「這是神的聲音，而不是人的聲音。」希律不把這榮耀歸上帝，反而自以爲是，沾沾自喜。

上帝派了天使處罰他：希律就活活被蟲咬死了。

38 第一次傳教旅行

自司提反被打死後，信徒分散到各地。有部分人到安提阿向外邦人傳教，發展了一批信徒。耶路撒冷教會得知後就派巴拿巴去那裡，幫助該地的教會。巴拿巴去後，使安提阿教會進一步得到發展。以後巴拿巴去大數找掃羅，兩人一同回安提阿傳教，教導了許多人。從那時起耶穌的門徒被稱爲「基督徒」。

當安提阿教會聽到從耶路撒冷來的先知亞迦布預言猶太將要發生嚴重饑荒時，門徒們紛紛捐款，救濟住在猶太的弟兄們，並讓巴拿巴把此款帶給耶路撒冷的長老們。

掃羅（保羅）和巴拿巴整整在安提阿教會工作一年。一天，當教會中五位先知和教師，即巴拿巴、西面（綽號「黑漢」）、古利奈人路求、與希律王一起長大的馬念、掃羅，共同禁食祈禱時，有聖靈對他們說：「你們要爲我指派巴拿巴和掃羅去做我的工作。」於是，他們爲這兩人按手，派遣他們外出傳教。

保羅（掃羅）和巴拿巴到了西流基，又坐船去了居比路（塞浦路斯），然後來到撒拉米，在猶太人的會堂宣講上帝的道。約翰馬可在那裡協助他們工作。他們經過全島，最後來到帕弗。在那裏他們遇到一位術士、假先知巴耶穌（又名以呂馬）。此人與本島總督頗有交情。總督是個通達人，他熱情邀請巴拿巴爲他講我們的道，但術士以呂馬卻出來阻撓。被聖靈充滿的保羅此時用眼瞪著以呂馬說：「你這充滿詭詐奸惡的魔鬼之子，正義的仇敵，故意歪曲主的正道。現在懲罰要臨到你頭上，你的眼將瞎了，暫時見不到因光了。」頓時以呂馬覺得一層黑霧蒙上了眼睛，他看不見了。總督見狀更加信仰上帝之道，成了一名信徒。

保羅、巴拿巴和約翰馬可等又從帕弗坐船到達旁非利亞的別加，在那裡約翰馬可不肯再與他們同行，於是保羅和巴拿巴兩人前往彼西底的安提阿。安息日，兩人進了該地會堂。會堂管事讀完摩西律法和先知書後，便請他們說幾句勸勉衆人的話。保羅就站起來，首先他簡單回顧了猶太人的歷史，講到耶穌就是上帝應許的、從大衛的後代中興起的王，又提到耶穌受難、死裡復活、向人顯現，門徒爲他作證等等。最後他說：「赦罪的道是耶穌顯明給你們的，摩西的律法不能使你們擺脫一切罪，而信靠耶穌就能擺脫罪，成爲義人。」他又警告他們要小心，因爲先知們早預言藐視上帝者要配亡。

保羅和巴拿巴的話深受許多會堂聽道者的歡迎。他們熱情邀請兩人下一個安息日再來布道。下一個安息日到了，幾乎全城人都來聽他們布道。猶太人見了十分嫉妒，他們向保羅和巴拿巴展開辯論，還極盡誹謗之能事。保羅和巴拿巴說：「上帝的道首先傳給你們的，但你們不聽，注定不配得永生。我們轉向外邦人，因爲主吩咐我們說：『我已立你們作外邦人的光，把拯救帶到天崖海角。』」外邦人聽了他倆的話都歡欣鼓舞，許多人都皈信了主。猶太人設法煽動當地上層婦女和名門望族把他倆趕出城外。保羅和巴拿巴跺掉了腳上的塵土，前往以哥念去了。

他們在以哥念又去猶太會堂傳教，使許多猶太人和外邦人皈信耶穌。但也有許多不信的猶太人煽動外邦人與他們作對。上帝賦予他們行神蹟奇事的能力，以證明他們所傳福音的眞實性。於是該城內群衆明顯分成兩派：一派是堅決維護他們；另一派則決心用石頭把他們打死。爲了阻止事態進一步惡化，保羅和巴拿巴就離開了以哥念，前往呂高尼的路司得和特庇兩城傳教。

保羅在路司得布道時，見一位天生的瘸子坐在那裡聽道。保羅見他信仰虔誠，可以得到醫治，就盯著他，然後大聲說：「起來！兩腿站立！」

那人聽了跳了起來，馬上就能行走自如了。見到的人，都用呂高尼話高喊：「有神藉著人形降在我們中間了！」

他們把巴拿巴稱爲丟斯（宙斯），把保羅稱爲希耳米。城郊丟斯廟的祭司則牽著牛、帶著花到城門口，要群衆向他倆獻祭。巴拿巴和保羅撕破了衣服，走到群衆中，大聲說：「我們與你們一樣，只是個人。我們來此是爲了向你們傳福音，讓你們離棄虛幻的偶像，歸向創造天地萬物的永生的上帝……」儘管他們一再解釋，但群衆執意要向他們獻祭。

彼西底的安提阿和以哥念一些痛恨保羅的猶太人趕到路司得，唆使一些群衆用石頭打保羅，以爲他被打死了，就把他拖到城外。當信徒們趕來爲他哀悼時，他站了起來，又回到城內。第二天他與巴拿巴前往特庇去。

保羅和巴拿巴在特庇傳教，發展了一批信徒。以後又回到路司得，再返回以哥念和彼西底的安提阿，鼓勵信徒們要信靠耶穌，不要怕經歷各種苦難。他們還爲這些地區的教會按立長老。然後他們又去旁非利亞，在別加傳上帝之道，再到亞大利坐船返回安提阿，勝利地完成了上帝交付給他們的布道工作。

39 割禮之爭

安提阿教會並不強求非猶太耶穌徒施行割禮。一些從猶太來的人就指責未受割禮的信徒說：「不受割禮者，絕不能得救。」

爲此在安提阿教會內引起激烈爭論，大家推舉保羅、巴拿巴及當地教會中幾個人前往耶路撒冷請示。這幾個人途經腓尼基和撒瑪利亞時向該地的信徒們講述了外邦人信主的情況，大家聽了都深受鼓舞。

當他們抵達耶路撒冷，受到彼得、使徒和長老們的接待。保羅等人把外邦人入教是否要施割禮一事提交大家討論。一些法利賽派的信徒堅決主張入教者須受割禮、遵守摩西律法。

經過長時間的激烈辯論，彼得發言說：「諸位兄弟，上帝選召我，要我把福音傳給外邦人。上帝一視同仁地把聖靈賜給了他們，並藉著信，潔淨他們的心。爲什麼我們要去試探上帝，把我們祖先和我們負不起的擔子加在外邦信徒身上呢？我們得救只有靠耶穌基督的恩典。」

彼得說完，保羅和巴拿巴向他們報告了他們在外邦人中所行的各種神蹟奇事。接著雅各發言，支持彼得的觀點，認爲不應難爲外邦信徒，只是應寫信給他們，吩咐他們不可吃祭過偶像的不潔之物、勒死的牲畜和血，不可有淫亂行爲……會議一致同意這一意見。

他們推選了兩名代表，猶大（別號巴撒巴）和西拉，讓他們帶了一封會議寫給外邦信徒的公開信，跟隨保羅、巴拿巴等人去安提阿。信中表達了使徒和長老們對外邦信徒的問候，並明確地告訴他們除了不可吃祭過偶像的食品及動物的血和被勒死之物，不可有淫亂行爲這些規定外，再不把其他繁瑣的規條加給他們。

西拉和猶大到了安提阿教會就召集了全體信徒，當面將信交給他們。當他們讀到信中內容，都歡欣鼓舞。猶大和西拉在會上發言，鼓勵信徒們要加強信心。他們在安提阿住了一段時間，猶大一人返回耶路撒冷，西拉則留在當地。

40 第二次傳教旅行

過了一段時間，保羅又約巴拿巴同去以前傳教的村鎭傳教。巴拿巴堅持要帶約翰馬可一同去，保羅不同意，因爲他上一次就在中途與他們分手，不肯繼續前進，爲此保羅和巴拿巴不歡而散。巴拿巴帶著馬可去了居比路。保羅則帶了西拉去敘利亞、基利家等地傳教。

保羅抵達特庇和路司得，在路司得有一位深受信徒尊敬的信徒提摩太。他父親是希臘人（希利尼人），母親是猶太人。保羅爲他行了割禮，帶他一起去各地布道，宣講耶路撒冷使徒和長老們對外邦信徒的要求，深受外邦人的歡迎，信徒發展很快。

當他們經過弗呂家和加拉太一帶抵達每西亞邊境時，耶穌的靈阻止他們去庇推尼省，於是，他們繞過每西亞，抵達特羅亞。當晚保羅得異象，見一馬其頓人懇求他前往。他們就從特羅亞坐船前去馬其頓。他們先抵達撒摩特喇，又到了尼亞波利，接著就來到馬其頓第一個城市腓立比。

在腓立比住了幾天，安息日到了，保羅等人出了城門，到河邊一處禱告地，向一些婦女講道。其中有一位賣紫色布匹的婦女叫呂底亞，她是從推雅推喇城來的，素來虔敬。這次她認眞聽了保羅講的道以後就帶領全家信主，還堅請保羅他們住到她家。

一天，保羅等人前往祈禱地布道。有一位鬼附身的女奴跟著他們。一路上她狂呼亂叫：「這些人是至高上帝的僕人，要對你們宣講得救之道。」

一連幾天，她天天跟在他們後面呼叫。保羅不勝其煩，就轉過身對她身上的鬼說：「我奉耶穌基督的名，命令你從她身上出去。」鬼立即離開了她。

她的主人得知後十分生氣，因爲她在鬼附身時能占卜、預言未來，從而爲主人掙了許多錢，而鬼離開她後，她不能再發預言了，由此斷絕了財路。她的主人就把保羅時口西拉拖到廣場去見羅馬長官，指控他們是猶太人，來此擾亂民心，讓他們不守羅馬的規矩，群衆也附和攻擊他們。於是，官長命令剝去他們的衣服，讓士兵用鞭子狠狠抽打，然後把他們投入監獄，嚴加看管。

半夜時分，保羅和西拉在獄中禱告唱詩，突然發生強烈地震，所有的牢門都震開了，囚犯們的鎖鏈也都震落了。看守醒來，見牢門大開，以爲所有囚犯都已逃跑，就拔出刀來想自刎。保羅見狀大叫：「不要傷害自己，我們都在這裡！」

看守取了燈，戰戰兢兢地伏在保羅和西拉腳前問他們：「先生，我怎麼做才能得救？」他們說：「相信主耶穌，你及你的全家就能得救。」

看守把兩人接到家中，爲保羅和西拉洗了傷口，又給他們吃東西。他們向看守全家講了道，並爲他們施了洗。看守及全家內心都充滿了歡樂。

第二天，羅馬長官派警官去監獄，叫看守把兩人放了。

保羅對警官說：「我們是羅馬公民，並沒犯罪，卻遭鞭打，並被關入獄。如就這樣打發我們走，我們不走，讓羅馬長官親自領我們出去。」

警官把此話轉告羅馬長官，他們一聽保羅和西拉是羅馬公民都十分驚慌，便來到獄中，再三向兩人道歉，然後把他們從獄中領出來，請他們離城。保羅和西拉來到呂底亞家，同衆信徒見了面，勉勵了他們一番就走了。

保羅和西拉經過暗妃波里、亞波羅尼亞，來到帖撒羅尼亞。一連三個安息日他們都走進該地猶太會堂，向人們布道，宣揚耶穌基督的福音。其中一些人相信他們，成了信徒。不少敬拜上帝的希利尼人和婦女領袖也成了他們的信徒。但不信他們的猶太人，糾集了一批市井無賴要去捉拿他倆。他們聽說這兩人住在信徒耶孫家，就直奔那裡聚衆鬧事，要耶孫把保羅和西拉交出來。當他們發現這兩人不在那裡時，就把耶孫和其他幾位信徒抓住去見地方官，控告耶孫竟收留違背羅馬皇帝命令、另立耶穌為王的人。地方官及一些群衆聽到這些指控慌了，命令耶孫等人交納保狀，然後釋放了他們。

當晚，信徒們把保羅和西拉送往庇哩亞。兩人又在那裡的猶太人會堂講道。不少人信了他們；連一些希利尼上流社會的婦女和男子也信了。帖撒羅尼亞的猶太人聽說保羅在庇哩並傳道，又糾集一批人去那地搗亂。由於西拉、提摩太還有事須留下處理，信徒們先把保羅護送去雅典。

保羅在等候提摩太和西拉時，看見希利尼城裡偶像林立，心裡十分難過，於是在廣場上到處同人辯論，其中包括同以彼古羅（伊比鳩魯）派和斯多亞派的哲學家們辯論。有人聽保羅宣詩耶穌死而復活的福音，認為他在宣講外邦的鬼神，十分新奇。由於雅典人素有獵奇、喜聽新聞的傳統，他們就把保羅帶到亞略巴古議會上，想聽保羅說些新奇的事。保羅借機向他們傳播上帝的道，指出上帝是創造天地的唯一的神，耶穌是救主，要人們擺脫邪惡等等。有些人相信他，成為他的信徒，其中包括亞略巴古的議員丟尼修和一位名叫大馬哩的婦女。那些不信他的人則把保羅說的耶穌死而復活的事作為笑談。

不久保羅離開雅典，抵達哥林多。在該地，他遇到新近與妻子百基拉從義大利來的猶太人亞居拉。亞居拉原在羅馬靠製造帳幕爲主，與保羅是同業。這次亞居拉離開羅馬是由於皇帝革老丟命令所有猶太人必須離開羅馬。保羅的亞居拉夫婦與他一起工作。每逢安息日，他們就去猶太會堂勸人信主。不久，西拉和提摩太也來到哥林多。

當地一些猶太人反對保羅等人，保羅就轉向對外邦人傳教。他住在一位家在會堂附近的提多猶士都家。不久會堂主管基利司布和全家都受洗入教。此後保羅見異象，主在異象中要他在該城放膽傳教，不要怕。保羅就在哥林多住了一年半，到處傳教。

當迦流任亞該亞總督時，反對保羅的猶太人把保羅拉上法庭，控告保羅教唆人們用不合律法的方式敬拜上帝。迦流聽後認爲此事並沒有觸犯羅馬法律，只是猶太人本身律法名詞之爭，不願審理此案，於是把他們趕出法庭。衆人就把領頭控告者——會堂主管所提尼打了一頓，總督迦流閉一隻眼也不過問。

保羅在哥林多又住了一段時間，然後帶著百基拉、亞居拉等人一起坐船去敘利亞。動身前，他在堅革哩把頭髮剪掉了以還願。他們抵達以弗所後，又去了以弗所猶太會堂布道，當人們要保羅留下時，他答應如上帝許可，他會再來。百基拉和亞居拉就留在以弗所，保羅與這對夫婦及衆信徒告了別，然後登上船，探望了耶路撒教會後，又回到安提阿。

41 保羅在以弗所

保羅在安提阿住了一段時間，又外出旅行布道。他來到以弗所，見到十二信徒。保羅問他們是否領受過聖靈？他們答：「從沒聽說過聖靈。」原來這些人都受施洗約翰的洗禮，保羅就以主耶穌的名為他們施洗，並按手在他們身上，頓時他們為聖靈所充滿，說起靈語，傳講上帝的道。保羅在以弗所一連三個月都不斷地上會堂傳道，但遭到不少猶太人反對。保羅就帶著門徒在推喇奴講堂向外邦人和其他猶太人講道。這工作持續了兩年。

保羅一面在以弗所講道，一面行了許多神蹟奇事。有人甚至把保羅用過的衣物放在病人身上都能趕鬼治病，使人痊愈。於是，一些人也想假借主耶穌的名來驅鬼治病。其中大祭司士基瓦的七個兒子就行此騙術。

他們對鬼說：「上帝奉保羅所傳耶穌的名，命令你們出來！」鬼卻回答說：「我認識耶穌，也知道保羅是誰，但你們是誰？」

鬼使被他們附體的人襲擊他們，他們個個都受了傷，衣服也被撕破得狼狽逃竄。此事使以弗所的猶太人和外邦人膽戰心驚，不少做過此類事的人都坦白認罪；行邪術的人把各種書籍拿出來，當眾焚燒，這些書共值五萬銀幣。信主的人日見昌盛。

不久，保羅把自己的助手提摩太和西拉都派往馬其頓，自己仍留在以弗所。在此期間，以弗所一位銀匠底米丟鼓動民眾起來反對保羅。底米丟一直以製造亞底米女神像為業，由於保羅在以弗所所宣稱「人手所造的神都不是神」，使許多以弗所和亞細亞人都不信該女神了，因此底米丟的收入受影響。因此他煽動同行業的群眾說，保羅使他們這一行業蒙受惡名，還使普天下的受崇拜的女神的尊榮也遭破壞。這些人一聽就起來鬧事，並鼓勵全城的人反對褻瀆亞底米女神的人。人們被他們煽動起來，把與保羅同行的兩位馬其頓人該猶和亞里達古抓到戲院去批鬥。保羅得知後要去戲院，但被衆信徒勸阻。

有人把猶太人亞歷山大推上台，他剛要開口勸阻群衆，他們見他是猶太人就高呼：「以弗所人的亞底米女神是多麼偉大！」

這種呼聲在整個戲院持續了兩小時。

最後城內的書記官出場了。他說：「以弗所人哪！誰不知道以弗所城的守護神是亞底米女神？既然無人否認，你們就該安靜下來，不可魯莽行事。你們把這些人帶到這裡來，他們並沒有偷女神廟內之物，也沒有褻瀆女神。如要控告他們也須在開審之日審理。你們這樣鬧事是不對的，也沒道理。」他的話平息了群衆的怒氣，於是人們陸續回家了。

不久，保羅決定離開以弗所，前往馬其頓和希臘。保羅最後一次訪問了特羅亞教會。由於保羅第二天就離開此地，信徒們在星期六晚上聚會，聽保羅布道。一位坐在窗口聽道的青年信徒因太疲勞睡著了，從三樓掉了下去，當場氣絕身亡。保羅下樓伏在他身上擁抱他，使他起死回生。保羅繼續布道，直至天亮離開。

以後保羅去亞朔，又到了米利都。因米利都離以弗所不遠，保羅派人把以弗所教會的長老召來，告訴他們，他要去耶路撒冷，也許那裡的監獄和災難正等著他，今後再見不著他們了。

保羅還預言，必定會有凶暴的豺狼混入教會內，他們會造謠撒謊去迷惑信徒，對這些人一定要警覺。保羅最後勸勉他們要堅定信心，慎謹，不要貪圖別人錢財，勤勞工作，幫助軟弱的人，記住耶穌教導：「施比受更有福。」

保羅說完此話就與大家跪下祈禱。

在場的人都哭了。他們一一與保羅吻別，送他上船。

42 保羅在耶路撒冷被捕受審

保羅一行坐船繞過居比路，在推羅上岸，住了七天。當地信徒勸保羅不要去猶太，但保羅決心已定，告別了他們，繼續前進。當他們到達該撒利亞時，便去見七助手之一的腓利。在他家，保羅見到腓力的四個未婚女兒都從事傳講上帝之道的工作。他在腓力家住了幾天。

有位先知叫亞迦布的，從猶太來此看他們。他見到保羅後，就拿起保羅的腰帶把自己捆上說：「聖靈講，這腰帶的主人將在耶路撒冷受猶太人捆綁然後交給外邦人。」在場的人聽了，都勸保羅不要去耶路撒冷。保羅則表示，爲了主耶穌的緣故，不僅甘願受捆綁，就是受死也心甘情願。衆人見無法說服他，只得住口。過了幾天，保羅一行就前往耶路撒冷。

在耶路撒冷，保羅受到使徒及其他信徒熱誠的接待，見到了雅各及教會其他長老們。保羅向他們匯報了他如何發展外邦人信徒的情況，他們聽後都稱頌上帝。他們要保羅一行人去聖殿行潔淨禮，以消除耶路撒冷嚴守摩西律法的猶太信徒對他們的看法。保羅聽從他們的勸告，帶著他的人前往聖殿。

潔淨禮共需七天。到第七天快結束時，有亞細亞來的猶太人見保羅在聖殿，就煽動群衆說：「以色列人哪！快幫一手，把他抓住。此人到處說教，反對以色列人和摩西律法、反對聖殿，並居然帶著外邦人進了聖殿，玷污這神聖之地。」他們說這話是因爲他們曾在城內看見保羅與以弗所人特羅非摩在一起，以爲保羅將他帶進聖殿。實際上，保羅並沒有這樣做。

在他們煽動下，耶路撒冷的猶太人都跑去抓住保羅，把他拖出聖殿，要殺死他。

正值此時，羅馬駐軍聞訊趕來，人們把保羅交給他們。羅馬千夫長呂西亞就上前把保羅銬上，然後問群衆：「這人是誰？他做了什麼事？」群衆狂呼亂叫，千夫長無法聽清，就是下令把保羅帶回營房。因見周圍群衆殺氣騰騰，千夫長命令士兵們抬著保羅穿過人群。

人們跟在後面狂叫：「殺死他！殺死他！」

快到營房時，保羅要求千夫長呂西亞允許他向群衆講幾句話。千夫長問他是否是前些時候犯上作亂的埃及人。保羅告訴他，他是猶太人，出生於大數城，是個大城市公民。於是，千夫長允許他講話。

保羅用希伯來話向群衆說，他雖是出生在大數的猶太人，但是在耶路撒冷長大的，受教於迦瑪列門下，接受了一切祖先的律法。然後他就講到他如何由一位迫害耶穌門徒的人轉變爲歸信主的人。正是主差遣他向外邦人傳教。

群衆聽到此句話就高呼：「處死他！他該死！」他們一邊狂呼，一邊拋衣服、灑灰塵。

千夫長呂西亞見狀，就命令將保羅捆起來，鞭打拷問他。保羅對在他身邊的一名百夫長說：「對一名羅馬公民，你們不經審判就鞭打是合法的嗎？」

那百夫長一聽他是羅馬公民，趕快報告千夫長。

千夫長就去見保羅，問他：「你眞是羅馬公民？」

保羅說：「我生下來就是。」千夫長聽後內心恐慌，因爲他本人是花了一大筆錢才取得羅馬公民身分的，而保羅則一生下來就是。

第二天，千夫長呂西亞召集祭司長和全體公會。他解開保羅鎖鏈，讓他在公會上發言。

保羅看著公會的人說：「我在上帝面前良心清白。」

大祭司吩咐侍從打保羅嘴巴。保羅對大祭司說：「你這粉飾的牆，上帝將擊打你。你口口聲聲以律法審判我，而你自己違返律法，叫人打我。」

侍從說：「你竟敢侮辱上帝的大祭司。」

保羅說：「我不知道他是大祭司。聖經上說：『不可毀謗你百姓的長官。』」保羅見人群中有撒都該人和法利賽人，他就說：「我是法利賽人的兒子，也是法利賽人，今天在此受審是因爲我盼望死人復活。」

法利賽人相信復活，而撒都該人不相信復活，故兩派爲此爭論不休。有些法利賽文士站起來說：「我們找不出此人有什麼過錯，可能眞有神靈或天使與他說話。」雙方爭吵更加激烈。

千夫長怕保羅受害，命令士兵把他搶出來，帶回營房。

當夜，主耶穌要保羅拿出勇氣，不僅在耶路撒冷爲他作見證，還要去羅馬爲他作見證。

第二天，有四十多名猶太人共同密謀，發誓不除去保羅絕不甘休。他們甚至爲此禁食，並說：「不殺保羅，絕不吃東西。」然後，他們要求公會出面請求千夫長，把保羅交給公會，假裝要詳細審判保羅，然後伺機殺死他。

保羅的外甥恰巧聽到了他們的密謀，連夜趕到營房告訴保羅。保羅要求百夫長把他外甥帶去見千夫長，向他報告了猶太人的這一陰謀。千夫長呂西亞叫保羅外甥不得走漏風聲。

呂西亞命令兩名軍官，帶領二百名步兵、七十名騎兵、二百名長槍手，連夜出發，護送保羅去腓力斯總督那裡。爲此，他還寫了一封致總督的信，告訴他猶太人要害此人，而此人是羅馬公民，並沒有什麼罪行。

士兵們把保羅連夜護送到安提帕底，那些步兵們先返回，由騎兵繼續將保羅護送到該撒利亞總督府。總督腓力斯見了千夫長的信，命令先將他拘禁在希律公署內，一面派人把原告召來。

43 保羅的自辯

過了五天，大祭司亞拿尼亞和幾個長老及一位名叫帖土羅的律師來到該撒利亞，向總督腓力斯控告保羅，說保羅在猶太人中製造事端，甚至還褻瀆聖殿，是一個危險人物，要求總督腓力斯審問保羅。他們還把千夫長呂西亞也連帶控告了，說他橫加干預，把保羅從他們手中搶走，不讓他們按猶太人的律法審判保羅。

總督聽完他們的控告，示意保羅說話。

保羅說：「我才剛到耶路撒冷十二天，根本沒有在聖殿或任何會堂煽動群衆鬧事或與人辯論，他們找不到任何這方面的證據。只是我按他們認爲是異端的方式崇拜上帝。我也相信摩西律法和先知書，對上帝存在同樣的盼望，即不分善惡，一切人都能從死中復活。我常勉勵自己在上帝和人面前保持良心的清白。我這次到耶路撒冷的目的是帶著周濟同胞的款項，向聖殿獻祭。他們發現我時，我在聖殿行潔淨禮，正在獻祭，絲毫沒有聚衆鬧事之舉。我只不過帶了幾個亞西亞來的猶太人一同在聖殿行潔淨禮而已。如果說有什麼犯罪行爲，就是我在他們面前高聲說了句話：『今天我受你們的審判，無非是相信死人復活的道理罷了。』」

腓力斯原對此道有相當認識，因此對保羅也十分同情。他推說等千夫長呂西亞來再行判決，然後下令將保羅帶下去寬待他，也不阻攔他的親友探望和供給所需之物。

腓力斯的夫人是位猶太女子，名叫土西拉。她與腓力斯一起把保羅叫來，聽保羅講述耶穌基督之道。保羅講了公義、節制、末日審判等。腓力斯聽了感到恐怖，讓保羅暫且退下。腓力斯指望保羅送錢給他，常把保羅叫來，跟他談論。

兩年後，腓力斯卸任，由波求非斯都接任總督。爲討好猶太人，腓力斯仍將保羅留在獄中。

非斯都到任後三天，從該撒利亞去耶路撒冷。祭司長和猶太領袖向他控告保羅，而且要求把保羅送往耶路撒冷受審，想在路上謀殺他。非斯都沒同意，而是要他們與他一同去該撒利亞審判保羅。祭司長及猶太首領只得照辦，隨同非斯都一同去該撒利亞。

他們抵達後第二天就開庭。他們爲保羅捏造了許多嚴重罪名，但提不出任何證據。保羅堅持自己清白無辜，沒做過任何違反猶太律法或褻瀆聖殿的事或反對羅馬皇帝。非斯都爲討好猶太人，問保羅是否願意上耶路撒冷受審？保羅堅決反對，而是要求直接向凱撒（羅馬皇帝）上訴，非斯都同意了。

不久，亞基帕王和百尼基來到該撒利亞，拜會非斯都。非斯都把保羅一案告訴他們說：「我看原告所控告的並不是我想像中的罪，而是關於他們宗教上的爭論，還有一名叫耶穌的人。此人死了，保羅卻說他活著。對此案我不知如何處理。保羅不願去耶路撒冷受審，並且提出要上訴凱撒。」

亞基帕說：「我倒想聽聽這個人的言論。」非斯都答應第二天把保羅帶到他前。

第二天，亞基帕和百尼基由儀仗隊護送浩浩蕩蕩地進入大廳，與他同行的還有各羅馬軍長及城內顯貴。非斯都宣保羅上庭，然後，說他查不出保羅有什麼該判死刑之罪，而且他本人要上訴凱撒，因此決定把他解去。由於無此人具體情況上奏皇上，因此把他帶到各位面前，尤其是亞基帕王前，好在查明案情後，有所陳奏。

亞基帕王就叫保羅自己申辯。保羅先介紹他本人的歷史，怎樣由一位反耶穌基督的人轉變爲歸信主耶穌的詳細經過。然後他講到他按異象中主的指示向猶太人和外邦人傳教，勸他們悔改、歸向上帝。正因如此，猶太人想殺他。最後他說：「直到今天，我蒙上帝幫助，能站在這裡，向所有高貴者和卑賤者作見證。我所說的也就是先知摩西所說的將要發生之事，即基督必受害，並從死裡復活，向猶太人和外邦人宣布光明之道。」

非斯都聽見保羅的自辯後大喊：「保羅，你瘋了！你的大學問使你神經失常了。」

保羅說：「非斯都大人，我沒瘋，我說的都是嚴肅認眞的。我想亞基帕王也知道這事。」保羅又問亞基帕王是否相信先知，而且說：「我知道你是相信的。」

亞基帕說：「你以爲你稍微一勸就能使我作基督徒嗎？」

保羅說：「無論多勸和少勸，我向上帝所求的不只是你一人，而是所有今天聽我講的都像我一樣，只是別像我帶著枷鎖。」

亞基帕王、總督、百尼基等人聽後，都認爲保羅並沒有犯什麼該死的或該監禁的罪。

亞基帕對非斯都說：「如果他沒有上訴皇上，就可以釋放。」

44 海裡逃生、羅馬傳教

非斯都叫兵士帶著囚犯坐船去義大利。他把保羅交給御營的一位名叫猶流的百夫長。他們上了亞大米田來的一條船，沿著亞細亞省幾個港口航行。有一位帖撒羅尼亞人亞里達古與他們一起同行。

第二天船到西頓，猶流寬待保羅，允許他去見該地的朋友。

以後船又起程，沿著居比路航行，漸漸到達呂家的每拉。百夫長猶流在那裡遇到一條開往亞歷山大的船，途中會經義大利。因此他就帶著保羅等囚犯上了這條船。因風向不對，船隻得靠著革哩底（克里特島）慢慢航行，費盡力氣才抵達了離拉西亞城不遠的佳澳港。保羅勸大家在此過了冬再走。他說，如繼續航行將十分危險，不僅貨物和船會受損，連生命都難保。但百夫長不相信保羅的話，他寧可聽信船長和船主的意見。而且此港也不是過冬的理想之地。多數人力主開船，盡快趕到革哩底島的一個港口非尼基港。

於是，船繼續航行。開始時起一陣柔和的南風，大家都十分得意。但不久強勁的東北風從島上撲來，船受到風浪猛烈襲擊，只得聽任颶風擺布。船靠著一個叫高大的小島顛簸漂流。水手們把救生艇拖上船，又怕船在沙灘擱淺，便放下大帆，讓船順風勢航行。第二天，他們怕船支撐不住，就把貨物拋入海中，最後，又拋下船上各種器具。但風暴毫無停止的跡象。一連十多天見不到太陽、月亮和星星，激烈的顛簸使許多人多日不能進食，人們都絕望了。保羅站起來說：「如當時你們聽我勸告，就不會有今天。但你們放心，昨天我所敬拜的上帝已派天使對我說，叫我放心，我一定能到羅馬見皇上，仁慈的上帝定會保住我和全船人的性命。因此我勸你們大家放心，我們將漂到一個島上，只是這條船將會損失掉。」

到第十四天，船仍在亞底亞海（亞得里亞海）顛簸。到半夜，水手們以爲靠近陸地，便拋下測繩，測得水深一百二十尺，再往前是九十尺。他們怕船觸礁，就拋了錨。水手們想逃走，就縋下救生艇。保羅對百夫長和士兵們說：「如他們不在船上，所有人都不能獲救。」於是，兵士們趕去把救生艇繩索砍斷，由它漂去。

天快亮了，保羅勸大家吃些東西，以增加體力。他首先拿起餅向上帝祝謝了，然後掰開了吃。大家放心了，也都進食了。當時全船共有二百七十六人，爲減輕船的重量，又把船上的麥子拋入海中。

天亮了，發現船在一個不知名的海灣。水手們砍斷了錨，拉起風帆，使船向岸靠攏，但船被沙灘擱淺了。海浪猛烈衝擊著船，把船打得破壞不堪。兵士們想把囚犯殺了，但百夫長一心想救保羅，不准他們妄動，下令會游水的都游到岸上，不會游水的拿著木板等物漂到岸上。所有的人終於都平安地抵達岸上。

等他們上了岸，才知道該島名叫米利大（馬爾它）。當地土人對他們十分友善。由於是雨天，又冷，土人們爲他們生起火。保羅撿了一把柴添入火中。一條毒蛇被火烤得鑽出洞，纏在保羅手上。人們見了說：「此人定是殺人犯，雖然他海裡逃生，但天理仍難容他。」但保羅走到火前，輕輕地把蛇抖入火中。人們以爲他被毒蛇咬了，手立即會腫，人馬上要撲地而死，但等了許久，他卻完好無損。一些人相信他是神明。

當地土著酋長部百流熱情地款待了難民們三天。保羅去他家，見他父親正患熱病和痢疾躺在臥室床上。保羅去臥室為他祈禱、按手、治好了他的病。於是，一傳十、十傳百，全島所有病人都來找保羅治病，他們都給治癒了。就這樣他們在島上過了三個月。從亞歷山大來了一條船，名為「雙神號」，於是難民們都上了此船。開船時，土著居民送給他們許多途中所需之物。

船駛經敘拉古、利基翁，來到部丟利。保羅等人下了船，去見該地信徒，受到他們熱情接待，與他們一起住了七天。然後保羅前往羅馬。羅馬信徒聽說保羅等人來到，就去亞比烏市和三館迎接他們。

到了羅馬，保羅得到准許，與看守他的士兵住在另一處。

過了三天，保羅會見當地猶太領袖。保羅對他們說：「我從沒做過違返同胞及祖宗規矩的事，但卻在耶路撒冷被囚禁，又把我轉交羅馬當局審問，但找不出任何罪狀，羅馬當局有意要釋放我，卻遭到猶太人反對，不得已，我只得上訴皇帝。我並不想控告諸位同胞，正因如此，我要求與諸位見面談談。我所以帶這枷鎖，原是為了以色列所盼望的那一位。」

在羅馬的猶太人首領說：「我們並沒有接到過猶太來的信或聽到關於你的什麼壞話。我們只想聽聽你的意見，因為我們聽說你所屬的教門到處受人攻擊。」他們與保羅約定聚會的日子去拜訪保羅。

那天，保羅住所來了許多人，保羅從早上直至晚上向他們滔滔不絕地傳道。他向猶太人講了上帝之國，引證了摩西律法書和先知書，要他們相信耶穌。對保羅說的話，有的人相信了，但仍有許多人不相信。

散會前保羅說：「聖靈藉著先知以賽亞向你們祖宗說的話眞是千眞萬確：『你們聽了又聽，卻不明白；看了又看，卻看不見。因為百姓心智閉塞，他們塞住了耳朵，閉住了眼睛。否則他們的眼就能看見，耳也能聽見，心會領悟，回心轉意，我就治好了他們。』如今上帝的救恩已傳給了外邦人，他們必會聽從。」

猶太人聽後就都走了，他們之中發生激烈的爭辯。

保羅在羅馬被軟禁了兩年，所有來訪者他都一一接待。他大膽地宣講上帝之國的道和主耶穌的種種事蹟，並沒有受到阻礙。

〈全書終〉

國家圖書館出版品預行編目資料

聖經的故事，司馬芸 主編 -- 初版 --
新北市：新視野 New Vision, 2020.11
面；　公分 --
ISBN　978-986-99105-5-2（平裝）
1. 聖經故事

241　　109013544

聖經的故事

主　　編　司馬芸
企　　劃　林郁工作室
出　　版　新視野 New Vision
電話：(02) 8666-5711
傳真：(02) 8666-5833
E-mail：service@xcsbook.com.tw

印前作業　菩薩蠻數位文化有限公司
印　　刷　福霖印刷有限公司

總 經 銷　聯合發行股份有限公司
新北市新店區寶橋路 235 巷 6 弄 6 號 2F
電話 02-2917-8022
傳真 02-2915-6275

初　　版　2020 年 11 月